国家税收法律研究报告

北京市哲学社会科学国家税收法律研究基地
编著

首都经济贸易大学出版社
Capital University of Economics and Business Press
·北 京·

图书在版编目（CIP）数据

国家税收法律研究报告／北京市哲学社会科学国家
税收法律研究基地编著. -- 北京：首都经济贸易大学出
版社，2022.10

ISBN 978-7-5638-3316-0

Ⅰ.①国… Ⅱ.①北… Ⅲ.①税法-研究报告-中国
Ⅳ.①D922.220.4

中国版本图书馆 CIP 数据核字（2021）第 247238 号

国家税收法律研究报告
北京市哲学社会科学国家税收法律研究基地　编著
GUOJIA SHUISHOU FALÜ YANJIU BAOGAO

责任编辑　赵杰
封面设计　**风得信·阿东**
　　　　　FondesyDesign
出版发行　首都经济贸易大学出版社
地　　址　北京市朝阳区红庙（邮编100026）
电　　话　（010）65976483　65065761　65071505（传真）
网　　址　http：//www.sjmcb.com
E - mail　publish@cueb.edu.cn
经　　销　全国新华书店
照　　排　北京砚祥志远激光照排技术有限公司
印　　刷　北京建宏印刷有限公司
成品尺寸　170 毫米×240 毫米　1/16
字　　数　278 千字
印　　张　15.5
版　　次　2022 年 10 月第 1 版　2022 年 10 月第 1 次印刷
书　　号　ISBN 978-7-5638-3316-0
定　　价　59.00 元

前言

为了进一步落实税收法定原则，"十三五"期间国家出台了包括减税降费、国地税合并等在内的许多税收方面的政策。一直以来，税收都是我们经济社会生活中非常重要的一个环节，加之我们经济社会发展当中有些问题仍然需要借助税收政策来解决，因此税收政策成为一个备受社会关注的热点问题。基于此，国家税收法律研究基地将近几年的研究成果收集整合为此书予以出版。

国家税收法律研究基地于 2017 年 3 月 30 日，由最高人民法院周强院长、国家税务总局王军局长和全国人大财经委郝如玉副主任共同揭牌成立。2017 年 12 月 6 日，国家税收法律研究基地正式被北京市教委、北京市规划办批准为北京市哲学社会科学研究基地，为北京市以及国家经济社会决策提供了重要的智力支持，成为北京市以及国家经济社会决策的重要智库。自创立以来，国家税收法律研究基地坚持以习近平新时代中国特色社会主义思想为指导，遵循"学术研究从实践来，到实践中去"的原则，以国家和北京市经济社会发展中的关键问题为中心，大力推进税收法律领域的理论研究工作，发挥自身的专业优势，奋发进取，开拓创新，取得了一系列高质量的研究成果。有几十项建议获得了中央领导和北京市领导的批示，承担了国家社会科学基金、北京市社会科学基金下的多项课题，并发表了多篇论文。

国家税收法律研究基地之所以能取得上述成绩，与"三位一体"的特色有着密不可分的关系。作为税收法律的专业研究机构，基地自建立之初便注重税收立法、执法和司法的结合，以及经济学、法学、管理学三个学科的融合，形成了"三位一体"的独特优势。税收法律研究涉及法学、经济学、管理学等多个学科，需要开展综合性研究。同时，在我国税收的立法、执法和司法实践中，还存在着税收立法与执法脱节的现象，由此而产生的税务行政诉讼案件也在不断增加。针对这些问题，有关部门近些年来做了许多努力，但这一状况并未有根本改观，需要实现三者的有机融合与有效衔接。基于此，基地着力建设起了"三位一体"的运行机制。这主要体现在两个方面：一是实现了税收立法、执法、司法领域最高层次机构合作的"三位一体"。在最高人民法院周强院长、国家税务总局王军局长和北京市教委以及首都经济贸易大学党政领导的大力支持下，以基地为纽带，首都经济贸易大学分别与国家法官学院、国家税务总局税收科学研究所签订了战略合作协议，合作开展税收法律研究，共同推进基地建设。同时，基地由全国人大财经委副主任郝如玉担任首席专家。在上述合作框架下，基地建立了"合作、流动、开放、竞争"的运行机制，各合作方以税收立法、执法、司法实践中的关键问题为主题，通过课题合作、学术交流、合作调研等形式，紧密合作，形成了鲜明的特色和显著的优势。二是实现了经济学、管理学、法学研究的"三位一体"，实现了多学科融合。基地充分利用首都经济贸易大学在经济学、管理学、法学研究方面的专业优势，同时按照上述合作框架，充分吸收税收立法、执法、司法领域最高层次机构的税收和法律专家作为主要研究力量，组建了国内顶尖的税收法律研究队伍。在这支研究队伍中，既包括来自首都经济贸易大学和中国人民大学、中央财经大学等国内著名高校的经济学、法学、管理学领域的专家学者，还包括国家法官学院的李晓民副院长、司法案例研究院的钱晓晨院长等税收司法机构的专家，国家税务总局税收科学研究所李万甫所长、所得税司叶霖儿副司长等税收执法机构的专家，以及十三届全国人大常委徐如俊等税收立法机构的专家。由此可见，基地的研究队伍实力十分雄厚，实现了经济学、管理学、法学研究的充分融合，发挥了"三位一体"的专业优势。

近些年来，国家税收法律研究基地主要围绕"房地产税立法与改革"与"税务机关征收社保费"等问题开展研究，组织专家赴十多个省市开展调研活动，完成了多项调研报告，取得了很多成果和非常大的收获。以这些研究报告为依托，基地分别向中央提交了《房地产税立法的难点与对策》《税务机关征收社保费的相关建议》等政策建议，获得了习近平总书记、李克强总理等多位中央领导的重要批示。就基地向中央提交的《房地产税立法的难点与对策》建议，中央财经领导小组根据中央领导的批示，专门给基地首席专家郝如玉教授回函肯定，并邀请基地主任曹静韬教授到中央财经领导小组座谈。针对北京市存在的社保费征收难题，基地组织专家赴北京市相关单位及河南、浙江等地开展了深入的调研活动，并将调研报告及多份政策建议提交给北京市。对于这些建议，北京市委书记蔡奇和市长陈吉宁做出批示，指示财政、社保、税务等部门充分研究，并召开了各部门的联合座谈会，专题研讨北京市税务机关征收社保费问题。2019 年 5 月，郝如玉教授和曹静韬教授共同完成的调研报告《税务机关征收社保费问题研究》获得北京市第十五届哲学社会科学优秀成果一等奖。

　　本书中的课题一、课题二正是在上述调研的基础之上形成的阶段性成果，其中课题一是关于税务机关征收社保费问题，课题二是关于房地产税问题。报告中既包含了当时调研过程中所产生的阶段性成果，也包含了总体结果和相关政策建议，从现在看来，其中的部分阶段性成果已经得以实施，如由税务机关征收社保费。在编辑本报告的过程中保留了"原汁原味"的阶段性成果，这些成果也体现了我们在工作过程中所付出的努力。除了专题一、专题二两个调研报告之外，本书还包括了基地主要研究人员针对基地的研究方向并结合当前经济社会发展过程中的重大税收问题进行前沿性研究所产生的成果。此外，本书还包括部分青年教师和学生在参与基地的研究活动过程当中所产生的部分成果。上述成果对于解决我们经济生活中的重大税收问题，推动北京市乃至国家的经济社会发展，推动税收体制建设，推动税收立法、司法和执法的结合都有着较为重要的意义，这也是智库发生作用的重点所在。其中或有不足之处，仍需在未来的研究过程当中进行深入研究以进一步完善和优化。期待国家税收法律研究基地为国家社会经济发展的决策发挥更大的作用。

郝如玉

第十一、十二届全国人大常委、财经委副主任

中央统战部党外专家财金组组长

北京市哲学社会科学国家税收法律研究基地首席专家

2020 年 12 月 22 日

目　录

课题一：税务机关征收
社保费调研报告

课题组

【摘要】 随着我国社会主义市场经济体制的不断完善，我国社会保障领域的一些问题逐渐暴露出来。这些问题突出表现在：一方面，我国的社保费征收率总体较低；另一方面，企业的社保费负担普遍较重。这就导致了两个结果：一是社保费收不抵支矛盾越来越突出。为此，财政部门不得不拿出越来越多的资金补贴社保费的征收不足，我国财政的负担进一步加重。二是企业名义费率过高，导致企业想方设法降低缴费基数、减少参保人数，甚至逃避参保。这不仅影响了企业的公平竞争和职工权益，也不利于落实中央适当降低"五险一金"缴费比例的政策部署。之所以出现上述问题，一个至关重要的原因是：在我国传统的由社保部门征收社保费的制度下，社保费征收不足。目前，社保部门征收社保费存在一些明显的"短板"：一是社保部门难以全面掌握社保费的缴费户数，导致部分企业不缴纳社保费，社保费的征收范围偏小。二是社保经办机构在确定社保费缴费基数时，难以有效、充分、及时掌握企业生产经营信息，导致许多企业的缴费基数不实，社保费难以足额征收。因此，传统的由社保部门征收社保费的做法使得社保费远未实现应收尽收。针对这一状况，一些地区开始了社保费征收制度的改革。其中，最主要的一项改革就是社保费改由税务机关征收。

基于上述问题，国家税收法律研究基地成立了课题组，就税务机关征收社保费问题，赴多个地区进行了深入的调研，召开了多场座谈会和研讨会。本报告就是在调研和座谈基础上整理完成的综合性研究报告，既包括各级、各地税务机关及相关部门的经验介绍和他们深入研究的成果（第三部分），也包括专家学者和各地、各部门在座谈会上的观点汇总（第二部分的部分内容），还包括课题组在调研和座谈基础上形成的观点和建议（第一部分和第二部分的部分内容）。

【关键词】 税务机关；社保费；征收

一、实行社保费由税务机关全责代征的 主要依据和相关建议

（一）税务机关全责代征社保费，可以有效提高社保费征缴率

1. 当前社保费征收体制存在的一些问题

目前，我国社保费为二元征收主体，部分地区由税务机关征收，部分地区由社保部门征收。在调研中，我们发现，社保费征收面临一些问题。

首先，社保费的征收面偏小。社保部门难以全面掌握社保费的缴费户数，导致部分应缴社保费的企业没有被纳入征缴范围。这表明，社保费征收存在较大的扩面空间。

其次，社保费的缴费基数较难做实。社保部门难以有效、充分、及时掌握企业生产经营信息，实践当中大多按照上年度当地社会平均工资核定缴费基数，这与《社会保险法》规定的按照企业职工工资总额确定缴费基数存在一定差距，形成较大征缴漏洞。

由于存在上述问题，一方面，社保费收不抵支矛盾越来越突出。为此，财政部门不得不拿出越来越多的资金补贴社保费征收不足，各级财政的社保费负担不断加重。另一方面，社保费征收面偏小、征缴率偏低的状况，影响了企业的竞争力和职工权益。目前企业的社保费费率过高、负担过重，五项社保费综合费率高达 39.25%，也影响到企业的缴费遵从度和参保积极性，导致企业想方设法降低缴费基数、减少参保人数，甚至逃避参保，造成部分应参保人员未享受到应该享有的社保权益，而社保部门在短时期内难以有效改变这种状况。这不利于落实党中央、国务院适当降低"五险一金"费率的政策部署。

2. 税务机关征收社保费具有天然优势

为解决这一问题，我们进行了广泛调研，目前，全国有 24 个地区（省、自治区、直辖市、计划单列市）的税务机关在代征社保费。其中 7 个地区由税务机关确定缴费基数并征收，即税务机关全责代征，使社保费的征收面和收入规模都有大幅度提高。税务机关全责代征社保费之所以会取得这么好的效果，是因为税务机关在社保费的征收上具有诸多天然优势。

首先，税务机关具有天然的税费同源同管的独特优势。社保费是对企业工资总额按一定比例征收的，而税务机关在征收企业所得税和个人所得税的过程中都需要及时、精准掌握企业的工资发放情况，这样一来，企业所得税税前扣除的工资薪金和计征个人所得税的工资薪金，直接构成了社保缴费的真实费基。税务机关的税费同征同管可以最大限度地做实做大社保费费基。

其次，税务机关拥有成熟有效的征管手段。一方面，税务机关可以借助分类分级管理和风险管理的税收征管手段，提升社保缴费专业化管理水平，涵盖全部的社保费缴纳企业；另一方面，税务机关依托全国联网、统一建设的税收征管信息系统，实现国家和省级两级数据大集中，可以通过统一数据标准、加强数据共享、提高数据质量，实现数据管税（费），确保税费应收尽收。

最后，税务机关拥有优质便捷的缴费服务体系。当前税务机关已经形成了一套基本涵盖服务规范、法规制度、机构机制及平台渠道的缴费服务体系，建立了统一规范的电子税务局和全天候的12366纳税服务热线，使缴纳税费不仅"足不出户"，还能"如影随形"。

税务机关作为高度专业化的税费征收机构，在长期的征管实践中积累了丰富经验，创造形成了成熟完备的征管模式，特别是经历了"营改增"等重大税制改革洗礼，具有很强的动员能力和很高的组织效率，完成了为国聚财的使命和责任担当。可以说，税务机关在降低征收成本、提高征收效率、促进缴费遵从、保障资金安全、优化公共服务等方面有着诸多天然优势。因此，越来越多的地方政府将社会保险费交由税务机关征收。

（二）降低社保费名义费率，是强国、强企、利民的大好事

税务机关全责代征社保费，通过充分发挥其具有的诸多天然优势，可以极大地提升社保费征收率。这一改革为降低社保费名义费率提供了较大的空间。对于企业发展、财政减压和人民社保权利保障，都是一件大好事。

首先，这一举措可以减轻企业社保负担，提升企业发展潜力。当前，国家正大力推进供给侧结构性改革，实施"三去一降一补"五大任务，努力为实体经济降成本、为企业减负。在这个背景下，如果将社保费改革为税务机关全责代征，同时下调社保费费率，无疑会为我国推进企业发展、激发经济活力发挥重要作用。

其次，这一举措有利于保障人民的合法权益。当前，部分企业为了降

低成本，不惜牺牲员工利益，不为在职员工缴纳社保费，或者人为降低缴费基数。这种情况在部分地区和行业非常普遍。由税务机关全责代征社保费、降低社保费名义费率，则可以在一定程度上减少这种情况的发生，从而不折不扣地落实《社会保险法》，保障人民在社保方面的合法权益，促进社保事业的可持续发展。

最后，这一举措可以在更大程度上发挥"强国"作用。税务机关全责代征社保费的同时适当降低社保费名义费率，一方面，保证了社保费的"盘子"，从而可以减少财政补贴社保的压力，缓解财政收支矛盾；另一方面，有利于建立更加公平可持续的社会保障制度，为我国经济社会健康、稳定发展夯实基础。

（三）逐步实现社保全国统筹，有利于缩小贫富差距

与税收等其他手段相比，社保是一种最为及时、合理、效率最高而且风险最小的缩小贫富差距的手段。最重要的是社保的有偿性，即有交有还、交多少钱得到多少钱；与税收的"削高"调节不同，社保主要通过提高低收入群体的收入水平来缩小贫富差距。对穷人来说，社保是一种雪中送炭的好事，是抬高穷人收入水平台阶的手段；对富人来说，社保不会打击其生产的积极性，也不会引发资金的外流。更为重要的是，社保不仅不会引发人民的税痛感，反而会因为其对人民生活的保障作用而受到社会的广泛欢迎，有利于政治和社会的稳定。从这个角度来看，社保是一种效率最高、最为有效的缩小贫富差距的方法，是当前我国最应该重视和使用的缩小贫富差距的手段。

但是，要发挥社保对于缩小贫富差距的重要作用，有一个必要的前提：必须实现社保的全国统筹。目前，我国各地的社保基本上处于"各自为政"的状况，各地社保的缴费比例、征收状况、保障水平各不相同，使得社保不能在全国范围发挥缩小贫富差距的作用。因此，只有实现社保费的全国统筹，才能充分发挥社保缩小贫富差距的作用。而要做到这一点，在全国范围实现税务机关全责代征社保费、普遍提升全国的社保费征收水平是必不可少的前提和基础。

据此，可以将充分发挥社保手段缩小贫富差距的逻辑层次归纳如下：

（1）社保是当前我国缩小贫富差距的最好、最重要的手段（与税收手段相比）。

（2）社保发挥缩小贫富差距作用的前提是实现社保的全国统筹。

（3）社保的全国统筹实现的前提是社保费必须由税务机关全责代征。

（4）税务机关代征可以实现社保费的应收尽收，同时逐步降低费率，减轻企业负担，保障人民社保权益，减少财政补贴。

（四）结论

综上，税务机关全责代征社保费的改革对于人民生活、社会治理、经济发展和国家富强具有十分重大的意义。这些意义主要体现在：提高社保费的征收效率，保证社保费应收尽收；降低社保费率，减轻企业负担，增强企业活力，实现企业公平竞争；保障人民的社保权利，满足人民基本生活需求，促进社会公平；有利于规范我国的社保体制，形成"税务征收、财政管理、社保使用、审计监督"四位一体的社保基金征收管理体系；实现全国社保统筹，有利于缩小社会贫富差距；缓解财政压力，增进财政的可持续发展。

（五）深化社保费征收体制改革的相关建议

第一，实行社保费由税务机关全责代征，并逐步降低社保费名义费率。第一年降低 3 个百分点，第二年再降低 3 个百分点，第三年降低 4 个百分点。3 年共降低 10 个百分点。其好处在于：一是可以充分发挥税务专业征收机关的优势，使社保费应收尽收、征足征好；二是在此基础上降低费率，可以减轻企业的负担，搞活经济；三是有利于企业在市场经济中公平竞争，如果有的企业交，有的企业不交，对企业是不公平的；四是人民的权益得到保障，社保是维系人民基本生存权利的重要手段，是人民的美好愿望，我们必须把社保费征足征好。

第二，从深化社保费征收体制改革的角度看，税务机关全责代征社保费的改革只能向前推进，不能逆转向后倒退。因为现在全国 34 个省份中，已经有 24 个省份是由税务机关代征社保费，只有 10 个省份是社保机关征收。如果倒退的话要 24 个省份大动，所以说只能够向前走，让剩下的 10 个省份改为税务机关全责代征，这样是小动。这个改革是不能倒退、不能逆转的，只能向前进，这是由中国的现实情况决定的。2010 年全国人大在社会保险法立法的时候，社会各界对于征收机关争论较大，所以没有对社保费的征收机关做具体规定，只做了原则性规定，即"社会保险费实行统一征收，实施步骤和具体办法由国务院规定"。但是经过这么多年了征收机关一直没有确定，我们必须在当前深化改革的时候确定下来，即社会保险费实行税务机关全责统一征收。

第三，逐步实现社保的全国统筹，发挥社保缩小贫富差距的作用。省一级的社保统筹有利于缩小省域的贫富差距，全国的社保统筹有利于缩小全国范围的贫富差距，但是前提是必须在全国范围实现社保费统一由税务机关全责代征。如果全国统筹难度太大，可以采取过渡措施。总之，必须马上行动起来，缩小各省之间的贫富差距，防止落入中等收入陷阱。

第四，以税务机关全责代征社保费这一改革为契机，推进社保费的管理体制改革。逐步形成政府主导下的"税务征收、财政管理、社保使用、审计监督"四位一体的社保基金征收管理体系，为财政平衡减压，为社保改革增劲，为造福民生助力，为国家发展担当。

第五，在我国社保还是采用"费"的名称为好。我们强调社保费由税务机关全责"代征"，是因为社保采用"收费"的形式体现了受益和专款专用的本质，更容易让社会接受，有利于社会稳定。而且根据我国国情，在我国社保还是采用"费"的名称为好，这有利于避免人民的税痛感，也有利于防止引发税、费名称的争论。

二、课题组调研社保费征收形式的历程

（一）关于社会保障"税"与"费"名称的讨论

20世纪80年代的争论，焦点是使用社会保障税的名称，还是使用社会保障费的名称。

1. 主张使用社会保障税名称的观点

主张这种观点的主要是税收理论工作者和税务工作人员，如贾康、胡鞍钢、郭庆旺、安体富等。

有的学者认为，应该学习西方发达国家征收社会保障税的成功经验，建立社会保障税是解决当前社会保险筹资问题的有效途径。他们认为社保费改税可以克服缴费制存在的弊病，主要理由包括：①开征社会保险税，可以确保社会保险收入的稳定可靠；②开征社会保险税，有利于建立规范化的社会保险收、用、管制度和投资制度；③开征社会保险税，有利于公平税负，促进劳动力跨地区、跨行业的流动；④开征社会保险税，有利于建立社会保障预算，确保基金的安全；⑤开征社会保险税，有利于建立社会保障的社会化管理体系，节省管理成本，提高管理效率。

有的学者认为，我国已经具备开征社保税的基本条件，应尽快开征统一的强制性的社会保障税。他们特别强调建立全国统一的社会保障制度，开征社会保障税，是一次重大的利益格局调整，这不仅是一个经济问题，也是一个重大的政治问题。

有的同志提出，我国社会保障制度改革的一个重要方面就是要确立规范化的社会保障资金的筹资模式，而开征社会保障税的目的就在于规范现有的筹资模式。并认为开征社会保障税要注意：①合理确定社会保障税的收入规模；②社会保障税可能会发生转嫁；③社会保障税应当属于中央税；④社会保障税应当与物价指数挂钩；⑤社会保障税并非社会保障资金的唯一筹措渠道。

有的专家认为，开征社会保障税有重大意义，它能够提高社会保障收入征收率和扩大社会保险的覆盖面。不仅如此，以税收形式筹资还能使社会保险收入和基金尽快纳入预算管理，增强资金管理的科学性和安全性。他们提出开征社保税的好处包括：①开征社会保险税，有利于提高社会保险收入的征收率；②开征社会保险税，有利于发挥税务机关优势，降低征收成本；③开征社会保险税，建立社会保障预算，有利于增强社会保险征缴及基金管理的科学性。

2. 主张使用社会保障费名称的观点

主张这种观点的主要是社保理论工作者和社保工作人员，如郑功成、李绍光、郑秉文等。

有的学者认为，我国社会保障费改税的缺点主要有：①目标模糊；②制约因素甚多；③技术障碍甚多；④预期效果尚不确定；⑤与国际上社会保障改革和发展的趋势不吻合。他们认为，我国实施社会保障费改税存在着诸多问题，决策层应认真研究，审慎行之。

有的专家认为，不开征社会保障税主要有两个理由：①社会保障缴费不等于政府财政的预算外收费；②一旦开征社会保障税，首先就应当考虑政府是否具备足够的财力和能力，来平衡由此带来的利益格局的改变。他们认为，即使实施了社会保障费改税，也不一定会降低征收难度，反而会强化纳税人的避税动机。

有的同志认为，世界大趋势不是社会保障费改税，而是税改费。他们认为，费改税与我国的社保制度框架有冲突：①费改税与当前统账结合的制度相冲突，因为统筹部分可以改，但个人账户部分是不能改的；②税的刚性要大于费的刚性，但我国的社保制度建设却远没有定性，更没有定型；③费改税之后有两个很大的困难难以克服，即如何界定纳税人的范围和概念，以及如何设定税率；④费改税并不必然提高征收的力度。

这两种观点的争论持续了 30 多年，至今尚未结束。

（二）税务机关代征社保费的试点及课题组的研究

1. 20 世纪 90 年代产生的税务机关代征社保费试点

到了 20 世纪 90 年代，有些税务工作者，特别是税务实际工作者，转变了观念，认为像西方国家一样实行社会保障税虽然刚性强，但是实操性差，而且国内争论大、争论的时间会很长。1990 年以后，有些地方的领导和税务工作者经过认真调研，根据中国国情提出并开始"税务机关代征社保费"的试点。

（1）地方做法。为了提高社保费征缴效率，从 1995 年起，武汉等地方政府相继将养老保险费征收工作交由税务机关负责，社保费收入大幅增长，有效缓解了财政收支的压力。1997 年，浙江省政府针对养老保险基金支付能力连年下降、社保基金支付可持续形势严峻的问题，决定由税务机关代征基本养老保险，发布了《关于建立统一的企业职工基本养老保险制度的通知》（浙政〔1997〕15 号），规定基本养老保险费由地税部门负责"代为征收"。地税部门自 1998 年 10 月起接手征收基本养老保险费。2001年起浙江省政府决定进一步扩大地税代征范围，地税部门开始代征基本医疗保险费，2004 年起代征失业、工伤保险费。

（2）国务院规定。1999 年国务院出台的《社会保险费征缴暂行条例》第五条和第六条明确规定，社保费的征收可以由劳动保障行政部门征收，也可以由税务部门代征，基本上明确了社保费征收主体的二元结构。在此后《社会保险法》的起草过程中，虽然关于破除二元结构、明确征收主体的争论一直不绝于耳，但是因为利益相关方争执不下，最终没有形成一致意见。到 2014 年，在全国 34 个省份中，有 17 个实行了税务机关代征社保费。

（3）福建和浙江的实践。2001 年，习近平同志在担任福建省省长时，发现推进税务机关代征社保费这一改革并非一帆风顺，面对着不同的声音，他亲自到广东与李长春同志交流，回来后他在省长办公会上提出"小道理要服从大道理"。时任省地税局局长张学清回忆道，他上任时习省长第一次跟他谈话，就说：你一是要征好税，二是要设计好税务代征社保费的方案。福建从无到有，设计、起草、改革、创新，率先在全国实现了税务机关代征社保费改革。2005 年，习近平同志担任浙江省委书记，又实施了税务机关全责代征社保费的改革。这两次改革都取得了非常好的效果，为其他地区税务机关代征社保费改革积累了丰富的经验。

2. 十年磨一剑——国家税收法律研究基地关于税务机关代征社保费理论与实践结合的智库研究成果

20多年来，基地团队一直潜心研究"税务机关代征社保费"课题。2017年我们向中央建议，得到了中央高层领导的重要批示。十年磨一剑，终于在党的十九届三中全会通过的《深化党和国家机构改革方案》中，写入了社会保险费交由税务部门统一征收的内容①，我们的研究取得了巨大成果，深感理论联系实际、科研为党和政府服务的重大意义。具体研究成果如下：

• 20世纪90年代，我们认为应该像西方国家一样实行社会保障税，但研究结果是社会保障税的实操性差、争论大。

• 1998年以后，我们经过认真调研，根据中国国情提出"税务机关代征社保费"的建议。

• 2003年，我们与北京市财政局合作开展了"北京试行以税的形式筹集社会保险基金方案研究"课题的研究。

• 2006年，我们与北京市地税局合作开展了"依托北京地税局强大的信息系统，试行以税的形式筹集社会保险基金方案研究"课题的研究。

• 2007年，在政协提交提案《建议由地税局代征社会保险费》，新华社做了题为"社保金公积金维修金政协委员关注百姓'钱袋子'"的报道，其中提到郝如玉委员的建议。

• 2007年，我们的学术论文《论北京试行以税的形式筹集社会保基金》刊登在《首都经济贸易大学学报》2007年第3期。

• 2017年，学术论文《税务机关全责代征社保费一举多得》刊登在中国国际税收研究会《国际税收》杂志2007年第10期。

• 2017年，向中央建议《税务机关全责代征社保费是强企强民、简便易行的大好事》，5月26日得到了中央最高层领导的重要批示。

• 2018年初，向中央递交两份建议：《税务机关全责代征社保费的政治意义，是使社保成为我国缩小贫富差距的最好手段》和《关于深化我国社保费征收体制改革的建议》。

———————————

① 《深化党和国家机构改革方案》第三部分"深化国务院机构改革"第四十六条指出：为提高社会保险资金征管效率，将基本养老保险费、基本医疗保险费、失业保险费等各项社会保险费交由税务部门统一征收。

●2018 年初，向中央递交建议《税务机关全责代征社保费，是我国缩小贫富差距的最好手段，有利于强国强企强民》，2 月 11 日得到了中央高层领导的批示。

三、综合研究报告：税务机关征收社保费问题研究

（一）研究背景和意义

1. 研究背景

随着我国社会主义市场经济体制的不断完善，我国社会保障领域的一些深层次矛盾逐渐暴露出来。这些矛盾突出表现在：一方面，我国的社保费征收率总体较低；另一方面，企业的社保费负担普遍较重。这就导致了两个结果：一是社保费收不抵支矛盾越来越突出。为此，财政部门不得不拿出越来越多的资金补贴社保费的征收不足，我国财政的负担进一步加重。二是企业名义费率过高，导致企业想方设法降低缴费基数、减少参保人数，甚至逃避参保。这不仅影响了企业的公平竞争和职工权益，也不利于落实中央适当降低"五险一金"缴费比例的政策部署。

之所以出现上述问题，一个至关重要的原因是：在我国传统的由社保部门征收社保费的制度下，社保费征收不足。目前，社保部门征收社保费存在一些明显的"短板"：一是社保部门难以全面掌握社保费的缴费户数，导致部分企业不缴纳社保费，社保费的征收范围偏小；二是社保经办机构在确定社保费缴费基数时，难以有效、充分、及时掌握企业生产经营信息，导致许多企业的缴费基数不实，社保费难以足额征收。因此，传统的由社保部门征收社保费的做法使得社保费远未实现应收尽收。针对这一状况，一些地区开始了社保费征收制度的改革。其中，最主要的一项改革就是社保费改由税务机关征收。

早在 1995 年，武汉等地方政府为了提高社保费征缴效率，就相继将养老保险费征收工作交由税务机关负责。1999 年，国务院颁布了《社会保险费征缴暂行条例》。其中明确规定，社保费"可以由税务机关征收，也可以由劳动保障行政部门按照国务院规定设立的社会保险经办机构征收"。在这一政策的激励下，其他地区也逐渐开展了税务机关征收社保费的改革。2001 年，在时任省长习近平同志的大力支持下，福建省改由税务机关

征收社保费，成为全国第一个实现税务机关全责代征社保费的省份。2005年，在时任省委书记习近平同志的支持下，浙江省社保费由地税局代征模式改为地税局全责代征模式。自此，许多地区开始了这一改革。到2017年，由税务机关征收企业职工基本养老保险、企业职工基本医疗保险、工伤保险、生育保险等全部五项或者部分险种的社保费的地区，增加到了23个，① 约占全国征收单位数的2/3。

税务机关征收社保费的改革在大部分地区都取得了显著的成果。但是，由于种种原因，这项改革在我国许多地区仍未实施。这就在全国形成了社保费由社保部门征收和税务机关征收的两种模式：除已经实施税务机关征收社保费的23个地区外，我国其他地区的社保费仍由社保部门征收。而且，在那些已经实施这一改革的地区，税务机关征收社保费也分为非全责代征和全责代征两种模式。税务机关全责代征社保费，即由社保部门核定社保费征收对象、金额，税务机关依据社保部门核定数据将费款收缴入库。目前，全国有8个地区已实现税务机关全责代征社保费，使社保费的征收面和收入规模都有大幅度提高。

从改革的实践来看，当前税务机关征收社保费仍存在一些障碍。主要表现在：一些地区对税务机关全责代征社保费的改革缺乏足够的认识，改革面临较大阻力；税务机关对社保费征收的检查权不明确，社保费检查存在执法风险；社保费制度不够完善，欠费管理办法尚未确定，影响欠费追缴，进而影响了税务机关征收职能的履行；《社会保险法》中对五费缴费基数的规定有三种表述，缺乏统一明确的规定，导致各地理解执法差异大，客观上造成了缴费基数不实，地区间、行业间、企业间费负不公的现状；各地在社保费实际征缴中工资口径执行的不统一，导致缴费基数不一致，影响了地区间费负公平。在这种情况下，在全国范围内实现社保费由税务机关全责代征便成为解决我国社保费征收问题的前提和基础。

2. 研究意义

社保费的征管是当前影响我国社保体系进一步完善和发展、保障人民基本权利的基础性问题。针对我国社保费征缴中存在的种种问题和障碍，以社保费改革为由，税务机关全责代征成为我国社保事业发展的必然之

---

① 包括20个省、自治区、直辖市和3个计划单列市，分别是河北、内蒙古、辽宁、黑龙江、江苏、浙江、安徽、福建、河南、湖北、湖南、广东、海南、重庆、四川、云南、陕西、甘肃、青海、宁夏，以及大连、宁波、厦门。

举，对于提高社保费征收效率、促进经济发展、保障人民基本生存权利以及缓解政府财政压力都有着重要的意义。

首先，税务机关全责代征社保费可以提高社保费征收效率，为降低企业费率提供空间，有利于促进经济发展。税务机关充分利用社保费与企业所得税税前扣除工资薪金、计征个人所得税同源征管的特点，实现税、费征管力量统筹配置和征管信息有效共享，提高了征管效率。目前的社保费实际征缴率不足70%，如果改由税务机关全责代征，将会提升征缴率10%~20%，在社保费"盘子"不变的情况下，社保费费率就能够降低5至10个百分点，这就为减轻企业负担、减少财政补贴提供了巨大空间。当前，国家正大力推进供给侧结构性改革，实施"三去一降一补"五大任务，努力为实体经济降成本、为企业减负。在这个背景下，如果将社保费改革为税务机关全责代征，同时下调社保费费率，无疑会为我国推进企业发展、激发经济活力发挥重要作用。

其次，税务机关全责代征社保费有利于社保费的充分征收，保障人民基本生存权利。税务机关依托全国联网、统一建设的税收征管信息系统，实现国家和省级两级数据大集中，通过统一数据标准、加强数据共享、提高数据质量，实现数据管税（费），有利于社保费的充分征收。税务征收、社保使用，实现了社保费收支两条线管理，社保费通过财税库银联网系统直接缴入国库，实现了"人费分离"，确保了社保费在"安全通道"上运行。由税务机关全责代征社保费则可以不折不扣地落实《社会保险法》，保障人民在社保方面的合法权益，促进社保事业的可持续发展。

最后，税务机关全责代征社保费有利于通过"补低"缩小贫富差距。社保是当前我国缩小贫富差距的最好、最重要的手段。社保的有偿性与税收的"削高"调节不同，社保主要通过提高低收入群体的收入水平来缩小贫富差距。对穷人来说，社保是一种雪中送炭的好事，是抬高穷人收入水平台阶的手段；对富人来说，社保既不会打击其生产的积极性，也不会引发资金的外流。更为重要的是，社保不仅不会引发人民的税痛感，反而会因为其对人民生活的保障作用而受到社会的广泛欢迎，有利于政治和社会的稳定。税务机关代征可以实现社保费的应收尽收，同时逐步降低费率，减轻企业负担，保障人民社保权益，减少财政补贴。因此，要尽快实现社保的全国统筹，使社保发挥缩小贫富差距的作用。

（二）我国税务机关征收社保费的发展历程与现状

1. 我国税务机关征收社保费的发展历程

改革开放以来，我国大刀阔斧地对社会保障机制进行改革，逐步探索成立由国家、企业和个人共同承担的养老保险制度，即企业缴纳部分进入社会统筹，个人缴纳资金进入个人账户，国家进行统一补偿的权责清晰的筹资模式，初步建立了中国特色社会主义养老保障制度。在制度设立之初，明确规定了参保对象、养老保险费率、资金使用和养老金计发等细则，但是并没有划定养老保险的征缴划拨机制，一直由社会保险经办机构统一管理。直至 1994 年通过《中华人民共和国劳动法》，才正式明确社会保险经办机构负责征收社保费。

但自 20 世纪 90 年代末起，随着经济体制改革的不断深化，部分国有企业、集体企业经营困难甚至破产，导致社保费征缴困难重重，地方财政出现社保费收支缺口，部分地区社保经办机构征缴手段缺乏，缴费基数难以做实，征收覆盖面不广，征缴率偏低的问题日益凸显。除社保费管理体制的因素外，社保部门面临的信息不对称、征收手段缺乏刚性等社保费征管问题成为导致上述结果的主要原因。

为了提高社保费征缴效率，从 1995 年起，武汉等地方政府相继将养老保险费征收工作交由税务机关负责，社保费收入大幅增长，有效缓解了财政收支的压力。

税务机关征管能力得到了财政部、原劳动和社会保障部、地方党委政府和缴费人的高度肯定。在财政部及原劳动和社会保障部的联合推动下，1999 年颁布实施的《社会保险费征缴暂行条例》明确规定社保费"可以由税务机关征收，也可以由劳动保障行政部门按照国务院规定设立的社会保险经办机构征收"。这一条例为税务机关代征社保费提供了法规上的依据。

2. 我国税务机关征收社保费的现状

自 1999 年颁布《社会保险费征缴暂行条例》以来，税务机关代征社保费的规模不断扩大。截至 2017 年，已有包括 20 个省、自治区、直辖市和 3 个计划单列市的 23 个地区的社保费由税务机关代征。

从目前税务机关代征社保费的实践来看，税务机关对社保费的代征分为非全责代征和全责代征两种模式，目前有 8 个地区已实现税务机关全责征收。税务机关全责代征，是指地方税务机关全面负责社会保险费征缴环节中的缴费登记、申报、审核（核定）、征收、追欠、查处等环节的工作，并将征收数据准确、及时传递给社会保险经办机构记账。各级地方税务机关在社会保险费征收环节，按规定的比例直接将应上缴的费用划拨至社会保障基金财政专户。

税务机关代征社保费，首先，实现了社保费收入快速增长，有力保障了社保资金筹集。目前，全国实现养老保险当期收支平衡的 10 个地区中有 6 个地区是税务机关征收地区，其中 5 个地区实行税务机关全责代征模式。其次，提高了社保费征管效能。税务机关充分利用社保费与企业所得税税前扣除工资薪金、计征个人所得税同源征管的特点，实现税、费征管力量统筹配置和征管信息有效共享，提高了征管效能。最后保障了社保费资金安全。税务征收、社保使用，实现了社保费收支两条线管理，社保费通过财税库银联网系统直接缴入国库，实现了"人费分离"，确保了社保费在"安全通道"上运行。

但是，从全国来看，在目前的社保费征收中，不仅许多地区的社保费依旧由社保部门来征收——在这些地区，社保费征收范围和征收率不足等问题依旧存在，而且大部分已经实行税务机关代征的地区并没有实现税务机关对社保费的全责代征——在这些地区，缴费的企业和个人主要享受到了缴费便利的好处，但税务机关信息充分、征管有力的优势却没有得到真正发挥，政府和企业间的信息不对称、征管力度等问题依然困扰着这些地区的社保主管部门。不仅如此，在一些地区，税务机关代征社保费也并没有涵盖所有的单位和人群，或者并未涵盖社保费所有的内容。这样一来，税务机关代征社保费的优势便很难得到充分发挥。因此，要解决上述社保费的征缴问题，就需要真正实现税务机关对社保费的全责征收。

（三）我国税务机关征收社保费的必要性与可行性

1. 我国税务机关征收社保费的必要性

（1）由社保机构征收社保费存在的问题。自我国现代社保体系建立之初，社保费都是由社保部门征收。但是，从征收实践来看，社保部门征收社保费却存在着很多问题。这些问题可以归结为：强制执行手段不足，导致征缴手段缺乏刚性；费源不清，导致参保覆盖面窄，难以保障制度公平；费基不实，未实现应收尽收，导致财政负担不断加重；费率过高，影响企业缴费遵从度，致使营商环境受损。

①征收刚性不足。社会保险机构征收社保费的刚性明显不足。虽然在2011年7月1日正式实施的《社会保险法》第六十三条中规定："用人单位未足额缴纳社会保险费且未提供担保的，社会保险费征收机构可以申请人民法院扣押、查封、拍卖其价值相当于应当缴纳社会保险费的财产，以拍卖所得抵缴社会保险费。"但是，这与税收征收的刚性相比，明显不够。在税收征管上，《税收征管法》是税务机关进行税费征收的强有力的法律保障，它赋予了税务机关保全、强制执行等强硬的法律手段。与之相比，《社会保险法》中规定的社保费征管措施和法律手段，在实践中的执法刚性仍有很多不足，如社保费的检查处罚权有限等。

②费源信息不完整。按照《社会保险法》的规定，国家机关、社会团体、企业、事业单位、民办非企业单位、个体经济组织等用人单位都应履行缴纳社保费的义务。但是，由于征缴双方信息不对称，社保部门无法掌握完整的费源信息，一些用人单位不申报、少申报、漏申报、故意拖欠缴纳社保费等问题比较突出，这对诚信缴费的单位而言是一种不公平。同时，用人单位逃避履行缴纳社保费义务的违法成本较低，造成大量应参保人员因未参保而无法享受社保权益，更破坏了社会保障制度的公平性。

③费基不能准确界定。《社会保险法》规定："用人单位应当按照国家规定的本单位职工工资总额的比例缴纳基本养老保险。"在实际征缴工作中，由于社保部门难以掌握用人单位工资总额的变动情况，非税务全责代征地区通常采取社保经办机构核定基数征收社保费方式，即以企业上年度月平均工资或当地上年度月度社会平均工资的一定比例或最低工资标准，作为缴费基数，核定应缴费额，这与以企业实际发放的工资总额作为缴费基数有一定差距，形成征管漏洞。

社保费未能实现应收尽收，导致社保费收入增速与社会保险基金支出增速差距逐年加大，收支矛盾突出，财政补贴逐年增长且有不断扩大趋势。此外，我国社保费目前费率过高，也影响着企业的缴费遵从度，致使营商环境受损。社会保险费率是衡量企业缴费负担水平的重要指标，应在费源、费基确定的基础上，结合社保费支出的实际需要测算确定科学合理的社保费率。目前，我国企业和职工缴纳的五项社保费综合费率接近41%，征收体制原因形成的费源不清、费基不实，致使社保费费率存在虚高问题。据专家估算，目前的社保费实际征缴率不足70%，如果通过有效方式强化征管，提升征缴率10%~20%，社保费费率将能够下降5至10个百分点。社保费费率过高，一方面导致企业想方设法降低缴费基数、减少参保人数，甚至逃避参保，影响了企业的缴费遵从度；另一方面也不利于贯彻落实党中央、国务院关于继续适当降低"五险一金"有关缴费比例的政策部署和深化供给侧结构性改革、降低制度性交易成本的战略方针，不利于营造极具竞争力的营商环境。

（2）税务部门征收社保费的优势。近年来，随着我国经济社会的快速发展，个体、私营、个人独资、合伙制等各种新经济属性企业不断增多，跨地域经营、连锁经营、加盟经营、共享经营等新的经营模式不断涌现，对企业实施有效管理的难度不断加大，单位职工工资收入监管核定难度增大；网店微商、互联网金融、现代物流、创业投资等各种新经营业态层出不穷，从业人员流动性增大，自然人征收管理难度加大。原来事前审批、属地管理、人工核定、上门缴费的社保费征管模式，已难以适应"参保主体多元化、缴费渠道多样化、管理事项复杂化"的现实需求，社保费征管理念和方式亟待变革。在社保费征收率一直低迷的状况下，税务机关作为高度专业化的税费征收机构，应当秉承为国聚财、为民收税（费）的担当意识，成为社保费征收的主力军。税务机关在长期的征管实践中积累了丰富经验，创造形成了成熟完备的征管模式——"123 征管模式"，即"一个独特优势+两个有效体系+三个强力保障"。如果由税务机关征收社保费，社会保障部门将从繁重的收费事务中解脱出来，着力提高社会保障行政效率，强化社会保障部门的公共服务职责，履行政府社会保障职能，建立以社会保障受益人为中心的各种服务体系。地税部门成为社保费的征收责任主体，有利于发挥专业队伍的品质，降低社会保障的行政管理成本，为老百姓谋益。①

①税务机关具有费源费基管理的天然优势。社保费是对企业工资总额按一定比例征收的，而税务机关在征收企业所得税和个人所得税的过程中都需要及时、精准掌握企业的工资发放情况，因此税务机关具有天然的税费同源同管的独特优势。税务机关管理的广大税源也是现实和潜在的社保费源。企业所得税税前扣除的工资薪金和计征个人所得税的工资薪金，直接构成了社保缴费的真实费基。税费的同征同管做实做大了社保费基，一方面有利于不折不扣地落实《社会保险法》，足额筹集社保费收入，保障缴费人的合法权益，促进社保事业的可持续发展；另一方面也为政府相机调控社保费率预留了空间，通过精准掌握费源费基，可在降费率的同时不过多增加财政补贴，从而有利于贯彻落实党中央和国务院减税降费、适时适当降低社保费费率的战略决策。因此，要充分发挥社保制度在经济发展

---

① 邱祖干. 社保费地税部门全责征收改革的思考［J］. 财经界（学术版），2010（11）.

和民生保障之间的平衡器作用。有力推进供给侧结构性改革"三去一降一补"任务的完成，持续降低制度性交易成本。

②税务机关已经形成了严密规范的征收管理体系。首先，税务机关已建立统一规范的"征管查"全流程工作机制，涵盖登记、征收、管理、服务、稽查全流程工作规范。各环节均有明确的操作流程、业务指引及办结时限，有相应的内控管理、监督考核机制，确保税收执法行为依法依规、公开透明。其次，税务机关已建立较为完备的税费征收体系。当前，全国税务机关除负责税收征管工作外，还承担着13个基金、费的征缴管理工作，如基于增值税、消费税征收的水利建设基金、教育附加费和地方教育附加，基于企业工资薪金总额征收的工会经费等，得到了各级地方政府、教育、水利、工会等部门的高度肯定。最后，税务机关拥有成熟有效的征管手段。一方面，税务机关可以借助分类分级管理和风险管理的税收征管手段，提升社保缴费专业化管理水平；另一方面，税务机关依托"核心征管"信息系统，实现了国家和省级两级数据大集中，通过统一数据标准、加强数据共享、提高数据质量，实现了数据管税（费），确保税费应收尽收。

③税务机关拥有优质便捷的缴费服务体系。当前税务机关已经形成了一套基本涵盖服务规范、法规制度、机构机制及平台渠道的缴费服务体系。该服务体系特点鲜明，优势突出。一是实施规范服务，征缴管理整齐划一。全面推行《全国税务机关纳税服务规范》《全国税收征管规范》《国家税务局地方税务局合作工作规范》等11个规范制度，进一步提升了税费征管工作的制度化、规范化、科学化水平。使缴费人在税务机关办理各项税费业务更加规范、便捷、高效，实现了全国税务系统执法一把尺子、征管一个流程、服务一个标准。二是畅通宣传渠道，政策解读辅导及时精准。充分依托网上网下培训学堂，强化了政策的宣传培训、精准解读、及时辅导，提高了缴费人对税费政策和征缴流程的知晓度，避免发生非主观故意的不遵从行为。税务部门还通过全天候服务的全国统一12366热线为缴费人提供最权威的政策解答，用声音打造听得见的缴纳服务，有效解决了征纳难题。三是网点分布科学合理，由点及面提供便利高效的缴纳服务。地税系统依托全国各地办税服务厅5.5万个服务窗口、5 500余台自助办税设备提供全方位缴纳服务。一方面，依托税收信息化建设，目前已形成"网上办理为主、自助缴纳为辅、实体办税服务厅兜底"的缴纳税费格局，实现了缴纳税费"多走网路、少走马路"的便利化、现代化。另一方面，推行了同城通办、省内通办、国地税通办业务，开展了首问责

任、预约、延时、限时办结、无纸化"免填单"等各种便民利企的服务举措。在此基础上，为适应缴纳群体年轻化的特点，部分单位已成功实现支付宝缴纳，使缴纳税费不仅"足不出户"，还能"如影随形""一触即发"。

④税务系统拥有成熟高效的组织体系。一是全国地税系统实行机构、人员和业务的省级垂直管理体制，建立了涵盖"人、财、物、征、管、查"各环节的严密内控机制。截至2015年年底，全国共有地（市）级地税局344个、县（区）级地税局2 759个、税务分局和税务所16 783个、办税服务厅及办税延伸点共11 031个，加之国地税业务通办，基本实现省、市、县、乡全覆盖。二是拥有一支经验丰富的专业征收队伍。全国地税系统共有36.05万人，省市两级直接参与税费业务管理的干部有7万多人，县级及以下直接参与税费征收工作的干部有26万多人。三是通过专业系统的培训锻造了一批高素质业务骨干。税务系统现在拥有包括税务总局干部学院和省级干部学校在内的44所专业干部教育培训机构，正大力实施素质提升"115工程"，培养1千名税务领军人才、1万名业务骨干和5万名岗位能手，为税务机关管理服务提供坚实的人才保障。

⑤税务系统建立了功能强大的信息化体系。一是推广运行金税三期，统一税费征管系统。目前，金税三期工程已于2016年10月在全国各省（自治区、直辖市）全面上线，实现了税费业务征管系统的全国统一，实现了数据标准、业务规范、业务流程的全国统一，实现了税费档案存储的标准化、电子化，进一步规范了税费执法、优化了征纳服务、强化了数据应用，为及时、高效、准确贯彻落实党中央和国务院各项决策部署提供了信息化保障。二是上线自然人税费信息管理系统，包括以个人所得税、社保费为主体税费种登记、认定、证明、申报、征收、优惠、评估、审计、明细信息共享、税费信息比对等相关业务处理，为进一步规范税费执法、实现"降低税务机关征收成本和执法风险、提高纳税人遵从度和满意度"奠定了坚实基础。三是开展"互联网+税务"行动，推动了税费征管现代化。2015年，国家税务总局启动了《"互联网+税务"行动计划》，逐步将新技术、新手段运用到社会协作、征纳服务、费源管理、风险防控、智能应用等税费征管全过程中，建设了新一代电子税务局，实现了"线上线下办理融合、前台后台业务贯通、统一规范便捷高效"的工作目标，推动了税费征管的现代化。

⑥税务机关拥有安全牢固的资金运转保障。社会保险基金是"高压线"，必须切实管好用好，确保安全完整、保值增值，这是政府的重要责任。税务机关征收社保费，符合现代管理的分权理论，符合收支两条线的

资金管理原则，可以避免自收自支模式内含的制度漏洞，促进社会福利最大化，客观上也有助于推进"税务征收、财政管理、社保使用、审计监督"四位一体的社会保险基金现代管理体制的形成，有助于推进国家治理体系和治理能力的现代化。同时，税务机关内控机制严密，监督保障高效。一方面，构建了"基本制度、专项制度、操作规程、管理制度"的四层架构制度体系，规范了行政管理权、税费执法权；另一方面，建立了全国统一的内控监督系统平台，将税务工作事项内嵌在金税三期信息系统内，细化为 2 033 个监控要件，对税务工作风险事前提醒、事中干预、事后评价，实现了全时点自动识别和动态监控。

2. 我国税务机关征收社保费的可行性

社会保险费由地税机关代征始于 20 世纪 90 年代后期，比较早的如广东、重庆等地。到目前为止，全国已有超过 20 个地区的社保费是由地税部门征收。从全国各地社保费的征收情况现状分析，社保费由地税机关征收的条件已经成熟，由地税部门来代征社保费具有很大的可行性。

（1）拥有相关法律规定作为保障。党的十八届四中全会通过的《中共中央关于全面推进依法治国若干重大问题的决定》指出，加快保障和改善民生、推进社会治理体制创新法律制度建设，依法加强和完善社会保障等方面的法律法规。《社会保险法》第五十九条第二款明确规定："社会保险费实行统一征收，实施步骤和具体办法由国务院规定。" 1999 年国务院出台的《社会保险费征缴暂行条例》第六条规定："社会保险费实行三项社会保险费集中、统一征收。社会保险费的征收机构由省、自治区、直辖市人民政府规定，可以由税务机关征收，也可以由劳动保障行政部门按照国务院规定设立的社会保险经办机构（以下简称社会保险经办机构）征收。" 2015 年全国人大财经委在调研报告中提出："征缴体制不统一，不仅增大制度运行成本，给参保对象带来很多不便，也影响了制度建设的规范化和标准化。"《社会保险法》规定职工应当参加五项基本社会保险，由用人单位缴纳（部分险种职工也需缴纳），因此社保费征收具有强制性。税务机关是专业税、费征收部门，有完整、规范的征收管理和行政执法程序，对于强制性征收的税费（社保费个人账户部分实行代征）统一归口由税务机关征收，直接进入国库（或财政专户），可以减少部门利益纠葛，提高执法刚性，促进规范征管，维护法律尊严。

（2）拥有税务机关征收社保费的地方改革实践。目前全国有 24 个地区社保费由税务机关征收，浙江、宁波、福建、厦门、广东由税务机关全责征收，其他地区都是代征。自社保费开征以来，一些省市地方政府财政不堪重负，从建立可持续发展的社会保障制度出发，陆续将原来由人社部门征收的社会保险交由税务机关征收，如宁夏（2008年正式移交，代征）、大连（2010年正式移交，代征）、北京（2016年批复移交，全责）、河南（2016年批复移交，全责）。湖南、广西等地政府一直在考虑移交，但由于一些部门的干预，没有实施，地方财政承担着巨大压力。从所有移交地区看，社保费移交税务机关征收的第一年，收入规模都有较大飞跃，远高于同期全国增长幅度。

（3）社保费征收具有"税收征管"属性。国家是社会保险费的唯一管理主体，有比较完备并且具备一定立法层次的政策制度体系，确定了专门的管理机构，征收管理具有一定的强制性、固定性和规范性。社保费实行"准税式"管理，税务机关可以根据企业工资总额据实征收，有效调节平衡参保人员利益分配，发挥社会统筹与个人账户的优势。现有养老保险制度为社会保险费"准税式"管理创造了有利的条件。

（4）拥有充足的软硬件配套。自社保费由地税部门征收以来，地税系统高度重视社保费征收工作，根据业务开展的需要，配备和健全了社保费征收管理办公器材，先后投入大量资金，为社保费征收开展建立平台，购置办公电脑、打印器材。在软件配置方面，采用专门的征收管理软件，尤其是金税三期优化版实现了国家税务总局到省、省到市县、县到基层分局的数据大集中，实现了数据灾备中心，且即将实现全国税务系统金税工程统一运行，功能统一、完善，管、征、查各工作环节已经具备了强大的硬、软件环境。税务部门已对经办人员开展多层次、全方位的业务培训，全体人员能够熟练操作软件。2017年工会经费、残疾人再就业保障金征收进入金税三期系统运作，功能强大的金税三期凸显了极大节约和减少软件开发、人员培训等方面的支出，高效实现信息共享，多渠道多方式获取税费信息的强大优势。

综上，地税部门具备坚实的征管基础。当前，地税部门负责地方税种的征收管理工作，征收对象几乎遍及所有行业和所有经济类型。在多年的税费管理工作中，税务部门已形成一整套完整、成熟的征收管理模式和经验，管理机构在管理催缴税款的同时，也对相关企业的社保费进行催缴核实，稽查部门在开展稽查业务时，开展税费票证统查。从这个角度来看，纳税人和缴费人对地税部门开展社保费征收的心理认同度和接受度都是很高的。

（四）部分地区税务机关征收社保费的实践与经验

1. 浙江省地税局征收社保费的"一二三四五"模式

2005年，在时任浙江省委书记习近平同志的支持下，为进一步提高社保费征收能力，浙江省人民政府常务会议决定，将地税社保费"代征"改为"征收"，确立地税机关的征收主体地位。2006年，在全国率先实行税务机关全责"双基数"征收社保费模式。至此，浙江省成为全国首个社保费实行税务机关全责"双基数"征收模式的地区。

从2006年至今，浙江省全面实行参保登记、征收机构、征缴基数、征缴流程和数据信息"五统一"的社保费"五费合征"征缴模式。同步推进征缴扩面，社保覆盖范围不断扩大。将基本养老保险费单位统筹费率由18%~22%下调到12%~16%，2012年起全省统一为14%。推进机关事业单位养老保险制度改革，自2016年1月开始征收机关事业单位职工基本养老保险费和职业年金。

浙江地税社保费征管的主要特色可以概括为"一二三四五"，即一体化、双基数、三平台、四位一体、五费合征。一体化税收征管机制使征收效率变高，缴费登记和税务登记同步，单位缴费实行自行申报，对查账征收企业试行社保费年度结算，引入清欠、评估、绩效管理，费款入库安全及时。"双基数"征收社保费模式即企业缴纳各项社保费，单位缴费统筹部分以单位全部职工工资总额为基数，由税务机关全责征收；单位代扣代缴个人缴费，其基数以每个参保职工工资收入为基础，经社保经办机构核定后，由税务机关代征。该模式符合"宽费基、低费率"的社保费筹资理念，充分发挥了税务机关和社保部门的各自优势，一方面可以堵塞企业少报、虚报缴费工资的漏洞，有利于进一步提高社保费征管能力；另一方面，通过个人缴费与单位缴费基数分离，形成了企业鼓励职工参保的良性机制，不断推进社会保险应参保人员全覆盖，切实保障了职工的合法权益。浙江省地税部门通过加强信息系统平台、数据交互平台、缴费服务平台等的建设，不断提升精细化管理和服务水平。自2005年起，浙江省积极倡导"四位一体"社保基金管理理念，政府主导"地税征收，社保支付，财政管理，审计监督"，促进了地税、社保、财政、审计各部门间相互制约、相互监督、协调发展、良性互动。自2006年起，浙江在全国率先实行"五费合征"，即在全省全面实行五项社保费参保登记统一、征缴机构统一、缴费基数统一、征缴流程统一、数据信息统一。"五费合征"进一步推进了社保费扩面征缴,理顺了相关部门的职责和税企的征缴关系,增强了社保费的征缴刚性,优化了征缴流程,提高了社保费征缴工作的法制化、规范化水平,为社保费收入的持续稳定增长提供了机制保障。

在该全责社保费征收模式下,浙江省地税局取得的成效主要有五个方面:一是社保费收入持续快速增长;二是参保覆盖面不断扩大;三是基金支付能力保持在较高水平;四是社会保障水平位居全国前列;五是社保费产出较高。

根据近 20 年来社保费征管的实践和成效,浙江省地税局结合自身的工作机制、资源要素等特点,总结出了地税部门征收社保费的优势。这些优势主要包括六个方面:一是有利于提高缴费登记率;二是有利于促进职工参保;三是有利于夯实缴费基数;四是有利于提高社保费征缴率;五是有利于降低边际征管成本;六是有利于保障社保基金安全。

但是,目前由地税部门征收社保费也存在一些问题:一是执法职责不明确,社保费制度不完善,影响了征收职能的履行;二是"工资总额"标准不明确,导致各地理解执法差异大,影响了实际费负的公平;三是"工资"内涵不明确,导致缴费基数不一致,影响缴费公平。

2. 厦门市地税局征收社保费的"全覆盖"模式

厦门地税社保费征缴工作先后经历了受托代征和全责征收两个阶段。2001 年 7 月,厦门市政府决定将社保费由人社部门征收调整为地税部门代征,形成了人社部门负责登记、申报参保、账目生成、待遇发放及政策制定,地税部门负责征收的社保费征管模式。这一阶段,登记、参保、建账等基础业务在人社部门,月初人社部门将社保账目数据传送至地税,依托地税系统进行申报缴纳,月底地税部门再把征收数据回传人社。但由于单位登记和人员参保不到位、社保费收入规模做不大,社保征缴工作面临业务信息、数据传递不畅等问题。因此,2003 年 6 月厦门市政府出台相关文件(厦府办〔2003〕133 号)规定自次年 4 月起将社保登记、申报、征缴等工作移交地税部门。由此,建立起了"税务征收、财政管理、社保发放、审计监督"的社保费征收管理新模式。2004 年后又将事业单位养老保险、被征地人员养老保险、城乡居民养老保险、城镇居民医疗保险、未成年人医疗保险、农村居民医疗保险、大学生医疗保险、建筑工伤团体保险、机关事业单位养老保险等各项新增保险纳入征缴范围中,真正意义上实现了"全覆盖"。

在"全覆盖"的模式下,地税部门负责企业职工、行政事业单位人员、灵活就业个人的社保登记、申报、征缴等工作。基础数据库在地税部门构建，负责每月应缴数据的生成及费款的征缴入库；人社部门依据地税传递的参保和入库信息制发社保卡和按规定落实待遇。这种模式使社保费缴纳率明显上升，社保费收入显著增加。

厦门市"全覆盖"模式的顺利实行，离不开多部门的配合与助力，其中地税部门与社保部门的配合起到至关重要的作用，主要体现在三个方面：首先是政策配合。人社部门在政策草拟阶段，主动与地税部门沟通，确保地税部门征收程序调整与政策下发同步到位。其次是参保控制。人社部门提供退休人员、死亡人员以及公务员工资等各类信息，用于地税的停保和机关养老的缴费基数等业务控制。地税部门根据社保政策调整主动做好参数配置、人员重复参保控制等各项工作，双方通过数据共享，确保参保政策执行的准确无误。最后是征收与待遇的配合。地税部门在参保中分设不同的参保身份，方便人社部门分类落实待遇；对接医保健康子账户，确保个人医疗健康子账户抵充城乡居民医疗保险政策得以落实；退费审核中嵌入社保待遇审核，地税部门征收社保费的各项工作均以待遇准确落实为前提，有效保障人社部门的待遇的准确核发。人社部门卸下征收重担后，将工作重心转向社保政策研究制定。厦门成为各项社保政策的试验田。

在征管方面，厦门市地税局不断创新征管方式，给参保人员缴纳社保费提供便利条件。征管的创新主要体现在二证合一、建立信息共享平台和借助网络平台进行管理三个方面。

2004年5月，厦门地税局率先实现税务—社保登记二证合一，比全国早了10年以上，在降低行政成本和社会成本的同时，提高了企业参保户覆盖面。

在信息共享平台方面，税费共管、信用制约和数据共享共同发挥作用。地税部门可通过缴费单位员工个人所得税申报数据的比对分析，核对企业缴费基数，对企业形成监督机制。同时，重大欠费企业名单被推送到市信用评价平台，在银行贷款、纳税信用评级等诸多方面有所影响，对企业形成作用。此外，将社保缴费证明引入购房、积分入学、积分入户等民生工程，带动老百姓的参保热情，对企业形成自发的监督。

借助网络平台简化征管手续，地税部门改事前审核为事后监督，简并各项社保业务手续，取消大量送审资料，90%以上社保业务实现网上办理。此外，地税部门依托厦门地税网站、微信、微博、12366等现代化技术平台，第一时间将社保政策法规、办事流程传递给参保人，提升效率，降低参保人的时间成本。

厦门市地税局作为社保费代征"全覆盖"模式的典范，在提升缴费率、简化参保程序、创新征缴手段方面成绩卓著，为其他地区地税机关代征社保费提供了广泛的经验和学习的榜样。

3. 福建省地税局征收社保费的改革历程及经验借鉴

福建省社保费最初由劳动部门负责征收，但由于征管能力所限，征收工作阻力重重，企业逃费、欠费现象日渐增多，社保费收缴率和社保覆盖面一直难以有效提高，导致全省无法做到"两个确保"发放（确保国有企业下岗职工基本生活费足额发放，确保企业离退休人员养老金足额发放）。为应对这种严峻的局面，2000年，在时任省长习近平同志的决策下，福建省政府主导实施了社保费征收体制改革，确定了"五险合一、两费起步、一票征收、逐步到位"的社保费征收体制改革原则，并确定由税务机关全责征收养老保险费和失业保险费，成为全国第一个实行全责征收养老保险费征管模式的省份。

自2001年1月起，福建地税部门开始全责征收企业职工养老保险费和失业保险费，根据《福建省社会保险费征缴办法》，地税部门具有社保费征收检查权和违法处罚权。2009年，福建省政府进一步明确"应积极创造条件，成熟一个，移交一个，最终实现各险种全部移交"，决定从2010年9月起，职工医疗保险、工伤保险、生育保险费（不含机关事业单位养老保险和城乡居民个人养老、医疗保险费）数据传送地税征收，实现社保"五险统征"；但地税只负责按医保、工伤、生育经办机构传送的应征数据组织入库，相关的参保登记、申报审核、违章处理、欠费清理、监督检查均由相应的经办机构负责。

为确保社保费征缴体制改革顺利实施，加强社保费征收，福建地税部门主要采取了以下措施：一是建机制，税费同征同管。发挥在企业税收征管方面的经验和优势，参照税收管理制定社保征收管理制度、措施，从参保登记、申报审核、稽核评估和宣传辅导等方面推行税费征管同步，及时掌握社保费征收动态，跟进管理；同时，对市局、县局、分局三级地税实行社保征收绩效考核，以考核促征收提质增效。二是搭平台，推进信息管费。搭建管费平台，完善全省联网的业务管理信息系统，先后开发应用了社保费征收管理、社保"五险"缴费明细个人申报等功能模块，实现社保登记、征缴、部门数据对接一体化，还上线了全国联网的金税三期系统，为提高征收质效提供了有力支撑。三是抓规范，夯实缴费基数。实行缴费基数预警值、最低工资标准申报事前审核报备、分行业缴费评估、低基数缴费约谈等制度，并与财政、人社等部门联合加强养老保险缴费基数管理。四是优服务，提升缴费体验。推行标准化服务，不断简化业务流程，简并附报资料，压缩办事等候时间，一站式、一窗式办理缴费业务；并先后推出同城通办、免填单、网上缴费、微信缴费、3A 移动税务平台缴费、异地自助打印缴费凭证等服务。

通过上述政策和措施保障，福建省社保费征缴体制改革取得明显成效，具体体现在四个方面：第一，社保费收入保持平稳较快增长；第二，养老保险参保覆盖面稳步提升；第三，养老保险缴费人数持续增加；第四，养老保险缴费基数逐步提高。

4. 河南省地税局征收社保费的改革措施——以南阳市为例

2016 年，为研究落实国家税务总局发布的《深化国税、地税征管体制改革方案》，河南省政府在深入调研、充分论证、广泛征求意见的基础上，于当年 11 月召开的常务会议上，提出了由税务机关全责代征社保费的建议。在此次会议上，针对部分人员反对税务机关征收社保费的意见，省长陈润儿力排众议，提出了社会保险费由地税部门征收的四个好处：一是有利于加强费源管理；二是有利于提高征收效率；三是有利于降低行政成本；四是有利于优化资源配置。会议最终决定实行社保费征收体制改革：由省发改委牵头，财政、人社、地税等相关部门密切配合，按照"一转三不变"的原则，自 2017 年 1 月 1 日起，社保费由社保经办机构征收改为由地税部门征收。其中，"一转"就是社会保险费转由地税部门征收，"三不变"就是社会保险费转由地税部门征收后，人社部门的机构、编制、人员不变。

按照省政府的统一部署，河南省南阳市地税局在市发改委的统一协调下，与相关部门密切配合，按时完成了征收职能的移交工作。目前，企业职工五项基本保险、机关事业单位基本养老保险、城乡居民养老和医疗保险均由地税机关统一征收。经过一年的运转，河南省税务机关代征社保费的试点取得了很好的效果。这可以从南阳市地税局代征社保费的试点状况中得到明显的体现。

（1）税费同征，征管能力显著提高。南阳市地税局发挥税费同管优势，充分利用现有税收征管资源，实行"五同"管理，即社保费与各税同征收、同管理、同检查、同考核、同服务。缴费人可以通过 24 小时自助缴费机、网上电子税务局、手机 App、微信、银行委托、办税服务厅等多渠道办理缴费业务。多元化的服务方式不仅给缴费人带来便利，也促进了社保费收入的大幅增长。

（2）数据管费，征缴服务规范公平。南阳市地税局牢牢抓住税费同源这一特点，通过税费数据共享比对，依法开展税源和费源双普查，实现"五实"征管目标，即做实参保户数、做实参保人数、做实缴费基数、做实参保范围、做实费源管理。数据稽核比对有效避免了核定征收可能导致的人为调节、跑冒滴漏等征收不规范行为，保障了缴费公平，维护了职工合法权益，有利于促进全民参保计划的落实。

（3）部门协同，行政效能更加优化。在市委、市政府的领导下，南阳市地税局与人社、财政、人民银行等相关部门以及村镇单位紧密配合，通力协作，以金税三期系统为基础，建立了财政、人社、地税三方信息共享平台和财税库银联网系统，实现"五费"统征。缴费人可在河南省范围跨区域办理申报缴费业务。同时，南阳市地税局开拓创新，通过"政府主导，部门协同，村级参与"的城乡居民"两险"征缴体系，实行"两险"一次性征收。

南阳市的实践证明，河南省委、省政府关于社保费征收体制改革的决定是正确的，改革达到了预期的效果。河南省推行税务机关全责代征社保费的实践，再一次证明了政府主导的改革最有效率。在此次改革中，河南省全力推进税务机关全责代征社保费，进度快、效率高、成果好，充分证明了这一重大改革政府主导是关键。

5. 北京市地税局征收社保费的改革准备

2015年12月24日，中办、国办印发了《深化国税、地税征管体制改革方案》。为贯彻落实中央提出的改革任务，2016年6月15日，北京市政府专题会议审议了《北京市深化国税、地税征管体制改革实施方案》（以下简称《方案》）；7月8日，北京市委深化改革领导小组审议并通过了《方案》；8月23日，北京市委办公厅、市政府办公厅印发了《方案》（京办发〔2016〕34号），提出了"发挥税务部门税费统征效率高等优势，按照便利征管、节约行政资源的原则，创造条件逐步实现由地税部门统一征收社会保险费"，并要求"明确改革的路线图和时间表，确保2016年基本完成重点改革任务，2017年底前全面落实各项改革举措"。

自《方案》下发以来，北京市地税局党组高度重视，采取多项措施，积极创造条件，全力推进社保费征收筹备工作。

（1）成立领导小组，专题研究部署。为落实好《方案》的各项工作要求，加快推进社保费征收工作的移交，2016 年 6 月 29 日，北京市地税局成立了主要领导任组长、20 个相关处室为成员单位的征收工作领导小组，并从全系统抽调 16 名业务骨干，成立了社保费筹备处，全面开展征收的各项准备工作。

（2）组织座谈学习，研究社保政策。为全面掌握社保费相关政策法规，做好征收前的准备，在全系统开展业务学习和研究，邀请中国社会科学院、中国人民大学相关专家教授，利用《北京地税大讲堂》举办了"中国非税收入管理改革""中国社会保险费若干问题探讨"专题讲座；联合北京税收法制建设研究会开展社保费征收体制改革课题研究；邀请社科院相关专家，重点讲解介绍北京市社保费征缴现行政策、执行情况以及市社保中心征缴系统的整体构架等方面的情况；先后与企业、银行、人才服务中心就社保费征缴流程和征缴现状等开展座谈；梳理社保费政策文件汇编，组织内部学习和讨论。

（3）借鉴先进经验，提出工作建议。为做好接收社保费征收工作，2016 年 7 月、12 月，两次派员赴地税部门社保费征收工作开展较好的黑龙江省、浙江省、广东省、厦门市及 2017 年 1 月 1 日起由地税部门征收社保费的河南省考察学习。重点围绕地税部门征收的职责划分、工作模式、征收环节、信息化系统建设及与人社部门沟通协调等方面进行了深入交流座谈，了解了地税部门社保费征收的基本情况，认真总结了征收职责划转过程中的经验教训，并结合北京市地税局实际提出接收社保费征收工作的建议。

（4）加强沟通协调，努力达成共识。《方案》印发后，北京市地税局即与牵头落实部门市编办就社保费的征收职能划转到地税部门和调整北京市地税局与市人力社保局"三定方案"的意见进行了沟通；并赴市财政局座谈，就北京市社保基金财政收支管理情况及社保费征收主体调整工作进行沟通交流；先后两次主动与市人力社保局就北京市地税局提出的征收模式、职责划分、实施步骤、信息化系统建设等意见进行了磋商，加强沟通，希望达成共识。

（5）开展数据测算，摸清费源情况。为摸清费源、了解社保费征缴现状，北京市地税局在认真学习政策规定的基础上，开展税收和社保费数据测算比对工作。一是抽取与社保费征缴关联密切的税收数据，从企业参保户数、参保人数和社保费应收入数三个维度进行测算，与人社部门公布的相关数据进行比对。二是抽取了 48 户样本企业进行典型分析，将企业 13 余万人的个人所得税数据（1 200 余万条）逐人逐月进行测算比对。三是从样本企业中选取差异率最大的 16 户企业，进行逐户座谈核实。

（6）全力配合评估，获得充分肯定。2016 年 10 月，国务院委托部分科研院所开展全国社保费征收体制第三方评估工作。按照国家税务总局的相关要求，北京市地税局高度重视、制订方案、明确职责，全力配合调研评估工作。同时，主动邀请中国社会科学院专家组、中国人民大学专家组以及清华大学专家组交流座谈。从北京地税基本情况、税务征管的专业优势、对社保费征收体制改革的工作建议等多方面向各位专家进行了汇报，通过音视频监控系统、北京互联网地税局数据展示平台、宣传片等方式展示了北京地税征收管理能力，并就社保费征收模式、征收成本、系统建设、数据共享等问题进行了深入研讨。三个专家组对北京市地税局的积极配合及数据测算结论给予充分肯定，并对北京地税务实、细致、扎实的工作作风和良好的专业素养提出表扬。

（7）充分调研论证，启动系统建设。作为全国重点政务工程的金税三期系统已于 2016 年在全国全面部署上线，统一了全国的数据口径标准及业务规范，为实行社保费全国统筹改革提供了坚实的信息化支撑。为做好社保费征收系统建设的前期准备，北京市地税局在深入研究和学习了金税三期社保费系统的架构和功能的基础上，再次派出三个考察组分别赴浙江、广东、河南和陕西四省地税局考察社保费征收系统建设情况，对比分析各地系统建设优缺点，并结合北京市实际提出系统建设的意见、实现的目标及拟开展的具体工作。

尽管北京市地税局已经做了非常充分的准备工作，但是，由于一些关键的问题尚未得到解决，北京市地税局全责代征社保费的改革一直未能启动。一方面，相关各方对这一改革的思想认识尚不统一。自《方案》下发以来，尽管已经经过了几次接触，但北京市地税局和北京市社保局双方对市委、市政府关于"由地税部门统一征收社会保险费"的决策部署的思想认识还不够统一。市人力社保局认为，征税与征费性质不同，社保费涉及面广，敏感度高，应积极稳妥推进，因此迟迟未开展实质性的交接工作。另一方面，这一改革还缺乏统一协调的工作机制。社保费征收主体调整工作涉及面广、工作任务重、需要多部门协调配合，因此应由市政府统筹领导、整体推进，但目前北京市未成立市政府层面的社保费征收改革工作领导小组，也没有建立相应的工作协调机制。在与市人力社保局的两次座谈中，北京市地税局明确建议，希望共同加强社保费征收移交工作的组织领导，尽快成立联合办公室或建立联席会议制度，有序开展工作交接，共同转发、制定社保费相关文件，定期汇总解决日常管理中存在的问题，确保业务无缝衔接，但是市人力社保局对之一直未回应。由于上述原因，北京市税务机关全责代征社保费的改革迄今尚未实施。

6. 改革的经验与问题

各地税务机关征收社保费的改革实践为我们后续的改革提供了宝贵的经验。这些改革的实践充分表明，税务机关全责代征社保费拥有巨大的优势。税务机关拥有系统的征管体系、统一的信息平台、丰富的征收经验、独特的税费同管优势。税务机关统一征收社保费有利于统一规范社保费征管，保障参保人和缴费人的合法权益，促进社会公平正义，为推进落实全民参保计划创造有利条件；有利于进一步提高社保费征管效能，实现扩面增收，为党中央、国务院实施降费减负部署预留空间，并为推动尽快实现养老保险全国统筹提供有效保障；有利于明确部门职责，实行专业化协作和精细化管理，推动建立"税务征收、财政管理、社保使用、审计监督"的社保费征管运行体系，为建成覆盖全民、城乡统筹、权责清晰、保障适度、可持续的多层次社会保障体系打下坚实基础。

尽管各地机关征收社保费具有明显的优势和重大意义，但全国20多个地区的地税部门在过去十多年征收社保费的过程中也遇到了一些普遍存在的问题。这些问题主要表现在以下几个方面。

（1）立法不完善和执法力度有限。现行有关社会保障政策，除了《劳动法》之外，仅有国务院1999年颁布的《社会保险费征缴暂行条例》以及各地出台的地方性法规，没有形成统一的社会保障法规体系，难以引导规范社保费的征收管理工作。同时，由于《社会保险法》中地税机关只有征收权而不具备处罚权，对少缴、欠缴、拒交社保费的企业无权处以罚款，只能加收滞纳金，强制执行只能向人民法院提出申请，社保费的征收强制力无法得到保障，造成了欠费清理难。尤其是对欠费大户，虽然已下发催缴通知文书进行催缴，但收效甚微。历史遗留问题改制不彻底，造成无力清缴。在当年核定数无法保证足额缴纳的情况下，虽年年清理陈欠，却年年有新欠，从而造成费源增长乏力和迟缓的局面。

（2）不熟悉政策，部门之间的协调不力。由于之前没有全面接管社保费征收，地税机关干部对社保费业务政策不熟悉，如果没有社保机构的全力配合，光靠地税部门的力量，一旦全面推行社保核定工作的话，其工作量之大、面临压力之强的确不敢想象。因此，实行地税全责征收离不开社保部门的支持和帮助。同时，社保费交由地税部门征收后，部门之间的协调工作增多，如果与社保经办机构配合不好，会在一定程度上造成征缴管理和基金管理脱节，并对社会保险的个人账户记录、社会保险关系转移、退休待遇发放等工作产生一定影响。而且，社保费的征收还涉及财政、民政、卫生、审计、银行等诸多部门，如何协调多部门之间的关系，形成一套顺畅、高效的联络沟通机制，是社保费征收转移是否成功的重要因素。

（五）税务机关征收社保费的相关政策建议

税务机关全责代征社保费不仅具有明显的征管效率优势，而且对于强国、强企、利民具有重大意义。将社保费改革为由税务机关全责代征，实为成本最低、接手速度最快、转轨最平稳的自然、顺势之举。但是，从目前来看，这一改革在全国推行还面临着较大的挑战。一方面，在顶层设计上，我国目前没有明确社保费的统一征收机构。1999 年颁布的《社会保险费征缴暂行条例》第六条规定，"社会保险费的征收机构由省、自治区、直辖市人民政府规定，可以由税务机关征收，也可以由劳动保障行政部门按照国务院规定设立的社会保险经办机构（以下简称社会保险经办机构）征收"。2011 年颁布的《中华人民共和国社会保险法》（以下简称《社会保险法》）第五十九条第二款规定："社会保险费实行统一征收，实施步骤和具体办法由国务院规定。"截至目前，未对征缴条例进行修订，在法律层面没有明确社保费的统一征收机构。另一方面，社保费征收实践中二元征缴模式也存在一定问题。目前全国有 24 个省（自治区、直辖市）、3个计划单列市由税务部门征收社保费，其他地区由人力社保部门的社保经办机构征收。这种二元征收模式不利于社会保险制度的进一步发展，在实际工作中引发了诸多问题：社会保险统筹层次难以提高；各地区征收档案工作不能统一，影响参保人个人权益；社会保险征收管理过程缺乏监管，违规补缴、隐瞒欠费以及档案管理混乱以致某些参保记录丢失的问题时常发生。在这种情况下，统一社保费征收机构对于社会保障制度的持续发展有着重大意义。

1. 修订《社会保险法》等法律法规

按照地税部门全责征收社保费的思路，需要首先对《社会保险法》等相关法律法规进行完善和修改，以保证地税部门全责征收社保费有法可依。其中，《社会保险法》的修订，主要是明确征收机构统一为税务部门并实施全责征收的模式，赋予其登记、申报、审核、稽查、复议等各项权责，保障税务部门征收社保费、履行相关职责的合法性，充分发挥税务部门执法刚性强、数据信息掌握全、信息系统全国统一等征收优势。

具体而言，对于《社会保险法》的修订可以从两个方面入手：一是作较大修订，借鉴税收征管法，修订、扩充《社会保险法》"社保费征缴"和"社保监督"等章节的内容。二是作个别条款修订，完善个别条款。例如，在总则明确"社会保险费由税务机关征收"；在附则赋予国务院制定《社会保险法实施条例》，促进清理旧规；在第七章增加"国务院根据本法制定《社会保险费征缴条例》"（现行为《社会保险费征缴暂行条例》）；统一全国费基口径，明确个人以个人所得税工薪所得为基数，单位以企业所得税前列支的工资总额为基数；测算设定全国统一的费率；赋予地税机关征收社保费的监督检查权。

2. 完善地税部门全责代征社保费相关制度

从已经实行地税部门全责征收社保费的实践来看，其符合政府行政成本最低、效率最高的利益最大化和匹配原则，可实现三个"有利于"的目标。一是地税征收不需要增加人员、设备和场所，有利于节约政府行政成本或者是社保征缴体制改革成本。二是社保费征收与税收征收方式方法相近，税费同征同管、同一对外窗口，有利于方便缴费人。三是地税信息化系统纵向与全国税务系统相连，横向与政府平台及财政、工商、交警、银行等单位或部门相通，业务管理、数据比对分析便捷，有利于大大提高社保费征收质效。因此，为落实《社会保险法》关于"尽快在全国范围内统一征收机构"的要求，建议由地税全责征收社保费，构建完善"税务征收、财政管理、社保使用、审计监督"四位一体的社保管理体系。

3. 逐步推进社保费管理体制改革，适时降低社保费费率

在全国推广税务机关全责代征社保费改革的同时，应逐步推进社保费的管理体制改革，逐步形成政府主导下的"税务征收、财政管理、社保使用、审计监督"四位一体的社保基金征收管理体系，为财政平衡减压，为社保改革增劲，为造福民生助力，为国家发展担当。

同时，中共中央关于"十三五"规划的建议明确提出"适当降低社会保险费率"，由税务部门征收社保费后，税费同征、同管、同服务、同考核，可以保障社保费足额、及时入库，为降低社保费费率、减轻企业负担提供政策空间。因此，在推进税务机关全责代征社保费改革、完善社保费管理体制的同时，还应适时降低社保费费率。具体而言，可以考虑将社保费费率降低5%；待条件成熟时，再将社保费费率降低10%。这既可以改变目前社保费征收不充分的状况，又能减轻企业负担和国家财政压力，并

且全国已有 24 个地区的税务机关代征社保费多年，实现社保费统一由税务机关全责代征的改革，这些改革简便易行、省时省力的良好效果也为降低社保费费率打下了非常好的基础。

参考文献

[1] 马一舟，王周飞. 税务机关征收社会保险费回顾与前瞻 [J]. 税务研究，2017 (12)：1-5.

[2] 陈友福，王怀旭. 地税机关代征社保费现状分析与思考 [J]. 山西财税，2006 (1)：44-45.

[3] 王红茹. 社保费"双重征缴"历史或终结 [J]. 中国经济周刊，2016 (50)：54-56.

[4] 王显和，宋智江，马宇翔. 我国社会保险费征管模式效率分析与改革路径选择 [J]. 税务研究，2014 (5)：74-77.

[5] 李之尊. 实行税收式征管尽快走出社会保险费征收困境 [J]. 中国税务，2007 (10)：38-40.

[6] 马艳琴. 确立税务机关征收社保费主体地位的必要性和可行性分析 [J]. 秦州地税，2017 (8).

[7] 石坚，杜秀玲. 建立税务机关统一征收社会保险费模式的研究 [J]. 国际税收，2014 (12)：10-14.

[8] 郑春荣，王聪. 我国社会保障费的征管机构选择：基于地税部门行政成本的视角 [J]. 财经研究，2014 (7)：17-26.

[9] 林辉. 社会保险费征缴机构选择的研究 [D]. 成都：西南财经大学，2014.

[10] 邱祖干. 社保费地税部门全责征收改革的思考 [J]. 财经界 (学术版)，2010 (11).

[11] 王瑞甫. 社保费征缴现状分析与对策 [J]. 税收征纳，2012 (4).

课题二：我国房地产税立法调研报告

课题组

【摘要】党的十八届三中全会决议提出"加快房地产税立法进程"。从2014年开始，以国家税收法律研究基地（北京市哲学社会科学研究基地）首席专家郝如玉、主任曹静韬为组长的"我国房地产税立法研究"课题组赴北京、河北、上海、重庆、浙江、深圳、海南等省市，就房地产税立法相关问题，在省、市、县等各级地税、城建、国土等部门进行了深入调研。被调研单位的同志结合当地、各部门自身情况，充分发表了意见。本报告就是在充分调研的基础上对各类观点进行的简要总结。

本报告主要包括两部分：第一部分主要聚焦房地产税的功能定位问题，这是房地产税立法的前提和基础；第二部分是对调研中房地产税立法涉及主要问题的各类观点的总结与分析。

【关键词】房地产税；立法；功能；税制设计

一、总论：我国房地产税的功能主要是限制炒房

房地产税立法最大的难点是对私人房产征收保有环节的财产税，因为这一举措对社会的震动太大。我国现行的房地产税和土地使用税条例都只是对企事业单位征税，中华人民共和国成立后对广大私人房产征税极少。当前主管部门之所以要将房地产税扩大到私人房产，主要是希望按西方国家征收房地产税的惯例，将这一税种作为我国地方财政的主体税种，解决"营改增"后地方政府的收入不足问题。但是，我们认为，由于我国国情与西方国家有着巨大的差异，国际上作为地方主体税种的房地产税并不符合我国国情。从我国当前的政治经济情况来看，对私人房产征税还是从限制炒房功能开始为好。

（一）我国国情与西方国家不同，房地产税不能成为地方主体税种

从我国目前的情况看，由于我国的国情与西方国家存在着很大的不同，房地产税既不可能弥补因"营改增"而减少的那部分地方财政收入，也不可能承担起地方主体税种的功能。

从房地产税的国际比较来看，一方面，国外的房地产税大多属于"受益税""物业税"，其税款专款专用于地方设施、社区服务、教育等地方公共服务，纳税人可以较为直接地从中获得收益并进行监督，从而可以普遍征收房地产税。而在我国当前的财政体制下，房地产税属于保有环节税收，人民缴纳的税款是无偿征收，老百姓不能直接感受到缴纳房地产税给自己带来的收益，反而是没有收入也要年年缴纳房地产税。另一方面，大部分西方国家的地方政府主要履行服务职能，职能少、机构小、财政收入规模不大，房地产税可以成为地方财政的主要收入来源。而我国的地方政府履行职能多，政府机构大，财政的盘子大，而房地产税收入少，不可能成为地方财政的主体税种。这与西方国家以房地产税作为地方主体税种的状况完全不同。

从政府职能来看，我国的国情与西方国家存在着很大的不同，主要原因是在我国现代化经济体系建设中，除了要让市场在资源配置中发挥决定性作用外，还要更好地发挥政府的作用。所以，与西方国家相比，我国的地方政府承担了更多的经济管理、促进社会发展和公共安全等职能，我国地方政府的规模，以及管理与服务的深度、强度也与西方国家的地方政府有着本质区别。我国地方政府的财政支出不仅要承担本级机构运转所需的经费，还要承担本地区政治、经济和社会事业发展所需的资金，这是远非房产税能够负担得起的支出体量。例如，从上海市试点房地产税的实际情况看，其房地产税试点后的收入数额非常小。对于上海市的财政支出来说，房地产税的收入规模及其增量依然是杯水车薪。在调研中，我们了解到，上海市房地产税面临的最大困难就是：特别难以征收。这样一个征管十分艰难的税种不可能担负起地方主体税种的功能！而与房地产税的收入相比，2017年上海市汽车牌照拍卖收入全年估算就超过了130亿元，而且简便高效。

在我国，对私人房地产征税之所以如此困难，其原因也在于我国与西方国家的国情不同。西方国家房地产的私有产权制度历史很长，对房地产征税的历史也很长。而在我国，房产私有产权形成的时间太晚，对居民个

人的房产征税，自中华人民共和国成立以来也基本没有过，我国居民对房产税的税痛感很强，导致房地产税的征收困难。

（二）使房地产税成为地方主体税种，在我国不可能实现

政府主管部门为了让房地产税成为地方主体税种，提出将现行房地产各环节的税费整合到房地产税中，这是不可能实现的。在我国现行的税费体系中，房地产领域主要包含六个税种：房地产税、增值税、印花税、土地增值税、城镇土地使用税、契税。此外，房价中还包含大量的收费项目，其中最主要的是土地出让金。

1. 将土地出让金整合到房地产税中不可能

土地出让金在房价中占的比例很大。如果将其整合到房地产税中，弊病太多、不具可操作性。一是土地出让金原来就包含在房价中，百姓感觉不到，痛感不太深；如果把它合并到房地产税里，税负会增加很多，百姓的税痛感会非常大；二是现在的土地出让金作为地方财政重要的收入来源，已经被列入地方的预算了，有收必有支、收支必相等，地方政府每年的收支要平衡，其当年的土地出让金收入在当年就通过财政支出花出去了。如果将土地出让金改为房地产税，地方政府只能按照土地出让的70年年限，每年收取1/70的土地出让金，这样的话，地方政府当年的财政就不可承受了。三是现在很多人买的房子价格中已经包含了土地出让金，不能再重复征收房地产税。这样一来，房地产税立法以后，就只能对没有交过土地出让金的土地上建的房屋征收房地产税。这就导致两个结果：一方面，在不同类型房屋的区别上存在较大困难；另一方面，在相当长的一段时间内缴纳房地产税的人会很少。

2. 把房地产交易环节的税种整合到保有环节会增加人民的税痛感

在现行税制中，房地产领域的税种主要在交易环节，包括增值税、土地增值税、契税、印花税等。在房屋买卖交易时征收这些税，人们已经有了习惯，税款的征收也有来源保证：一是增值税是"营改增"后改征的，税负没有增加，纳税人卖房取得收入缴税，因此具有负担增值税和土地增值税税款的能力；二是印花税由买卖双方各负担一半，这个税历史悠久，纳税人没有异议；三是契税由买房的人缴纳，这一税种具有历史习惯，而且买房的人缴纳契税后，表明自己获得房屋的产权，很是满意，因此愿意缴纳契税。如果把这些买卖房屋的人已经形成缴纳习惯且没有意见的税

收，整合到保有环节的房地产税中去，就会大大增加人民的税痛感，有百弊而无一利。

3. 把房地产交易环节的税费整合到房地产税里，会对经济带来不利影响

把房地产交易环节的税费整合到房地产税里，不利于经济政策的实施。当前，我国经济正面临发展瓶颈，中央经济工作会议提出，要进一步加大减税降费力度。但是，将房地产交易环节的税费全部整合到新的房地产税中，无论从哪个角度来看，都是增税措施。将房地产税的计税依据由原来的按原值征税改为按评估值征税是增税措施；将交易环节的税费整合到房地产税中，还要使其成为地方主体税种，这必然更要提高房地产税的税率，这也是增税。在当前我国面临中美贸易摩擦等激烈国际竞争的大背景下，这种增税措施无疑是不合时宜的，只会对经济带来负面影响，不利于经济的增长。

（三）我国对私人房产征税，还是从限制炒房功能开始为好

税收主要有两个功能，即财政收入功能和调节经济功能。我国房地产税没有地方主体税种的功能，因此对私人房产征税从限制炒房功能开始最好，既实现了"房子是用来住的、不是用来炒的"目标，对社会的震动也不大。

1. 以限制炒房为目的对私人房产征税，人民的税痛感小

如果将房地产税定位于地方主体税种功能，在房地产的保有环节作为财产税征收，就是要遵循"见房就征"、普遍征收的原则，征收面很广、涉及人数很多；特别是房地产税具有的征收特点是，不论纳税人是否有收入都要年年连续缴纳房地产税，房地产税带给人们的税痛感非常大。例如，个人所得税是"所得多的多征税，所得少的少征税，无所得的不征税"；而房地产税是"只要有房产，不论有无所得都要年年征税"。也就是说，人们缴纳个人所得税是由其取得的收入做支撑的。而人们缴纳房地产税，不论其有没有收入都必须缴税，许多人不得不用自己的积蓄甚至变卖房产来缴纳房地产税。房地产税带给人们的税痛感可想而知，这对我国政治、社会都会有震动，这一点需要决策者高度重视。而以限制炒房为目的开始对私人房产征税，只涉及炒房的人，即拥有投机和投资房产的富人，征税的面很小、涉及的人数也很少，因此对大多数人的影响和震动都会很小，大多数人不会有税痛感。

2. 以限制炒房为目的对私人房产征税，政治风险和经济风险都很小

将房地产税作为财产税，对居民的财产、收入直接征税，与我国私人房产诞生晚、人民特别看重个人房产，以及中共中央提倡增加人民的财产性收入、人民万分拥护的状况，都极不适宜。同时，从经济发展来看，房地产业的链条很长，还有众多的物业从业人员，对经济发展的拉动作用非常大；在当前国际、国内经济形势复杂的情况下对私人普遍开征房地产税，一旦引起房地产业的崩盘，经济和社会不可承受，人民和企业对房产贬值也难以承受，国家GDP增长减缓甚至缩水更是不可承受。而把房地产税定位于对"炒房的人征税"，由于征收范围小、纳税人少，且仅对投机、投资性房屋征税，带给国家的政治风险、经济风险都会比较小。此外，以限制私人炒房为目的征税以后，还可以逐步取消各地政府对房屋买卖的行政限制政策，有利于政府职能的归位。

3. 关于以限制私人炒房为目的的征税制度设想

根据多年来在全国广泛调研的结果，我们对以限制私人炒房为目的的征税制度的设计建议如下。

一是对私人住房征税，应以自然人为纳税人，即凡是拥有多套住房产权的所有人都是纳税人。二是对私人住房征税的免征额，应按照每个自然人第一、二套住房免税来设计。三是对私人住房征税的税率应采用累进税率，应税房子越多，税率越高。我们假设一个例子：张三名下有10套房子，每套房子的面积、市价相同（500万元），那么，可以对其第一、二套住房免税；从第三套住房开始征收房地产税，并且采取累进税率：第三套税率0.4%（年税额2万元），第四套税率0.6%（年税额3万元），第五套税率0.8%（年税额4万元），第六套税率1%（年税额5万元），第七、八、九套税率2%（年税额10万元），第十套税率3%（年税额15万元）（如表2-1所示）。如果张三再购买更多住房的话，税率可以更高。

表 2-1　应税房子数量与年税额

房产数量序号（每套市价500万元）	对应税率	本套房产年税额	全部房产的年税额
第一套房	免税	0	0
第二套房	免税	0	0
第三套房	0.4%	2万元	2万元

续表

房产数量序号（每套市价500万元）	对应税率	本套房产年税额	全部房产的年税额
第四套房	0.6%	3万元	5万元
第五套房	0.8%	4万元	9万元
第六套房	1%	5万元	14万元
第七、八、九套房	2%	10万元	24~44万元
第10套房	3%	15万元	59万元
……		……	

我们提出的这一设计方案具有很大的优点：一是限制了炒房行为，实现了"房子是用来住的、不是用来炒的"目标；二是征税范围不大，对国家政治、经济、社会的震动小；三是在操作上较为简单，以自然人为纳税人，只要纳税人个人名下有第三套房就可以征税，省去了计算扣除额的麻烦；四是避开了按家庭征税、缺乏"家庭"这一法律定义的难点，也避免了因避税离婚而使得房地产税成为恶税；五是对私人炒房征税以后，可以取消各地政府对房屋买卖的行政限制政策；六是三五年后通过降低免征额数量，即可平稳过渡到对私人房产的普遍征收。至于炒房数额的定义，在全国人大立法时，可授权国务院制定幅度数额，由地方政府确定具体数额，建议开征初期税制设计可宽松一些。

需要说明的是，我们主张房地产税立法初期，对私人房产征税，不是采用单纯的"见房即征"的普遍征收方式，而是通过设置免征额等方式，只将一小部分炒房的人纳入征税范围之内。有人认为我们的制度设计不符合普遍征收的原则，不能体现公平。实际上，关于房地产税的普遍征收和优惠规定，以及其带来的纳税人数量的差异问题，是税收制度设计的普遍规律和必然现象，也是税收调控功能的体现。

税制的公平原则要求房地产税实行普遍征收。按照这一原则，我们将房地产税的纳税人规定为：在我国境内拥有房屋、土地产权的单位和个人均为房地产税的纳税人。但同时，我们也需要通过免征额、税收减免等要素的设计，扣除纳税人不以炒房为目的而拥有的房产，把征税的起点提高，这样一来，纳税人的数量必然大大减少。这与个人所得税设置起征点的情况完全一样，个人所得税的起征点从3 500元提高到5 000元后，个人所得税的纳税人占城镇就业人员的比例从原来的44%降至15%，个税纳税人从原来的1.87亿人降至6 369万人，大约减少了1.2亿人。起征点的提高把相当一部分低收入群体排除在缴纳个人所得税之外。

我们对私人房产征收房地产税的制度，也是通过免征额设计，将不是以炒房为目的而拥有的住房排除在征税范围之外。如果按照我们的建议设计对私人炒房征税的制度，这一税种就是对投机、投资性住宅征收，其对我国的政治、经济、社会以及对广大中低收入阶层的影响都会很小。

我们认为，我国对私人房产的征税，应该采取循序渐进的做法，首先从限制炒房的目的开始，只对炒房的人征税，只对投机、投资性住宅征税，不对广大民众征税，以便房地产税顺利立法。待到炒房行为得到一定的抑制后，再考虑对私人房产普遍征税。到那时调低免征额，征收范围就扩大了。这种循序渐进的做法，对我国的政治、经济、社会以及对广大中低收入阶层的影响都会很小，这样就可以立即开始房地产税的立法。

总之，我们一贯认为，税收首先是政治问题，其次才是收入问题。因此，对我国房地产税立法应持非常谨慎的态度，一定要充分评估这一改革对我国经济、社会乃至政治的负面影响，确保国家的稳定和长治久安。

二、全国调研的观点综合分析和研究

（一）各地关于房地产税的功能定位意见分析

房地产税的功能定位，是房地产税立法面临的首要问题。房地产税的功能定位准确与否，决定了这一税种制度设计科学性与合理性的程度。在调研中，各地机关均认为，房地产税的立法，必须首先准确界定其功能定位，即要首先明确房地产税在税制体系和国家的社会经济生活中应该处于什么样的地位、发挥什么样的作用。如果功能定位不明确或者界定错误，那么，其税制要素和政策设计就会无所适从，缺乏科学性与合理性。可以说，解决房地产税的功能定位问题是房地产税立法的第一步，是最为关键的问题。

1. 房地产税难以成为地方主体税种

各地机关均认为，房地产税难以成为地方税体系的主体税种。"营改增"导致了地方税收收入的大幅减少。但这部分减少的财政收入不可能用新的房地产税来弥补，房地产税也难以承担起地方主体税种的功能。

在我国，房地产税之所以不能像国外那样，为地方政府带来充足的收入，一个重要的原因就是，我国和国外地方政府的职能大小不同，对房地产征税的性质也不同。在调研中，各地对国外房地产税的考察都显示：国际上征收的房地产税大多属于"受益税""物业税"，纳税人缴纳的税款专款专用于社区服务、市政设施及教育等地方公共服务，纳税人可以较为直接地从中获得收益。而且地方政府职能少、机构小、对财政收入的需求不大，房地产税可以成为其地方财政的主要收入来源。而在我国，政府承担了很多的职能，机构庞大，财政收入盘子大；而且，纳税人已经将房产的"物业费"交给了公司，房地产税在地方政府财政收入中所占比例很小，不可能成为地方财政的主体税种。这与西方国家以房地产税作为地方主体税种的状况完全不同。

2. 房地产税难以发挥挤出存量房、抑制房价的作用

各地机关均认为，当前征收房地产税对挤出存量房、抑制房价作用不大，更难以发挥"反腐"作用。房地产税是地方税，应给地方更多权力，从我国国情出发，当前只考虑本地房产，不考虑全国联网，以利于房地产税实施。所以，难以发挥挤出存量房、抑制房价作用，更难以发挥"反腐"作用。为了便于实施，不应赋予房地产税太多功能。

3. 房地产税应主要发挥财产调节功能

各地机关均认为，房地产税属于财产税，这一特点决定了房地产税可以在一定程度上实现二次分配功能，能起到调节财产收入分配、缩小贫富差距的作用。开征房地产税将填补我国财产税的缺失，在调节收入分配中起到重要作用。

近几年房产投资或投机成为一部分人积累财富的重要方式，对居民收入差距的扩大产生了越来越重要的影响。通过房地产税适当调节，可以在一定程度上促使收入和财产的合理分配，缩小贫富差距。

（二）各地对房地产税的征税范围设计的意见分析

房地产税征税范围主要体现在征税对象和纳税人这两个要素设计上。在调研中，各地机关均认为，房地产税的征税对象和纳税人设计应体现"普遍"和"公平"原则；但是，在当前情况下，房地产税这两个要素要体现普遍和公平原则，面临着巨大的困难。

1. 征税范围的设计应遵循"普遍征收"原则，体现公平

各地机关均认为，应将个人住房纳入房地产税征收范围，我国境内所

有不动产，不区分取得时间的长短先后，均应作为房地产税的课税对象。对其中符合条件的，给予减免。据此，征税对象应为：单位和个人在境内拥有的房屋和土地使用权。即"见房即征、普遍扣除"。

但是，各地机关同时也认为，在房地产税纳税人和征税对象的具体设计上，也存在一些难题。

一是房地产税的"两头不征"问题，如何体现公平。"两头不征"即：对廉租房、经适房等政策性住房免税、对部级以上干部拥有的不完全产权的房产免税。对于政策性住房免税，易于为社会接受。但是，对于部级以上干部拥有的不完全产权的房产免税，恐难以为社会接受。对此，可以考虑采取减半征收等部分减免的政策，或者借鉴重庆的经验，采取只对"高档房"征税的政策。

二是如何区别对待不同性质、不同类别房产的问题。在调研中，我们发现，我国目前的房产种类多样，性质各异，既有商品房、两限房、经适房，也有军产房、集资房、回迁房、城市房、农村房、安置房；既有完全产权的住房，也有半产权房，还有原来体制遗留下来的没有产权的对企事业单位的承租房等（见表2-2）。在新的房地产税中，如何区别对待，既便于征管又体现税制公平，是一个非常困难的问题。处理得不好，很可能会引起新的不公平。

表2-2　全国住房类型统计

序号	房屋类型	房屋类型解释	备注
1	70年产权住房	包括商品房、单位的福利房	拥有70年土地使用的完全产权，在房管部门进行了房屋登记，取得了产权证
2	40年产权房	主要是商业房产，如商住两用房	拥有40年土地使用的产权，在房管部门进行了房屋登记，取得了产权证
3	房管部门公租房	原住房体制下，房管部门分配的一部分住房	只有住房的使用权，没有产权；不能出售，但可以继承、出租；未在房管部门进行房屋登记，没有产权证
4	军产房	军队系统分配给军人的住房	只有住房的使用权，没有产权，但可以出租、继承。未在房管部门进行房屋登记，没有产权证

序号	房屋类型	房屋类型解释	备注
5	央产房	中央和国家机关用于特殊身份公务员（一定级别以上的官员）的住房，如官邸制下的官员住房	只有住房的使用权，没有完全产权
6	农民自建房	农民在宅基地上自建的住房，土地集体所有	集体土地的宅基地上自建的房屋，可以出租、出售，但未在房管部门进行房屋登记，没有产权证
7	小产权房	在农村集体土地上建设的房屋，但未缴纳土地出让金等费用	其产权证不是由国家房管部门颁发，而是由乡政府或行政村颁发，亦称"乡产权房"
8	祖产房	祖辈留下的房产	
9	国有企业房改房	住房市场化改革时，国企职工的房改房	拥有70年土地使用权，在房屋管理部门进行了住房登记，拥有住房产权证
10	经济适用房	政策性住房的一种，价格较低	拥有70年土地使用权，在房屋管理部门进行了住房登记，拥有住房产权证
11	限价房	政策性住房的一种，价格较市场价低，较经济适用房稍高	拥有70年土地使用权，在房屋管理部门进行了住房登记，拥有住房产权证
12	回迁安置房	由于旧城改造、棚户区改造等原因，给原住户安排的住房	拥有70年土地使用权，在房屋管理部门进行了住房登记，拥有住房产权证
13	农垦住房	农垦系统分配给职工使用的住房	不拥有住房的产权，但有使用权，可以继承、出租
14	廉租房	政府提供的具有社会保障性质的住房	主要面向符合城镇居民最低生活保障标准且住房困难的家庭

2. 纳税人的设计应体现公平性、合理性

多地机关认为，房地产税应以家庭为纳税人（征收单位），理由有两个：一是个人住房产权与产权登记人并不等同，住房产权往往由登记人和

其他家庭成员共同所有，住房消费是家庭的共同行为，以家庭为单位开征房产税较为合理；二是征管上便于与现有的住房和户籍管理制度相匹配。

但是，也有机关提出不同的观点。例如，浙江省的机关认为，房地产税的纳税人应为在中华人民共和国境内拥有房地产所有权及土地使用权的单位和个人。这是因为：第一，目前房产权属证明上不以家庭进行登记，而且家庭不作为一个普通意义上的法律单元，因此纳税人确定为持有房地产的单位和个人；第二，对于夫妻双方共同拥有的房地产，夫妻双方均为纳税人，可以分别申报，也可以夫妻双方联合申报；第三，对于纳税人之间按份共有的房地产，拥有人均为纳税人，各自分别申报缴纳房地产税。此外，对农村居民在宅基地上建造的房屋等，通过设定优惠政策，暂不列入征税范围。

（三）各地对房地产税的税负与税率设计的意见分析

税率设计是房地产税立法的核心问题，也是此次调研中反映最为强烈、讨论最为激烈的主题之一。各地机关均认为，如果对房地产税的税率和税负问题不进行充分的分析评估和科学合理的设计，这一税种的实施必将对经济社会的发展和稳定产生巨大的负面影响。

1. 房地产税税负的设计应统筹考虑现有的相关税费

房地产的税负设计是房地产税立法必须要考虑的关键问题之一。在调研中，各地机关均认为，税负设计的合理与否，直接关系到居民的负担、关系到房地产行业乃至整个经济的发展。

从理论上看，房地产税的税负设计应综合考虑房地产相关税费，对现有各类税费进行整合。各地机关均认为，房地产税立法必须考虑到现行房地产交易和保有环节的多种税费，合理设计税负。调研显示，各地房地产相关税费种类都非常多，从最初的土地出让一直到房屋的出售，几乎每个环节都有多种税费，有的地区房地产全部的税费多达80种。其中的税收包括：交易环节的营业税、土地增值税、印花税、契税、城建税及教育费附加；保有环节的城镇土地使用税、房产税等多个税种。

从纳税人的实际负担角度看，房地产税的设计面临着增加税负、减少税负和税负不变三种选择。各地机关均认为，考虑到我国房地产现有的多种税费、居民的实际负担及房地产行业和整个经济的发展，房地产税的立法应该着力于减轻税负，这就需要对房地产的税费体系进行整体改革和设计。这是一项比房地产税立法更为复杂的工程。

在税种调整方面，各地机关均认为，应将新的房地产税与现有税种进行适当整合，在增加保有环节税种的同时，清理建设和交易环节的税种，改变现行房地产税收"重交易、轻保有"的现状，逐步将现行的房地产税种进行相互协调合并以消除重复征税。

在税费改革方面，各地机关均认为，开征新的房地产税的同时应对房地产相关收费进行适当简并，清费立税，应以不增加普通购房者的整体税费负担、规范市场运作为原则，将部分房地产建设和交易环节的合理并适宜以税收形式征收的收费改为征收，并入房地产税中。

从我国当前的国情来看，房地产税要整合现有的税费，还面临着巨大的困难。各地机关均认为，除了改革本身的难度之外，新房地产税的开征、房地产税费的整合在体制和制度设计上还面临着三个关键的难题。

一是土地70年使用权问题，使得房地产税在短时间内难以获得广大民众的普遍接受和认可。各地机关均认为，房地产税开征首先要解决土地70年使用权问题。从土地所有制来看，我国房地产产权是双重产权体制，产权人享有的是房屋所有权和土地70年的使用权。如何解决土地70年使用权难以被广大民众所接受这一难题，成为我国房地产税立法及相关税费整合的首要条件。在调研中，绝大部分人认为，无论从理论上来说，还是在国外的房地产税实践中，将永久产权作为征税对象都是房地产税的应有之义。我国70年土地使用权的问题不解决，房地产税便很难成为地方收入的主要来源，甚至缺乏开征房地产税的依据，因而更难以服众。在调研中，"土地70年使用权即用益物权、即产权"的观点，人们非常难以接受。有人提出反问：如果70年的土地使用权是产权，那60年的土地使用权是不是产权？10年的土地使用权是不是产权？在全部调研中，只有一个人认为，可以将70年的使用权、物权作为一种特殊的产权来看待。

二是国家收取了土地出让金，随房价转嫁给居民，建设、交易环节又征收很多种税费，现在还要在保有环节征收房地产税，很难令人民接受。

三是新房地产税的税负设计问题。各地机关均认为，新的房地产税如果是为了弥补"营改增"的收入损失，这一税种的主题必然是增税，即便是对相关税费进行整合，其主要的方向仍然是增税。这种以增税为方向、以自然人为纳税人的改革，必然引起社会的极大震动。因此，房地产税将相关税费进行整合的目的之一，应是平衡税负，即保持总税负不变。但是，房地产税开征前后的税负不变，又不能弥补"营改增"带来的收入损失。这是一个两难的问题。

从实操角度看，新的房地产税只能整合房地产税和城镇土地使用税。

各地机关均认为，我国现行房地产相关的税费种类很多，无论改革哪一个税种或者哪一项收费，都非常困难，其困难程度都不逊于新的房地产税的开征，房地产税费的整合只能逐步推进。进一步而言，如果对现有的全部或大部分税费进行整合，房地产税的税负也会非常重。这样的税费整合无疑会对房地产市场、财政收入等多个领域带来巨大的冲击。

从当前来看，将现有的房地产税和城镇土地使用税整合为新的房地产税，还具有一定的可操作性：一是因为房地产税本身应该包含对住房和土地的征税；二是因为城镇土地使用税税种较小，对社会生活的影响也比较小，将其并入新的房地产税对社会产生的震动比较小。据此，大部分地区的机关均提出，在试点房地产税的地方，可以首先探索将房地产税和城镇土地使用税合并。在此基础上，逐步将土地增值税一同并入。

需要说明的是，即使按照这一最为简单的整合方案，纳税人的税负也会大大提高：对私人房产恢复征税是增税，对经营性房产由原值改按评估值征税是增税，土地从原价改按现价征税也是增税。因此，房地产税改革必须考虑税费整合及改革本身可能带来的增税效果，以及其对社会经济的影响问题。

2. 房地产税税率的设计应合理，应给地方留足空间

各地机关均认为，新的房地产税对个人住房征税，实际是从无到有，是增税措施；对企事业单位用房，计税依据由按原值改为按评估值征税，实际上也是增税措施；因为近些年土地价格上涨很多，城镇土地使用税也是增税措施。因此，房地产税的税率设计要充分考虑税负变化带来的影响，应尽可能合理。这是一个两难的问题。但是，不管采取何种税负、使用何种税率，都需要给地方政府留下充足的空间。

（1）比例税率。关于税率形式，大部分地区的机关均认为，比例税率方便易行，建议采用一定幅度的比例税率。应由中央统一确定税率幅度，并授权地方结合实际对不同档次住房实施不同税率标准。可由省或省以下地方政府在区间内选择确定。

关于差别化税率，各地机关均认为，应该区分住房与非住房、经营用途住房和居住用途住房，确定不同税率标准，住房低于非住房，非营业性地产低于营业性地产。

关于税率幅度，各地机关均认为，在税率设计上，通过设立一定的税率区间，地方政府可以根据本地区特殊情况在该区间内进行选择，给地方政府留下灵活处置的空间。

（2）定额税率。在调研中，也有人认为，房地产税可以使用定额税率，根据住房的不同区域、不同地段、不同性质，设置不同的定额税率。这样可以减少征收成本，以色列采取的就是这种模式。因为按评估值征税需要建立起一套完善的房地产价值评估体系，征收成本太大。当然，这种定额税率也应该设计比较大的幅度，以便于地方政府选择适合本地的税率。

（3）税率设计从低。各地机关均认为，为避免房地产税的征收对经济、社会产生过大的震动，在设计税率时，应坚持税负从低的原则，将税率水平尽可能设计得低一点，以不增加纳税人的总体税负为限。

关于计税依据，大部分地区的机关认为，为了避免按房产原值征税有失公平的现象，同时细致灵活地反映不同类型、不同品质房屋的市场价值差别，体现税制公平，应以房地产的评估价值作为房地产税的计税依据。评估值应定期更新。为此，应尽快推进房地产的估值工作，建立一套完整统一、科学高效的房产评估系统。由于房产评估技术性较强，难度较大，现实中的争议和纠纷也会很大。故建议政府成立专门估价机构行使这一职能。

（四）各地对房地产税税收优惠及其他税制要素的设计的意见分析

各地机关均认为，房地产税应设计比较宽泛的税前扣除和税收优惠政策，以保障居民的基本居住需求。这些优惠政策设计应尽可能宽泛，以体现公平与人性化。

1. 税前扣除的几种建议

在调研中，各地机关均提出了关于税前扣除的建议。这些关于税前扣除方法的建议可以归纳为以下几种观点。

（1）按家庭成员的数量乘以每人可扣除居住面积。有的机关认为，房地产税应按家庭成员的数量乘以每人可扣除居住面积（如家庭成员每人扣除60平方米）作为家庭扣除标准。同一家庭住房应包括其在不同地域拥有的所有住房，按标准扣除后，由纳税人统一向其房地产所在地税务机关申报纳税。

有的机关认为，应按面积扣除，即确定免税的人均住房面积标准，人均住房面积的确定方式以家庭基本居住需求面积为标准。由于住房基本都是按照家庭为单位共同居住的，因此，必须考虑家庭整体的基本居住需求情况。建议立足基本居住需求，主要依据当地的保障房标准，可做适当上调。

有的机关认为，立法时应考虑较为宽泛的减免税条款，如首套房产免税、家庭人均免税面积、父母与非成年子女共同拥有房产套数优惠。

（2）按自然人第一套免税。有的机关认为，应采取第一套住房和免税面积扣除的综合扣除方法。即仅有一套住房免征房产税；对拥有两套以上住房的纳税人，免税面积扣除标准为人均居住面积加抚养面积，人均扣除标准为人均40~70平方米，具体由国务院确定。

（3）将以上两种方法相结合。有的机关认为，考虑到当前社会民众对房地产税的接受能力，以及房地产市场的发展状况，税前扣除方法应尽可能宽泛，应首先按自然人第一套免税的政策进行扣除，之后再按人均住房面积扣除标准进行扣除。这实际上是前两种方法的结合，也是一种更为宽泛的税前扣除方法。

2. 税收优惠政策应灵活多样

各地机关均认为，房地产税应采取灵活多样的税收政策，以体现税收公平。

有的认为，下列非经营性房产免纳房地产税：

①国家机关、人民团体、军队，以及由国家财政部门拨付事业经费的单位自用的房产及土地；

②宗教寺庙、公园、名胜古迹自用的房产及土地；

③营利性社会福利机构（养老院）的社会福利养老用途的房产及土地；

④农村居民在宅基地上建造的房屋；

⑤直接从事农林牧渔生产的房产及土地；

⑥个人拥有的没有产权的房产；

⑦经财政部或省级人民政府批准免税的其他房产和土地。

3. 关于纳税期限和纳税地点

各地机关均认为，房地产税应按年计征，一次缴纳，当年税款于次年缴纳。新增应税房产从次月起征收房地产税。税额较大，纳税人一次性缴纳存在困难的，可按季分期缴纳。税额较大的标准授权省级人民代表大会根据各地实际决定。

纳税地点为不动产所在地。

4. 应给予地方政府较宽的征税权限

各地机关均认为，在要素的选择与设计、税收优惠政策、征税管理方法、征管权限等方面，应给予地方政府较大的选择空间。

有的机关认为，在全国人大立法明确对个人住房征收房地产税的基础上，应当在立法中赋予各地一定的立法权限，使其可以根据本地区实际情况适当选择房地产税征收范围、税率幅度、税收优惠等。

（五） 各地对房地产税的征收管理与配套措施的意见分析

1. 现行的价值评估体系难以满足开征房地产税的需求

各地机关均认为，我国目前的房地产价值评估体系还不够完善，技术还不够成熟，很难满足开征房地产税的要求。而且，要建立一套科学、完善的房地产价值评估体系，会产生非常高的成本。

为此，有的机关认为，一是根据房地产价值评估的专业性和技术性需要，设置专业的房地产价值评估机构；二是逐步形成一套适合我国国情的房地产估价理论、方法体系；三是加强房地产评估师队伍建设，由相对独立的专业机构负责房地产专业评估人员的培训与考核工作；四是建立房地产估价的纳税人权利救济制度；五是完善信息化系统管理功能；六是建立信息共享平台。

有的机关认为，征税的主体是税务机关，价格评估应交给社会第三方，但是必须对评估机构管控到位。同时，要有一个争议解决机制。

有的机关认为，目前，税务机关缺少税基评估方面的人员，通过对现有人员的专业培训，短期内也很难满足评估工作的需要，同时，税务机关内部设立评估机构，势必引起对税务部门"既当裁判员，又当运动员"的质疑，因此，需要由税务机关以外的部门按照要求开展房地产税基评估工作。上海市建议，由地方政府组建非营利、非行政主体的专门机构来实施税基评估。

有的机关建议，政府成立专门的评估机构组织开展房地产估价工作，并建立由政府部门、行业协会和有资质的社会中介机构等有关方面组成的评估管理监督机构，负责技术方案审定、接受社会监督。

2. 税源信息的获取仍然非常困难

各地机关均认为，对个人纳税人征管工作的开展，需要以房地产物理信息和纳税人个人、家庭、户籍、婚姻等基础信息为支撑，需要税务、住建、国土、民政、公安等部门的协作配合，建立一套科学的房地产税管理手段和征管制度。但是，目前我国仍然没有建立各部门之间的信息共享制度，在房地产及纳税人信息方面，仍然存在着严重的信息隔绝、信息孤岛现象，税务机关难以掌握纳税人及征税对象的详细信息，这成为新的房地产税开征最主要的障碍之一。例如，从目前来看，房地产不仅有机关的房，还有军队的房；不仅有商品房，还有经适房、廉租房、回迁房、小产权房等各种各样的房。政府相关部门并未完全掌握这些信息，对于之后的优惠政策设计、困难家庭认定以及异地购房如何征税等一系列问题就更无法解决了。

为此，有的机关认为，需要加强部门信息共享，研究解决未登记房地产的信息采集问题。同时，出台《不动产条例》时应考虑房地产税改革需要，使未来不动产登记制度能够更好地与房地产税征收制度相衔接。

有的机关认为，需要构建全国税务机关联网的征管信息系统。同时，应该明确房地产信息的管理机构，由房地产管理部门负责信息梳理，效率高、成本低，可以更好地满足房地产税征收的要求。

有的机关认为，要在各地的房屋主管部门建立全面、实时、动态的居民个人住房购买和保有情况数据库，在各地民政部门、公安系统也要建立全面、实时、动态的居民婚姻和家庭人口以及户籍的数据库，各个信息库要联网共享。

3. 针对自然人的征管规定仍然缺失，征收阻力大

各地机关均认为，对自然人纳税人来说，房地产税税源分布广、纳税人数量多、涉税信息需求量大，既缺乏健全的核算管理机制，也缺乏对自然人税收的征管措施和制度安排，征收阻力很大。

各地机关均认为，我国税收征管法针对自然人征管规定的缺失，使得房地产税开征面临着巨大的阻力。在我国现行税制中，直接针对自然人征收的税种只有个人所得税，还实行代扣代缴制。而且，个人所得税也已列入本轮改革的计划中。由于我国现行的税收征管法缺少针对自然人的征管规定，此次两个针对自然人的税种同时进行重大改革，其阻力之大可想而知。这一改革不仅要求完善相关法律制度，而且要求政府相关部门提高自己的服务能力。如果服务能力不足，税款难以及时征缴，偷漏税款现象严重，必然会影响政府的公信力，甚至影响社会的稳定。因此，在调研中，有人提出，开征房地产税是政府"自己给自己找事"。

针对这一问题，有的机关建议，一是立法上明确自然人纳税人的纳税义务。二是面对自然人建立起完善的自行纳税申报机制，包括自然人收入信息搜集机制、申报纳税机制、税源管理机制、纳税服务机制和服务管理信息系统。三是为纳税人提供多种税款缴纳方式。

有的机关认为，需要提升纳税服务、健全追征手段等构建自然人征管机制。

浙江的机关认为，应修订征管法等法律法规，增加和完善对自然人直接征税的相关法律规定。

4. 房地产税的征收会引发社会强烈的"税感"

各地机关均认为，作为一种"直接从人民兜里掏钱"的直接税，房地产税带给人们的"税感"会非常强烈。在这种直接的"税负之痛"下，企业、个人及各类社会主体都会更加迅速地调整自己的行为，从而引发社会的强烈"反弹"，对经济、社会和政治带来较大的冲击。其中，居民个人（自然人）对房地产税的这种税感是最需要关注的。

一方面，我国居民的纳税习惯和意识还比较弱。我国社会主义市场经济税收理论诞生较晚，直至1984年才有了完整的、全新的复税制体系。在1984年到今天的30多年时间里，我国的税制都以对企业而不是对个人直接征收为主体，直接针对自然人征收的税种只有个人所得税，而且这一税种还实行代扣代缴制，居民个人不需要直接申报纳税。在这样的税制环境下，直接对自然人征税困难很大。另一方面，我国现行的税收征管措施大都仅仅适用于工商企业，针对自然人的征管措施很少并且需要较高的征收成本。纳税人数量的大幅度增加、征税对象（房屋和土地）的多样性等都需要税务机关付出比以前多得多的人力、财力和物力，但是，征收的税款却往往很少。从这个角度看，房地产税的征收很有可能会给税务部门的征管和成本带来较大的影响。

此外，对于工商企业等法人纳税人而言，房地产税由按原价征收改为按评估值征收，无疑加大了其经营成本。更为重要的是，征收房地产税加大了社会主体持有房地产的成本，因而会在一定程度上影响社会对房地产的需求，从而对房地产企业以及房地产市场带来深远的影响。

各地机关均认为，房地产税的征收还有一个特别的因素，可能会激发社会非常强烈的税感，那就是：征收房地产税的理论依据。这主要包括两个问题：一是房地产税应针对土地和房屋的产权征收，而"土地70年使用权即用益物权、即产权"的观点，人们非常难以接受。二是在房地产税并未整合大部分相关税费的情况下，已经交了土地出让金和各种税费，还要再交房地产税，人们同样很难理解。从调研对象的反映来看，要让人们接受房地产税及相关税费的理论和依据，还需做大量艰苦的工作。

（六）调研中各种意见汇总分析

尽管各地机关在房地产税的要素设计、征管方法等方面存在着一定的分歧，但综观其对于房地产税立法的观点，也存在一些重要的共性特征。这些特征普遍存在于被调研的各个地区、各个部门，形成了对于房地产税的共识，也更符合房地产税的实际情况和我国当前的国情，因而可以作为本轮调研的主要结论。

1. 房地产税的收入功能和调节经济社会的功能都非常有限，但可能产生的负面影响却非常大

在调研中，各地机关均认为，房地产税的开征对财政收入的意义不大，对于调节居民财富分配的作用也有限，对于"反腐"的作用更是微乎其微。但是，其对于房地产行业乃至整体经济的发展却有可能带来巨大的冲击，导致不可想象的后果。同时，房地产税作为直接对社会民众征收的一个税种，就是"从百姓兜里直接掏钱"，其带来的巨大税痛感，很容易影响社会的稳定，成为社会甚至政治领域的一个"不定时炸弹"。

2. 房地产税的设计总体上是一个增税方案，应从轻设计税负

对于房地产税的税负效果，各地均认为，这一税种的设计总体上是一种增税方案：对私人房产恢复征税是增税，对经营性房产由原值改按评估值征税是增税，土地从原价改按现价征税也是增税。

因此，在税负设计上，各地机关的观点比较一致，都认为应该从轻。从房地产税的试点来看，我国房地产税先在上海和重庆试点，后来国家准备扩大试点，浙江和三亚也拿出了试点方案但没有实施。总体看，各地方案的征收范围都非常小，税负很轻，收入极少。说明各地对房地产税极其谨慎。

3. 房地产税税制的设计应最大限度地体现公平

各地均认为，作为一种对人民直接征收的财产税，房地产税税制的设计应该最大限度地体现公平，不仅要做到"普遍征收、公平课税"，而且要合理设计各种税费的布局。在调研中，各地机关均认为，如果房地产税缺失公平，不仅会导致新的社会不公平，而且会激发社会更为强烈的税

感，从而会对经济、社会甚至是政治带来无法想象的冲击。因此，公平应该是房地产税税制设计的首要原则。

4. 房地产税的配套措施严重缺失，税收征管面临重重障碍

各地机关均认为，总的来看，我国征收房地产税的相关配套措施目前仍然严重缺乏。无论是具备社会公信力的房地产价值评估体系的建立，还是房地产相关信息共享制度的构建，或者是针对自然人的税收征管制度的完善，都需要一个较为长期的过程，都为房地产税的开征带来了现实的压力。在上述必要的配套措施尚未完全具备的情况下，房地产税的征管必然困难重重。

综上，我们发现：我国设计房地产税的目标、方向在理论上具有合理性，但在实操上却都不具可行性。这反映出我国国情的特殊性，不同于西方国家：西方国家的房地产税大多具有受益税性质，即税款专用于地方社区服务，居民缴纳房地产税，可以直接从中获得收益；而且西方国家的地方政府职能少、财政盘子也很小，房地产税因而可以成为其地方的主体税种，在房地产的交易和保有环节也没有过多的税费。但是，在我国，房地产税的开征对财政收入的意义非常小，而且，由于房地产税费体系以及土地70年使用权等理论问题很难让人们接受，加之一直以来实行以间接税为主体的税制结构导致的社会纳税意识薄弱和对自然人征税经验和技术的不足等问题，房地产税的开征有可能对经济、社会和政治带来较大的冲击。因此，房地产税的开征要非常慎重，不能"捡芝麻丢西瓜"。也正因如此，上海市和重庆市的房地产税试点方案才都遵循了"轻税负、小范围"的原则，以避免引起社会的较大震动。

（七）各地调研中提出的建议

根据我们的调研以及我国目前的经济社会发展状况，对于房地产税的立法，我们提出如下几方面建议。

一是对开征房地产税的作用和影响进行全面的评估。由政府相关部门、专家学者及专业机构组成一个联合评估小组，从财政、经济、社会三个维度，针对有关机关、纳税企业和个人，对开征房地产税的作用和影响进行科学、全面的评估，厘清各方利弊及其大小，为房地产税制的决策与设计提供可靠的基础支撑和现实依据。

二是先易后难、分步推进房地产税。考虑到我国国情、社会稳定等因素，以及目前的征管水平和社会接受能力，房地产税的开征不能一步到位，应该采取先易后难的做法，分步推开，逐步推广到所有房地产。可以采取谨慎的做法，先将经营性的房产由现行的"按原值征税"改为"按评估值征税"，对土地，由按"以前的价格"征税改为按"现在的价格"征税，待条件成熟后，再对个人住房征税。这是一种较为稳妥的办法。

如果现在对个人住房开征房地产税，可以参考上海模式：只对居民个人增量房征收房地产税，待条件成熟后，再逐步延伸到其他房产。上海模式的优点是：体现了"法律不溯及既往"的原则，而且对社会的震动较小。但是其"首套房不征税"的做法容易引发离婚等社会问题。因此，可以将人均住房免征额的标准提高到现行试点方案的 2~3 倍，这既可以在一定程度上避免负面的社会影响，也体现了上海市"轻税负、小范围、避免社会震动"的试点原则。

三是给地方政府留出更大的空间。由于各地房地产类型、价格、纳税人信息等状况各异，因此，在房地产税要素的选择与设计、征税管理方法、征管权限、税收优惠等方面，应给地方政府较大的选择空间。

（八）后记

我们依托于国家社科基金特别委托项目"依法治国、落实税收法定原则的路线图研究"进行的此次调研取得了较大的成果，不仅了解了各地、各部门对于未来房地产税制度改革的主要观点，而且较为详细地了解了房地产税开征的难点与重点问题。需要说明的是，为避免对社会舆论产生不必要的影响，本次调研仅针对政府相关部门，并没有在纳税人、房地产及相关企业中进行，因此，其中的主要观点仅代表政府部门的意见，并不能体现全社会的观点。在以后的时间里，我们将深入企业、居民个人中间，进行更为全面的调研，以最终完成课题研究。

课题三：进一步完善个人所得税税制研究

丁芸　赵冬玲　李泽鹏　谢冰①

【摘要】个人所得税是对自然人取得的各项收入所得进行征收的一种直接税。我国自1980年开始正式开征个人所得税，在随后的30多年时间中，进行了7次重大的修订。自开征以来，我国个人所得税的税收收入一直保持着高速增长的趋势，个人所得税税收收入占税收收入总额的比重也一直在增加。但是随着我国经济社会的高速发展，我国现行的个人所得税税制和征管方面存在的问题也逐步暴露出来，比如高收入群体税负较低、费用扣除标准的细化等。因此，我们应当继续完善个人所得税税制和征管方式与手段，同时不断提高税收征管的效率，更好地发挥个人所得税筹集财政收入和调节收入分配这两个主要作用，促进社会良性发展。

本文首先介绍了我国个人所得税的发展历程并指出进一步完善的方向，然后分析了进一步完善个人所得税税制的意义，通过剖析当下个人所得税的征管现状和收入结构，指出存在的问题，接下来对国外一些国家的个人所得税税制、立法、征管、税务代理等进行了简单的分析，最后在结合我国国情与国外征管经验的基础上提出了完善我国个人所得税制和个人所得税征管这两个方面的建议。

【关键词】个人所得税；自行申报；征收模式

一、引言

个人所得税是对自然人各项收入所得进行征收的一种直接税，具体到

---

① 丁芸，教授，国家税收法律研究基地副主任；赵冬玲，首都经济贸易大学研究生；李泽鹏，中国社会科学院研究生；谢冰，中国社会科学院研究生。

我国，个人所得税的征收对象包括以下几类：在中国境内有住所、在中国境内无住所但在境内居住满一年的个人，以上两类纳税人的征税范围包括从中国境内和境外取得的所得；此外，还包括在中国境内无住所又不居住，或者无住所而在境内居住不满一年的个人，这类纳税人的征税范围是从中国境内取得的所得。个人所得税的征管问题关系到百姓的切身利益，征管水平的高低决定了纳税人的实际可支配收入，进而影响纳税人的消费水平与经济发展。一方面，个人所得税税收的绝对额由 2000 年的 659.65 亿元增长至 2018 年的 13 871.87 亿元，增长了约 20 倍；另一方面，从相对额上来看，从 2000 年占各项税收收入的 5.25%增长至 2016 年的 8.87%，由此可见该税种对我国税收收入的贡献逐渐增大，体现了财政收入大部分来源于税收收入。个人所得税具有调节个人收入分配、筹集财政收入及增强居民的纳税意识等重要作用，同时与居民的消费能力更是直接相关，与我国经济稳定密不可分。从调节收入分配这一角度来看，个人所得税发挥着十分重要的作用，个人所得税的超额累进税率能够在一定程度上调节高收入群体与低收入群体之间的财富分配不均，通常被视为"自动调节器"，也是众多学者研究和讨论的对象。然而随着我国经济发展水平的不断提升，在居民生活水平提高的同时，人与人之间的收入差距也越来越大，现行个税税制的缺点也慢慢凸显出来。在这种情况下，不断地完善税制结构，提升税收征管能力是我国税务部门面临的重大挑战；而增加税收的公平，也是纳税人"量能负担"原则更好的体现。

本文以我国个人所得税税制为研究对象，首先介绍了个人所得税的定义、在我国税制中和国家发展中的地位及重要意义，然后分析了我国个税的发展历程、现状、存在的问题，最后在结合我国国情与国外征管经验的基础上提出了完善我国个人所得税税制和个人所得税征管这两个方面的建议。全文共研究了以下六个大问题。

第一个大问题，我国个人所得税的发展历程。这部分介绍了我国个人所得税的诞生及截至 2018 年对个人所得税法的 7 次修改，并指出我国个人所得税税制进一步完善的方向。

第二个大问题，进一步完善个人所得税税制的意义。依次从个人所得税的财政职能、推进国家治理、推进税收征管三个角度诠释了进一步完善个人所得税税制的重要意义。

第三个大问题，我国现行个人所得税征管现状及收入结构分析。这部分首先介绍了自行申报和源泉扣缴这两种我国现行的个税征管模式，然后从个人所得税中各项收入的占比情况、增加反避税条款的影响、专项附加扣除的执行情况、分类与综合相结合征收模式对税收征管的影响这 4 个角度分析了我国现行个人所得税的收入结构。

第四个大问题，国外个人所得税征管的经验借鉴。这部分首先介绍了目前存在的四种个人所得税制——分类所得税制、综合所得税制、综合分类所得税制、单一税制，然后分别介绍了每种税制的典型代表国家的征收情况，并归纳出国外个人所得税征管的经验，具体包括立法情况、管理手段、业务流程、税务代理制度、宽税基、完善的扣除制度、完善的征管体系、先进的申报制度。

第五个大问题，我国个人所得税在税制和征管方面存在的问题。这部分分析了我国个人所得税税制存在的问题以及在征管过程中存在的问题，税制中的问题包括忽略地区差异和专项附加扣除制度不完善，征管中的问题包括信息化程度低、自行申报不完全、税收信息共享机制缺位等。

第六个大问题，完善我国个人所得税的建议。这部分从完善税制和完善征管两个角度提出具体建议。完善税制的建议包括按地区确定费用扣除标准、细化专项附加扣除制度、引入家庭申报制度、建立费用扣除标准的动态调节机制。完善征管的建议包括加强征管信息建设、完善纳税申报制度、升级信息共享系统、完善汇算清缴的相关规定。

二、我国个人所得税的发展历程及完善方向

（一）我国个人所得税的发展历程

自中华人民共和国成立至今，我国的个人所得税一直处于不断的调整和完善之中。1950 年国务院发布的《全国税政实施要则》中已经明确提到实行个人所得征收工作，就是薪酬所得税和储蓄利息税。薪酬所得税现实情况中未能征收，储蓄利息税在 1950 年进行征税，1959 年停征。此后 20 多年里，对于个人收入所得在国内并不征税。

1978 年以后，随着我国不断扩大改革开放和不断开放对外交往，在华工作的外国人数量有所增加。依据国际惯例，为了保护我国的税收主权，我们需要制定相应的法律法规，对个人所得进行征税。所以，1980 年 9 月 10 日通过了《中华人民共和国个人所得税法》并立刻公布执行。同年 12 月 14 日，国务院审核通过，财政部颁布了《中华人民共和国个人所得税法实施细则》。此税法完全适用于在中国赚取收入的中国公民和外国人。

至此，中国的个人所得税征收制度已经初步建立。到 20 世纪 80 年代中期，随着经济体制改革的深入推进和 GDP 的快速发展，在个体经济不断发展和人民生活水平不断提高的同时，个人收入的差距也在不断扩大。为了调控人们收入水平的扩大，国务院在 1986 年 1 月实行了《中华人民共和国城乡个体工商户所得税暂行条例》，该条例只适用于个体工商户。而 1986 年 9 月实行的《中华人民共和国个人收入调节税暂行条例》只适用于中国公民，《个人所得税法》只涉及应纳税的外国公民。在这种情况下，我国个人所得税的征管范围形成了适用于中国公民的个人收入调节税、适用于外国人的个人所得税和适用于个体工商户的城乡个体工商户所得税的"三税并存"的格局。

上述三个有关个人所得征税的税收法律、法规的颁布执行，虽然有效发挥了组织财政收入的职能，也在一定程度上缓解了人民收入不均的问题，但是随着时间的推移，"三税并存"这一征管方式凸显出个人所得税税制以及征管方面存在的问题。同时，随着居民人均收入的不断增加，个人所得税法规定的税率、征税范围、税收级次以及税收优惠等方面的政策也与现代的经济发展不适配，进而影响到了税收职能作用的充分发挥，因此均应根据新形势的变化和需要对个人所得的征税制度进行规范和完善，健全完善个人所得税征管制度。因此，在对三种个人所得税征税范围、税率等规则合并修改的情况下，于 1993 年 10 月 31 日颁布了新的《个人所得税法》，并取消了城乡个体工商户所得税和个人收入调节税。1994 年 1 月，《中华人民共和国个人所得税法实施条例》出台实施。此后，国务院、财政部相继出台了一系列的《个人所得税法》配套实施措施。1999 年 11 月 1 日，我国恢复了对储蓄存款利息征收个人所得税。这也意味着我国个人所得税法有了进一步的完善。

从个人所得税制度建立至今，我国对个人所得税法进行了 7 次修正：1993 年第一次修正，取消了内外有别的税制；1999 年第二次修正，开征了储蓄存款利息税；2005 年第三次修正，基本费用扣除额提高到每月 1 600 元；2007 年第四次修正和 2007 年第五次修正，基本费用扣除额提高到每月 2 000 元；2011 年第六次修正，基本费用减除额提高到 3 500 元，第一档税率从 5% 降为 3%；2018 年第七次修正，初步建立起综合分类相结合的税制。这七次修正，共同构成了现行个人所得税的征收制度。

个人所得税法的七次修正，分别服务于不同时期不同的改革需要。从整体趋势看，个人所得税法修改围绕国家治理体系和治理能力现代化需要这一目标始终没有改变。随着全面深化改革的不断推进，可以预见，未来个人所得税法仍将按照建立社会主义现代化强国的要求作相应的改革，以建立起与中国国情相适应的、具有国际竞争力的个人所得税税制。

（二）个人所得税税制进一步完善的方向

第一，虽然我国目前刚刚开始施行分类与综合相结合的税制，但是综合税制更能体现纳税人的税负水平。因此，我国进一步完善税制可以考虑逐步扩大综合所得的范围，将纳税人的劳动所得、资本所得、财产所得等各项收入都纳入综合所得范围，制定统一适用的累进税率，实行综合征收，确保资本所得与劳动所得能够按照相对公平的税率进行征收，实现纳税人的税负公平。

第二，从现在的以个人为纳税单位逐步走向以家庭为纳税单位的税制。家庭是社会活动的基本单位，个人的社会活动和经济行为往往是家庭行为的外在表现。所以，应该把对国民经济调节的出发点和落脚点放在家庭上，充分考虑不同家庭收入结构、负担情况的差异，充分体现税负公平的原则。

第三，将物价指数与个税扣除标准结合，采用"税收指数化"形式调整扣除标准。我国自20世纪70年代开始推行价格改革制度，近年来居民消费水平不断提升，物价水平也呈递增趋势。但是，我国个人所得税在征管过程中的费用扣除标准是全国统一的，没有考虑到各地的经济发展状况与物价水平等因素。经济发达的地区，物价通常会维持在较高的水平，当物价水平不断提高时，纳税人日常生活中的基本必要支出必然存在很大的差距。然而个税的扣除额度没有考虑到物价变动这一影响因素，这对于作为低收入群体的工资薪金的纳税人来说，无疑增加了他们的税收负担。

第四，完善信息化、便捷化个人所得税征管流程，提升纳税人的自主申报能力。同时，在税收信息化的时代，税务机关也要不断开发拓展办税征管手段与办税方法，充分将"大数据"、"互联网+"、区块链等技术运用到税收征管的工作中。加快我国个人所得税的信息化建设，建立个人纳税识别号制度，营造良好的纳税社会环境。

三、进一步完善个人所得税税制的意义

（一）从个人所得税的财政职能来看

众所周知，税收的基本职能为：公平收入分配、组织财政收入、促进经济稳定增长、市场调节。已有研究认为，个人所得税在调节收入分配方面能够起到很大的作用。国家通过对个人收入征税，可以对社会财富进行再分配，调节不同阶层的收入，引导消费与生产，从而提高社会公平度。要进一步完善个人所得税的税制，推动个人所得税调节收入分配这一职能的有效发挥。一直以来，我国居民收入差距问题都非常突出。从基尼系数来看，国外发达国家一般在 4.0 以下，而我国的基尼系数长期稳定在 0.47 的水平，2010 年增长到 0.61。这表明我国的财富占用严重不公，贫富差距过大。个人所得税是一种直接税，在调节社会公平分配方面具有重要的意义，但是目前我国个人所得税税制还存在一些问题，这就导致社会资源再分配依旧缺乏效率。据《中国税务报》报道，目前我国工薪阶层承担了个人所得税 80% 以上的部分，成为个人所得税纳税的主力军；而占有近 40% 财富的那 1% 的人，并未对个税做出应有的贡献。因此，考虑如何更好发挥个人所得税的调节作用在我国有十分重要的现实意义。应将资本所得适用累进税率，加强对非劳动所得和消极所得的调控，以促进国民诚实劳动、合法经营来提高收入、走向富裕。对于高收入人群，特别是收入远高于一般收入水平的，要通过税收政策来调节控制，同时完善法律法规，加强反避税并严厉打击偷税、逃税、漏税行为。

（二）从推进国家治理层面来看

对于国家治理来说，税收的作用是支柱性、基础性的，更是保障性的。个人所得税位列我国第三大税种，其对我国社会治理的意义重大。个人所得税改革在如今的新时代下具有重要的现实意义和理论意义。它不仅是化解新时代社会主要矛盾、缩小收入差距、实现平衡充分发展的重要抓手，也是现代国家治理体系的基础性制度。它有利于增进民众对国家治理的参与感，促进社会公平正义等善治目标的实现。我国正值经济发展和转型的关键时期，我国个人所得税法也发生了较大的变化，专项附加扣除制度、年终汇算清缴等新措施的落地生根，对纳税人的日常生活和社会经济的稳定发展都意义非凡。虽然专项附加扣除制度对纳税人和税务机关暂时存在着挑战，但是我们应当迎难而上积极面对，不断应对可能出现的问题，纳税人积极主动申报、税务机关完善征管制度，才能有力推动社会公平正义，调节国民收入格局，实现国家长治久安。正因为有了自行申报的新型税制，很多纳税人今后将与税务机关建立"面对面"的直接联系，有利于提升纳税人的纳税意识。此外，征管信息化也会倒逼各机关、各部门之间信息共享，纳税人财产与个人收入等信息实时共享，对诚信社会建设也大有裨益。个人所得税改革也在公平税负、筹集收入等多方面完善个人所得税最初的功能，提升我国税收征管效率。

（三）从推进税收征管层面来看

2019 年开始实行的新的个人所得税法，可以说是一次全新的制度上的变革，这也意味着我国从分类征收向混合征收制度迈出了关键的一步。在之前实行的分类所得税制条件下，源泉扣缴的征税模式将纳税人与税务机关隔绝开来，但是税务机关处于信息的有利方，对纳税人信息了解全面。如今采用主动申报制度后，税务机关并不能确保纳税人申报信息的完整性和真实性，只能通过与金融、公安、房管、教育等其他部门、机构进行比对，由此就对各个部门之间的信息共享提出了更高的要求，也对税务机关的工作流程和管理方式带来了新的挑战。专项附加扣除信息也存在被纳税人伪造的情况，而且一些房东为了避免缴纳个人所得税也可能会对纳税人的住房租金情况进行篡改等，这些问题都对税务机关工作人员的工作能力提出了更高的要求。税务机关应当发挥大数据技术优势，构建自己的纳税人数据库，提高税收征管能力，根据"数据多跑腿，群众少跑路"的理念，推动"互联网+税收"工作开展。唯有通过加强技术管税、信息管税，才能交叉比对出纳税人的申报信息，才能促进诚信纳税、依法纳税良好风气的形成，才能推动我国税收治理能力的提高和治理体系的建成。

四、我国现行个人所得税征管现状以及收入结构分析

（一）我国现行个人所得税征管现状

1. 自行申报

自行申报包括两种情况：第一种是纳税人每次获取收入后，根据相应的税目、税率等计算出自己的应纳税额，然后在规定的纳税期限内，填写纳税申报表并呈交税务机关申报自己的税款。

第二种是一个纳税年度结束后，纳税人根据自己全年的应纳税所得额按照规定的税目、税率等计算出自己的应纳税额，在法定的纳税期限内，填写纳税申报表并呈交税务机关申报自己的税款。

而新个税法以及后续公告还明确规定了六种需要自行申报纳税的情

况，主要包括：

（1）取得综合所得办理汇算清缴；

（2）取得经营所得；

（3）取得应税所得，扣缴义务人未扣缴税款；

（4）取得境外所得；

（5）非居民个人在中国境内从两处以上取得工资、薪金所得；

（6）因移民境外注销中国户籍。

针对每一种情况详细规定了申报时间、地点以及文件要求等，并提供网上远程办税、邮寄办税和纳税大厅现场办税3种方式供纳税人选择。

自行申报制度的完善以及详细的规定都是在督促纳税人要有主动遵从的意识，承担起相应的税务责任。这明确了纳税人自行申报的义务，有利于我国税务征管工作的加强。但在实际操作过程中可能还会存在着种种问题，比如居民纳税人尤其是非居民纳税人缺乏相关经验，还需要税务机关加强指导与协助。通过表3-1我们可以对我国自行申报人数、缴纳税款、占个人所得税收入总额比重情况有一个简单的了解。

表3-1　2007—2016年自行申报人数、缴纳税款、占个人所得税收入总额比重情况

年份	2007	2008	2009	2010	2011	2012	2013	2014	2015	2016
申报人数（万人）	213	240	269	315	333	357	374	401	425	445
缴纳税款（万人）	1 057	1 276	1 384	1 756	1 923	2 204	2 760	3 514	3 987	5 312
占个人所得税收入总额比重（%）	33	34	35	36	36	37	39	39	37	39

资料来源：国家统计局。

通过表3-1可以看出，尽管个人所得税进行自主申报的人数、缴纳税款和个人所得税税额所占的比例总体上呈上升趋势，但是很不理想的是总体的税收遵从度较低，可以推测出还存在很大一部分纳税人没有按时进行纳税申报和税款缴纳。

2. 源泉扣缴

源泉扣缴是指扣缴义务人先将该笔所得的税款代扣代缴至税务局之后，再将剩余金额发放给纳税人的做法。由于新个人所得税法引入了汇算清缴的申报方式，过去的源泉扣缴加代扣代缴征管体制也逐步向预扣预缴、代扣代缴与自行申报相结合的方式进行过渡，这也是适应我国个人所

得税向综合征收制转变的体现。当前我国税务部门在税收征管工作中亟待解决的问题就是个人所得税预扣预缴与主动申报的问题。我国现行综合所得采取的是累计预扣法进行预扣预缴，而因综合所得预扣预缴个人所得税额与居民个人年度应纳税额计算出来的结果是有差异的，可以通过对纳税人取得的综合所得进行汇算清缴，按照其差额多退少补。居民个人预扣预缴主要包括工资和薪金所得、劳务报酬所得、稿酬所得、特许权使用费四大类。其中，工资和薪金所得的扣除项目包括：专项扣除、专项附加扣除、每个月扣除 5 000 元（每年 6 万元）的减除费用以及依法确定的其他扣除项目。劳务报酬所得、稿酬所得、特许权使用费的减除费用为每次收入不超过 4 000 元的，减除费用按 800 元计算；每次收入 4 000 元以上的，减除费用按 20% 计算。表 3-2、表 3-3 分别为居民个人工资、薪金所得预扣预缴适用表和居民个人劳务报酬所得预扣预缴适用表。

表 3-2　居民个人工资、薪金所得预扣预缴适用表

级数	累计预扣预缴应纳税所得额	预扣率（%）	速算扣除数（按年）
1	不超过36 000元的	3	0
2	超过36 000元至144 000元的部分	10	2 520
3	超过144 000元至300 000元的部分	20	16 920
4	超过300 000元至420 000元的部分	25	31 920
5	超过420 000元至660 000元的部分	30	52 920
6	超过660 000元至960 000元的部分	35	85 920
7	超过960 000元的部分	45	181 920

表 3-3　居民个人劳务报酬所得预扣预缴适用表

预扣预缴应纳税所得额	预扣率（%）	速算扣除数
不超过20 000元的	20	0
超过20 000元至50 000元的部分	30	2 000
超过50 000元的部分	40	7 000

采取累计预扣法进行预扣预缴的纳税人，其申报的税款与其本年度应纳所得税额大体相当，大多数纳税人进行退税与补税的金额差异并不大，

这也就不需要过多地占用纳税人的资金，有利于提高税收征管工作的效率。

（二）我国现行个人所得税收入结构分析

1. 我国个人所得税各项收入所得占比情况分析

在未施行新个人所得税法之前，我国施行分类所得的税制，对劳动所得、资本所得、经营所得并没有一个明确的划分，由于工资、薪金所得实行代扣代缴的制度，劳动所得面临更加严格的税收监管，而资本所得在征管过程中具有隐蔽性的特点，这就导致不同收入来源的纳税人面临不同的税负以及监管强度。新税制实行综合与分类相结合的方式，将原 11 项中的前 4 项进行综合。表 3-4 反映了我国 2013—2017 年个人所得税分项目收入情况，图 3-1 反映了四项综合所得占个税总收入的比重。

表 3-4 2013—2017 年个人所得税分项目的收入情况　　单位：万元

	2013 年	2014 年	2015 年	2016 年	2017 年
工资、薪金所得	40 950 031	48 201 301	56 212 652	67 275 348	81 046 440
个体工商户生产、经营所得	5 771 038	5 206 926	4 822 704	4 743 577	5 991 974
企事业单位承包、承租经营所得	1 218 131	1 538 851	1 524 678	1 470 316	1 228 025
劳务报酬所得	1 741 264	2 071 737	2 652 130	3 571 447	4 844 471
稿酬所得	43 584	47 387	52 387	64 866	84 155
特许权使用费所得	22 705	44 563	33 573	46 300	58 182
利息、股息、红利所得	7 256 432	7 779 758	9 043 438	8 966 738	10 111 781
财产租赁所得	283 106	351 649	398 505	528 700	738 461
财产转让所得	6 763 307	7 061 375	9 826 208	12 777 551	13 822 116
偶然所得	774 665	939 739	996 400	910 230	1 071 940
其他所得	373 473	380 075	422 700	396 452	347 729
税款滞纳金、罚款收入	117 537	142 613	187 223	188 935	267 491

资料来源：2014—2018 年《中国税务年鉴》。

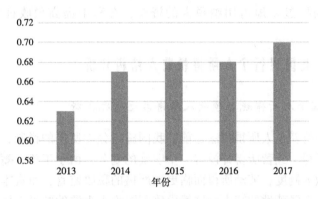

图 3-1　四项综合所得占个税总收入的比重

资料来源：2014—2018 年《中国税务年鉴》。

　　我们可以看到，综合所得占据了个税总收入的很大一部分，而综合所得税制的实行，也对我国个人所得税的征管提出了更高的要求。根据《中国税务年鉴 2017》，2016 年个税收入 10 088.98 亿元，其中工资、薪金所得占比 66.6%；财产转让所得占比 12.7%；利息、股息、红利所得占比 8.9%；劳务报酬所得占比 3.5%，个体工商户生产、经营所得占比 4.7%；上述五类所得占比达到 95% 以上，而综合所得四项占比也达到了 70% 以上。具体占比情况如图 3-2 所示。

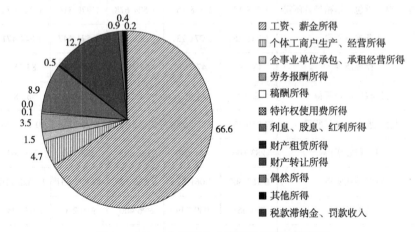

图 3-2　2016 年我国个人所得税分项占比情况

资料来源：《中国税务年鉴 2017》。

　　我国个人收入分配格局已经有了非常显著的变化。表 3-5 显示，工资薪金收入占劳动者收入来源比重依然处于很高的状态，在原有的分类制课税模式下，势必会造成课税范围变窄的局面，导致个人所得税税收收入功能和分配功能效率降低，这便是加快我国税制改革的主要原因。

表 3-5 2000—2017 年城镇居民收入来源占比

年份	工资薪金收入（%）	经营性收入（%）	财产性收入（%）
2000	92	5	3
2001	92	5	3
2002	93	5	2
2003	92	6	2
2004	92	6	2
2005	90	8	2
2006	89	8	3
2007	89	8	3
2008	86	11	3
2009	86	11	3
2010	86	11	3
2011	84	12	4
2012	84	12	4
2013	75	13	12
2014	74	14	12
2015	74	14	12
2016	73	15	12
2017	72	15	13

资料来源：2000—2017 年《中国统计年鉴》。

由表 3-6 可以清晰看到，以城镇居民收入和个人所得税征缴作为参考，在工资性个税、经营性个税、财产性个税三个税种收入中，工资性个税占到了很大比重，由 2000 年的 45% 稳步上升到 2017 年的 69%；经营性个税比重逐年下降，由 2000 年的 23% 下降到 2017 年的 9%；财产性个税所占比重有些许波动，最高值为 2001 年的 35%，最低值为 2006 年的 9%，近几年一直稳定在 20% 左右。

表 3-6　我国城镇居民收入来源个人所得税占比

年份	工资性个税（％）	经营性个税（％）	财产性个税（％）
2000	45	23	29
2001	43	19	35
2002	38	17	32
2003	54	16	27
2004	56	16	26
2005	58	15	25
2006	55	15	9
2007	57	14	27
2008	62	14	21
2009	65	14	18
2010	68	14	16
2011	67	13	19
2012	64	12	21
2013	65	11	21
2014	68	9	20
2015	68	9	20
2016	68	9	21
2017	69	9	20

数据来源：2000—2017 年《中国税务年鉴》。

注：其他所得个税并未体现在此表中。

通过比较表 3-5 和表 3-6，我们可以看到，城镇居民收入来源占比与城镇居民收入个税占比变动趋势相反，工资性收入占比和工资性个税占比中，由于二者变动趋势相反，在收入来源占比下降的情况下，税收占比上升，说明对于工资性收入征税过重；在经营性收入方面，说明原有个人所得税对经营性收入征税过轻、征管不严；同理，在财产性个税征管方面存在同样的问题。因此，优化调整税率正是符合我国国情的举措。在综合所得税率变化及各项来源个人所得税占比变化的情况下，对于涉税信息的获取难度进一步加大，更为重要的是对于涉税信息的处理难度也进一步加大。

2. 我国税收收入结构

个税在税制体系中的地位无法与增值税、企业所得税等主体税种相比。2018 年，我国个税收入规模为 13 871.97 亿元。在"营改增"之后，营业税永久地退出了历史舞台，使得个人所得税筹集收入的功能进一步显现，成为仅次于增值税、企业所得税、消费税的税种，但个税收入占税收总收入的比重仅为 8.87%。从表 3-7 可以看出，从 2002 年到 2016 年间，个税收入占税收总收入的比重一直保持在 7% 左右，最近几年个税占比达到了 8%，但是与货物与劳务税占比 50%~60% 以及企业所得税占比 20% 左右相比，我国个人所得税收入对税收总收入的贡献程度仍然比较低。

表 3-7　2002—2018 年我国税收收入结构

年份	税收总收入（亿元）	货物与劳务税收入合计（亿元）	货物与劳务税占比（亿元）	企业所得税收入（亿元）	企业所得税占比（%）	个税收入（%）	个税占比（%）
2002	17 636.45	11 585.78	65.69	3 082.79	17.48	1 211.78	6.87
2003	20 017.31	13 536.39	67.62	2 919.51	14.58	1 418.04	7.08
2004	24 165.68	16 035.98	66.36	3 957.33	16.38	1 737.06	7.19
2005	28 778.54	18 683.07	64.92	5 343.92	18.57	2 094.91	7.28
2006	34 804.35	21 966.20	63.11	7 039.60	20.23	2 453.71	7.05
2007	45 621.97	27 366.60	59.99	8 779.25	19.24	3 185.58	6.98
2008	54 223.79	32 830.84	60.55	11 175.63	20.61	3 722.31	6.86
2009	59 521.59	35 043.71	58.88	11 536.84	19.38	3 949.35	6.64
2010	73 210.79	45 401.21	62.01	12 843.54	17.54	4 837.27	6.61
2011	89 738.39	54 575.92	60.82	16 769.64	18.69	6 054.11	6.75
2012	100 614.28	60 321.56	59.95	19 654.53	19.53	5 820.28	5.78
2013	110 530.70	63 810.69	57.73	22 427.20	20.29	6 531.53	5.91
2014	119 175.31	67 101.10	56.30	24 642.19	20.68	7 376.61	6.19
2015	124 922.20	67 077.79	53.70	27 133.87	21.72	8 617.27	6.90
2016	130 360.73	65 034.94	49.89	28 851.36	22.13	10 088.98	7.74
2017	144 369.87	69 601.12	48.21	32 117.29	22.25	11 966.37	8.29
2018	156 402.86	75 010.30	47.96	35 323.71	22.59	13 871.97	8.87

资料来源：2003—2019 年《中国税务年鉴》。

3. 增加反避税条款的影响分析

除了采取分类与综合税制这一大亮点外，新的个税法还增加了反避税条款。目前个人运用多种手段逃避个人所得税的纳税义务，有了纳税人的避税，就有了税务机关的反避税。从许多实际发生的案例来看，部分居民个人在海外设立了公司，但是公司并不进行实质上的经营活动，而是以设立空壳公司等手段逃避或减轻税负。这些不合法的避税行为也引起了税务机关的关注。以前在企业所得税领域有相关反避税条款，而在个人所得税领域却一直是一项空白。此次个人所得税法参照了企业所得税法的有关反避税规定，加入个人反避税条款，对于堵塞个税漏洞、维护我国的税收利益具有非常重大的意义。

新个人所得税法明确了居民个人的判断标准。新个税法的第一条就明确规定，在中国境内有住所，或无住所而在一个纳税年度内在中国境内居住累计满 183 天的个人为居民个人。与以前个税法规定的居住满 365 天相比，新个税法缩短了在华的天数，能够在一定程度上增加税款的筹集。而采用 183 天的划分标准，与国际上的普遍划分标准相一致，也能够更好地与国际接轨。在新个税法下，明确的反避税条款则是新个税法第八条："有下列情形之一的，税务机关有权按照合理方法进行纳税调整：（一）个人与其关联方之间的业务往来不符合独立交易原则而减少本人或者其关联方应纳税额，且无正当理由；（二）居民个人控制的，或者居民个人和居民企业共同控制的设立在实际税负明显偏低的国家（地区）的企业，无合理经营需要，对应当归属于居民个人的利润不作分配或者减少分配；（三）个人实施其他不具有合理商业目的的安排而获取不当税收利益。税务机关依照前款规定作出纳税调整，需要补征税款的，应当补征税款，并依法加收利息。"税务机关有权要求对在境外实行了避税的个人补征税款，这意味着在个人领域反避税正式进入了法律层面，同时配合中国版的共同申报准则（Common Reporting Standard，CRS）可以让个人的海外账户更加透明。

4. 专项附加扣除相关规定分析

在新个税法公布之初，专项附加扣除具体操作与落地就备受关注。专项附加扣除制度就是为了保障专项附加扣除的落实而制定的操作办法，它不仅明确了各个项目的具体扣除方法与标准等，还明确了各个部门和单位有义务提供或协助核实相关附加扣除的信息。具体扣除标准和扣除范围如

表3-8所示。

表3-8 专项附加扣除具体扣除标准和扣除范围一览

项目	扣除标准	扣除范围	备注
子女教育	每个子女每月1 000元	年满3岁的学前教育、义务教育、高等教育	父母可选择一方100%扣除，或父母双方各扣50%
继续教育	学历学位继续教育：每月400元 职业资格继续教育：当年3 600元	接受学历学位继续教育、技能人员和专业技术人员职业资格继续教育	职业资格继续教育在取得证书的当年一次性定额扣除
大病医疗	自付部分超过1.5万元部分，在每年8万元限额内据实扣除	医保范围内的医药费支出，扣除医保报销后的自付费用	可选择由本人或配偶扣除；未成年子女可选择由父母一方扣除
住房贷款利息	每月1 000元	使用银行或住房公积金个人住房贷款在中国境内购买住房	未婚本人扣除；已婚双方协商由一方扣除，夫妻婚前分别购买，可选择其中一套由一方100%扣除或双方各自对其购买住房按50%扣除
住房租金	每月1 500元	直辖市、省会、计划单列市以及国务院确定的其他城市	纳税人主要工作城市没有自有住房； 未婚本人扣除； 已婚，夫妻双方主要工作城市相同的，只能由一方扣除，不同的，可分别扣除
	每月1 100元	除第一项外，市辖区户籍人口超过100万人的城市	
	每月800元	市辖区户籍人口不超过100万人的城市	
赡养老人	独生子女：每月2 000元	独生子女	按人数均摊、约定分摊或指定分摊的方式，每人分摊额度不能超过每月1 000元
	非独生子女：具体分摊，限额每月2 000元	非独生子女	

在具体操作方面，新个人所得税法还明确了享受符合规定的各项附加扣除的办理时间，以及相关报送信息和留存备查资料的具体办法。为了提

升税收征管的效率，税务机关也实行了多种多样的报税方法，如电子文档报送等。为了保障制度的落实，还明确了一些后续管理办法。比如，相关备查资料要保留5年，税务机关要定期开展抽查，以及税务机关对一些虚假报送等损害国家税收利益的行为可以进行惩戒等。

5. 分类与综合相结合征收模式对税收征管的影响

我国个人所得税纳税主体大部分是取得工资、薪金的个人，而此次将居民个人的工资、薪金所得与其他三类所得综合征收也对纳税人产生了很大的影响。由于之前我国个人所得税实行的是单位代扣代缴，大多数纳税人都不需要向税务机关进行纳税申报工作。

而此次改革，必将推进我国个人所得税征管模式的变革，未来对个人主动申报的要求会越来越高。对综合所得来说，单位掌握的信息相对有限，而许多信息实际上是需要居民个人进行纳税申报的，这不仅对个人的纳税遵从和纳税素质要求较高，也对我国税务机关的征管能力提出了更加高水平的要求。目前来看，我国居民的纳税意识还较为淡薄，纳税忠诚度不高，而我国税务机关的征管主体还是针对企业，此次综合征收之后，自然人个人所得税的征管也成为一个巨大的挑战。

6. CRS 机制要求加强个人账户管理

CRS 配合机制也推进了个人所得税征管配套改革。推进部门共治共管和联合惩戒，完善自然人税收管理法律支撑。在我国，随着个人收入水平的提高、税收观念的加强及税务中介机构的发展，个人运用各种手段逃避个人所得税的现象屡见不鲜。在过去，一般只有企业所得税法中规定了一些反避税的条款。此次个人所得税改革，在参考企业所得税规定的情况下，也新设立了一些个人所得税的反避税条款。个人所得税反避税条款的设立为保证税款及时足额入库、促进纳税人之间税收公平、减少避税逃税等违法行为提供了保障。自2018年9月开始，我国已经与许多国家进行反避税的交流与协作，积极交换 CRS 信息，对国内和国外的纳税人账户进行有效的监管。这一举措能够在很大程度上提高我国税务部门对跨境纳税人的税收监管，从而可以根据纳税人的税收风险级别，及时准确地对纳税人的账户进行实时监督，对于高风险的纳税人，税务部门可以更好地进行税款申报、税款缴纳、纳税检查等一系列的工作。

CRS 机制除了对国内的纳税人账户进行高效监管外，也要求对纳税人的国外账户进行有效把控。就目前我国税务部门个人所得税征管能力来看，运用大数据技术对国内外的账户进行实时性监管，形成信息监管、信息反馈、信息整合、信息共享的良性监管系统，才是最佳解决途径。

五、国外个人所得税征管经验借鉴

（一）个人所得税的征收模式

1. 分类所得税制

分类所得课税模式，指的是把纳税人的收入按照不同的性质划分为不同的类别，每一类规定有自己的税率、计算方式、减免优惠等，各项分别计算应纳税额，各项之间相互独立。与之对应的是源泉扣缴的纳税方式，不需要纳税人综合申报。目前还在实行分类征收的国家有埃塞俄比亚、黎巴嫩等。

埃塞俄比亚的个人所得税法《第 979/2016 号所得税公告》规定，所得共分为五类，分别为 A 类所得、B 类所得、C 类所得、D 类所得、E 类所得。其中，A 类所得为雇佣所得，B 类所得为建筑物租赁所得，C 类所得为营业所得，D 类所得为其他所得，E 类所得为免税所得。所得税纳税人分为三类，分别为 A 类纳税人、B 类纳税人、C 类纳税人。其中，A 类纳税人为机构（非自然人）或年毛收入为 1 000 000 比尔或以上的任何自然人，B 类纳税人为年毛收入高于 500 000 比尔但低于 1 000 000 比尔的自然人，C 类纳税人为年毛收入低于 500 000 比尔的自然人。不同所得类型对应不同的税率和计算方法，其中 A、B、C 三类所得对于超过免征额部分适用 10%~35% 的超额累进税率，D 类所得适用 10% 的比例税率。个人所得税按月申报，按照埃塞俄比亚日历每月最后一天前申报、缴纳上月个人所得税。申报时需要填写个人所得税申报表，将个税和社保按照税务局给出的申报格式分别归类汇总。根据审核之后的金额分别开出个税与社保的 CPO，然后进行税款的申报，税务局在办税完成后，还需要返还给纳税人一份进行留存。

根据黎巴嫩所得税法，个人收入可分为以下四类：①雇佣所得（包括工资、实物福利、养老金收入、董事报酬费）；②经营所得（个人从事经营活动所获得的工业净利润、商业净利润和非商业净利润，包括处置固定资产的收益）；③投资所得（包括股息、利息、特许权使用费）；④资本利得。每项所得对应各自不同的税率和计算方法，分别计算缴纳个人所得税，采取源泉扣缴法。其中，雇佣所得适用 2%~20% 的超额累进税率，经营所得适用 4%~21% 的超额累进税率，投资所得和资本利得适用 10% 的固定税率。

2. 综合所得税制

综合所得税制指的是对纳税人的各类应税所得（包括工资薪金、劳务报酬、稿酬、股息利息等）进行综合征收的税制，往往伴随着累进税率，并实行纳税人自主综合申报制。美国、英国、巴西等国实行的是这种税制。

美国是综合税制的典型代表，美国居民纳税人需要将年度内自己的所有收入（包括工资薪金、资本利得、股权激励、租赁收入、业务收入、股息收入等）汇总，减除必要的税前扣除后，使用 7 级超额累进税率表计算应纳税额。美国个人所得税的税前扣除有列举扣除法和标准扣除法两种，纳税人可以选择其一适用。以下为适用列举扣除的大部分项目：①符合条件的利息；②大部分州及地方所得税、销售与使用税、房产税；③一定限额内的生产开支；④一定限额内的医疗费用，意外伤亡、灾难、盗窃等原因造成的损失，以及慈善捐款等；⑤子女抚养费；⑥人寿保险费；⑦赡养费；⑧某些类型的教育费。美国每年都会根据当年的通货膨胀情况对标准扣除限额进行调整。2017 年对已婚夫妻共同申报的标准扣除额为 12 700美元，户主申报为 9 350 美元，单身个人和已婚个人单独申报的标准扣除额为 6 350 美元。

美国的税收管理体系基于自我评估原则。美国纳税人必须每年向国内收入局、拥有居住地管辖权并征收所得税或净值税的所在州或地方税务局提交纳税申报表。联邦个人所得税的纳税年度与我国相同，都是从每年 1月 1 日至 12 月 31 日，纳税人需要在本纳税年度终了后的第四个月的 15 日之前提交年度个人所得税纳税申报表。纳税人需要在联邦个人所得税纳税申报表上填报所得额、税前扣除额和免税额，并计算应纳税额。除了个人自行缴纳的个人所得税，通常税款由雇主在支付工资薪金时代扣代缴。正常情况下，如果应纳税额大于已预缴和已代扣代缴的个人所得税之和，则需要在提交申报表时完成补缴。纳税人可以通过提交"4868"申报表而将申报期限延长 6 个月。但申报期限延长不代表缴纳税款期限延长。纳税人需要在纳税年度终了后第四个月的 15 日之前进行汇算清缴。如果纳税人没有按照规定期限进行申报或者税款缴纳，则会被加收罚款以及滞纳金。

美国国内收入署（IRS）工作有较强的纳税服务意识，注重纳税人权益的保护。美国的法律强调权利与义务并重，纳税人如果对税务部门的处理有异议，可以要求税务部门就其行为作出解释，无法解决的就可以申请税务复议，寻求法律帮助。IRS设立税务复议部，专门处理纳税人对于税务部门的工作存在的疑问和提出的复议申请，维护纳税人权益，监督税务部门人员的工作。此外，还在全国和各地区设立纳税人援助官，向纳税人签发纳税人援助指南，在纳税人权益受到侵害时向受损害的纳税人签发纳税人援助令，帮助纳税人维护权益。

3. 综合分类所得税制

由于兼有综合税制和分类税制的特点，综合分类所得税制能够更好地做到效率公平兼顾，也便于政府对宏观经济进行调控，因此在世界上广受欢迎。就目前实行综合分类税制的国家来看，该模式又分为二元所得税和半二元所得税两种类型，瑞典、挪威等北欧国家的个人所得税制最接近二元所得税。我国现在已经由分类所得税制变化为分类与综合相结合。

德国居民纳税人的所得分为7大类，每一大类包含各自的几个小类。第一类，农业和林业所得；第二类，贸易或经营所得；第三类，独立个人劳务所得；第四类，受雇所得；第五类，资本投资所得；第六类，租赁所得；第七类，其他所得。对前三类所得，是按照净值进行计算，即比较纳税年度的期末净所得与上一个纳税年度的净所得。另外，私人的或非商业目的的提款必须被加回应纳税所得额中，而在经营期间的资本贡献则须扣除。对后四类所得，采用净所得的计算方法。因此，应纳税所得额的计算是按照现金收付方法，以特定类别的总收入减去与收入相关的支出。每个纳税人都有规定的基础减免，相当于我国的免征额。具体来说，单身人士可以扣除8 652欧元，合并评估交税的夫妻或民事合伙人可以扣除17 304欧元。适用德国个人所得税的纳税人必须每年向居住地的税务机关递交所得税纳税申报表。工资税代扣制下的雇员不需递交年度所得税申报表，除非他们有取得来自多份职业或金额超过410欧元的受雇之外来源的所得。

德国规定了工薪所得支付方的信息申报义务，并启动了"工资税源泉扣缴电子参数"电子化程序。为了能正确计算每位雇员的工资税金额，雇主需要雇员的一定信息，如税收等级、补助、需要扣缴教堂税的宗教社区成员信息等。为向税务局注册雇员及获取雇员的工资税源泉扣缴电子参数信息，雇主必须向税务局呈报雇员的出生日期和税收识别号。税务局会检查雇主是否有权获取雇员的工资税源泉扣缴电子参数信息，如有，则为其建立工资税源泉扣缴电子参数程序。雇主则可以下载信息，将信息加入雇员的工资账户。雇员的工资税源泉扣缴电子参数必须显示在工资条上。近年来，德国一直致力于促进税收信息的国际交换，签署了一系列的双边协议。政府还希望信息能够自动化交换，并希望通过源泉扣缴防范避税行为。事实上，受到美国FATCA的影响，德国政府的态度还在强化，拒绝批准与瑞士的税收协定，因为该协议过于保护避税者。德国还在推动欧盟范围内的自动信息交换体系。

在德国，要求对征纳双方的权利和义务进行明确的规定和区别。强调还权还责给纳税人，同时弱化税务机关作为宣传税法和指导纳税方面主力军的角色，而是将其主要职能定位在规范执法和税收检查之上。要有效地利用社会的优势资源使纳税实现为社会更好地服务。促进税务中介机构以及非营利组织的发展，使得第三方纳税服务机构更好更快地发展，有效地降低纳税风险，同时也对政府组织纳税方面的财政压力减小有所帮助，有效地填补政府公共服务资源的不足。在征纳关系中更加明确各自的权利和义务。

4. 单一税制

单一税制是综合税制的一种特殊形式，其将纳税人的各项所得净值（即收入减除扣除额）加总后，适用单一的比例税率计算应纳税额，由于税制简便，所以征管效率高，容易推行，对资源配置的扭曲效应较小。缺点是对收入分配调节较弱。目前只有俄罗斯、立陶宛、蒙古等国实行单一税制。

俄罗斯是将单一税制推行最成功的国家。除特定类型的非雇佣收入（包括各种博彩、竞赛中的得奖，奖金收入和广告收入等超过2 000卢布以上的收入部分之外）的税率为35%，其他收入额都实行13%的单一比例税率。从2001年取消原有的12%、20%、30%三档累进税率后，俄罗斯成为欧洲个人所得税税率最低的国家。在计算应税所得额时，俄罗斯税法给予了一定的扣除额。例如，苏联英雄、国内战争和卫国战争参加者每月可扣除500卢布，此外根据纳税人抚养子女的数量可以每月扣除1 400到3 000卢布不等。

俄罗斯个人所得税税款的征收主要依靠源泉扣缴，其中，工资薪金由企业在发放工资时直接进行代扣代缴；商业的养老保险则是在给付时代扣代缴个人所得税。个人所得税以日历年为准，按支付时代扣代缴或按年度申报。除代扣所得之外，《税法典》还规定了必须申报的纳税人范围，包括：从事经营活动的个体业主，私人公证人员，律师和从事私人执业的其他人员，取得特许权使用费或创作、演出或其他科研、文学艺术等报酬收入的个人，发明或设计作品所得的个人，从非代扣人那里获得收入的个人，租赁财产取得收入的个人，转让财产取得收入的个人，从境外取得收入的个人，取得博彩奖金的个人，取得应税收入但未经代扣人扣税的个人，接收捐赠的个人。

（二）国外个人所得税税制的经验总结

1. 立法情况

大部分发达国家都制定了较为完善的个人所得税法。例如，美国已经构建了一套相对而言比较完整的税收制度。美国人的纳税意识很强，大都能自觉如实报税缴税。由于美国的税法和世界上的其他国家比起来十分复杂，没有专业的税收从业人员的指导，普通的纳税人面对这样复杂的程序难免会感到无所适从。

2. 管理手段

全国性的税务登记号码，是大多数发达国家为了提高税收征管水平而选择的撒手锏。比如，在美国，纳税人都有独一无二的税号，专门用于社会保险与税款缴纳，这个号码与纳税人的一生牢牢捆绑在了一起，所有纳税人个人收入的流水、在银行的诚信水平状况等情况都体现在该账号中。因此，IRS 可以利用这个税号来监管纳税人的税款是否足额按时缴纳，在提高办事效率的同时也减轻了税务机关的工作量。此外，纳税人唯一且全国统一的税号也有利于构建信息数据库，加强信息管税，对纳税信用体系的构建也是大有裨益。

3. 业务流程

代扣代缴和纳税人自行申报是目前各个国家广泛采用的征税方式。鉴于纳税人自行申报难度较高，一是需要纳税人本身有较高的税务知识水平，二是纳税人需要有很强的纳税意识，所以利息收入和工资薪金所得一般会采用代扣代缴的方式。税务机关与金融、海关等部门信息互通，凭借较完善的信息共享渠道，能够充分掌握纳税人的收入数据。因此，相较于纳税人自行申报，代扣代缴更有优势。一般来说，各国纳税申报以年为单位进行，一年一次，政府会给纳税人不同的纳税识别号，以便区分各个纳税人及后续业务操作。纳税申报、税款缴纳等流程需要纳税人在法定时间内完成,一些国家(如法国和印度)可以分期缴纳税款。税务机关会对不按时申报或者缴税人库的纳税人予以罚息、罚款或滞纳金。一些国家(如日本和美国)十分重视纳税人信用水平,如果纳税人有违法行为,那么这些违法行为会被记入专门的档案,对纳税人产生不利影响。

4. 税务代理制度

一般而言,大多数发达国家都会采用自行申报制度,但是在错综复杂、灵活多变的税制条件下,并不是所有纳税人都十分熟悉税制,能够通过自己掌握的税务知识去进行自行申报的,因此催生了一大批税务代理机构,相当一部分纳税主体选择委托税务代理机构处理。总的来说,在"税收为民"的理念指导下,大多数国家都很注重纳税服务水平的提高,也鼓励推广税收代理制度,因为税务代理不仅可以降低因纳税人不专业而带来的隐性纳税成本,提升征管效率,更有利于形成民间对税务主管机关的监督制约体系。

5. 宽税基

税基是否够宽是决定税收来源是否广阔,税收是否拥有活力和生命力的重要保障。对于个人所得税来说同样如此,宽税基不仅能够保障个税的社会覆盖率,也能够保障税收来源,同时还能够起到调节收入分配的作用。西方发达国家的个税占国家税收的比例都远远高于中国,以美国为例,这一比重甚至高达40%。这不仅使得这些国家能够有效保障国家税收来源,同时也能够通过个人所得税调节社会收入分配。然而与这些国家相比,目前我国个税占比相对较低,我们需要将更多的公民纳入所得税的征收范围,将公民的收入都计入纳税所得额,以扩大税基,保证国家财政收入,同时也缩小社会贫富差距。

6. 完善的扣除制度

除了宽税基外,发达国家科学严密的扣除制度也是值得我们效仿的。这一制度不仅能缩小社会贫富差距,还能够减轻弱势群体的税收负担。以美国和韩国为例,美国公民在缴纳个人所得税时,依据种类的不同享受不同的扣除方式。扣除项目被分为标准扣除和分项扣除,如果是基本的费用支出则划入标准扣除,非基本费用支出则归为分项扣除。韩国按收入高低将纳税人划分为不同的等级,个人所得税的扣除办法包括基本扣除、额外扣除及特别扣除，收入越高，费用扣除数额越低。韩美两国的个税征收都充分考虑到了家庭负担的因素，但是这一因素目前在我国的个税征收设计中并没有予以相应的考虑和重视，这主要是因为我国个税采取的是个人课税制，是从纳税人本身来考虑的。

7. 完善的征管体系

一个完善的征管体系不仅可以强化人民的纳税意识，也可以提高税务征管部门的工作效率，同时还能够实时监控居民收入、打击偷税漏税行为。例如美国的税号制度，个人的收入代码是唯一的也是终身的，再加上美国的税务机关信息化程度更高，体系也更加完善，这样就能从根本上防止个税税额的流失。在这一点上，我们要向美国学习，用数字化、信息化技术完善我们的税务征管体系，并且加强对税务工作人员的培训，提高其业务水平和专业素质，尤其要重点发挥领军人才的模范带头作用。

8. 先进的申报制度

个人所得税的征收入库也和申报方式密不可分。美国的双向申报制度（雇员自己需要向税务机关进行纳税申报，同时雇主也需要向税务机关申报该雇员的税务资料）、日本的蓝色申报制度、韩国的绿色申报制度等，都是成功的典范。这些先进的申报制度一方面提升了纳税人的纳税参与度和主人翁精神，增强了纳税人的申报积极性，促使其主动申报。另一方面，提高了纳税服务质量，对纳税人的合理诉求迅速反馈并及时解决，使得征纳双方关系融洽，税款顺利入库，征管效率随之提升。与之相比，我国目前的申报制度则不够完善，无论是源泉扣缴还是自行申报年终汇算清缴，都有不完善之处，进而造成了税负的不公，纳税人产生抵触心理，税款流失也就不难理解了。

六、我国个人所得税存在的问题

（一）忽略地区差异，不利于税收公平

调节收入分配和筹集财政收入是个人所得税设立的两个目的。我国现行个税采用的是部分地区的全国统一费用扣除额标准，即无论是生活在城市乡村、东部发达地区还是西部落后地区，均按照同样的费用扣除额计算

纳税。该政策默认全国各地纳税人的生活成本是一样的，这显然有失公允。在西部小县城，一月 6 000 元就算作是高收入人群，但是在北京，一月 6 000 元只能是勉强生存下去。忽略地区差异，首先从税收公平来看就是不妥当的。在如今的新时代下，主要矛盾是发展不平衡不充分。在税制设计上，我们也要重视这种不平衡不充分，不能简单粗暴一刀切。如果继续实行全国统一标准的费用扣除额，显然不符合税收公平的理念。

（二） 信息化程度有待提升

"金税工程"作为我国税收征管的重要战略布局得到推广，加快了我国税收征管的现代化进程，并取得了良好的效果。但是，增值税的税控管理是其具体规划的重点，对个税数据库的相关分析系统开发暂时还不完善，对基础数据的采集也不够充分，并且，现有的信息平台的评估缺乏依据，制约了信息的管理与应用。其中，信息的传递、存储技术等尚未形成完善的信息系统。另外，由于未对大量的涉税信息进行深层次加工和分析，不能及时发现纳税申报中的问题。

（三） 自行申报制度不完善

代扣代缴是我国主流的纳税方式，自行申报只起辅助作用，纳税申报工作与大多数纳税人不相干，因此，纳税人的纳税意识比较缺乏。计税、申报、缴税三者长期独立运行，导致纳税人长久以来习惯于代扣代缴的方式。所以，针对其他不实行源泉扣缴的所得，往往管理不到位，甚至有纳税人揣着明白装糊涂，认为没有扣缴义务人就不需要缴税。在实际执行中，虽然 2006 年国税总局出台的自行申报办法已经明确了需要自行申报的 4 种情况，但是落到实践中，除了年所得 12 万元以上的纳税人，其他纳税人往往自行申报不积极，而且申报质量很低。

（四） 涉税共享机制尚不完善

我国目前第三方的涉税共享机制并不完善，因此纳税人的征管信息并不能被及时准确地反馈到税务部门，税务部门获取的纳税人信息也是由纳税人自行申报的，这就造成了征纳双方之间的信息不对称问题，进而影响了纳税信息传递的准确性和时效性。因此，对于纳税人自行申报信息的真实性和完整性，主要依靠的是纳税人自身的纳税遵从度，税务机关核查纳税人申报信息的能力亟待提高。此外，我国涉税信息共享的部门之间没有形成合力。从当前实际来看，第三方信息的共享仅限于个别职能部门，而且不同部门之间的信息统计口径、信息披露时间、数据保存时间都难以统一。同时，不同部门之间的信息化发展程度也存在很大差异，国库、公安已经实现了全国范围内的信息共享，而有些部门数据共享仍局限于县级、市级，这也是我国信息共享的一大难题。

（五）征管法律体系不完善

我国目前在税收征管过程中依靠的法律只有《税收征管法》以及相关的条例和实施细则等，而且《税收征管法》在征管过程中以企业的征管工作为重点，对自然人纳税征管缺乏相应的配套征管措施。我国尚未完全建立自然人税收征管制度，尚未以立法形式建立自然人纳税识别号制度、涉税信息共享机制、纳税信用评级制度、纳税人惩罚机制，而且在税款征收的过程中往往需要多个部门的数据信息。为了充分利用第三方信息，提高税收征管的效率，提升涉税信息共享的法律位阶，以"法律"的形式确定，可以打破其他部门与税务部门之间的合作壁垒，促进部门之间的深度融合，进而推动我国税收征管的现代化。

七、完善我国个人所得税的建议

当前移动互联网、大数据、人工智能等现代信息技术发展迅猛，国家税务总局顺应时代潮流，提出"互联网+税务"的理念，将互联网技术的时效性、创新性与税收工作进行有效的融合，探索适用于我国的税收管理新模式，促进我国税收服务进入全新阶段。当前，在税收征管方面，我国税收信息化程度稳步提高，金税三期工程已经全面建成，税务机关正在启动实施金税工程四期建设。将信息管税、大数据技术引入税收征管的各个环节。因此，我们应该借鉴先进经验并将其运用到我国个税征管工作中，为推动我国税收征管信息化、现代化建设提供强劲助力。

（一）完善我国个人所得税税制的建议

1. 按地区确定费用扣除标准，缩小地区差异

费用的扣除与征税的原理密不可分，之所以要进行费用扣除，主要是希望能够不伤及纳税人养家糊口的基础费用，然后再针对其净收入征税。但在税收的实际应用环境中，纳税人消费水平的地区差异性不容忽视。我

国当前的经济发展水平地区性差异十分显著，东部、沿海等经济发达地区的居民收入水平远远高于经济发展水平较落后的区域，但同时他们的生活成本也会高于经济落后地区。因此，如若在费用扣除中一律采用全国平均消费水平纳税扣除的标准对发达区域纳税人进行计算，就会导致实际应用中的扣除额与科学研究中的标准之间产生差异，进一步使得发达地区的纳税人的税负增加。反之，如果按照经济发达地区的纳税扣除标准制定经济较落后地区的扣除标准，就会使得纳税人根本无须纳税，对国家税收和财政产生负面影响。为了改变这种弊端，我们需要根据地区经济发展水平的现状，制定出有针对性的费用扣除标准方案。具体来讲，首先由全国人民代表大会对该提案进行审核批准，然后再经由国务院实施具体的方案制定环节，新制定出的费用扣除标准必须具有针对性、应用性和合理性，即结合不同地区经济发展水平差异有不同的扣除标准。由于我国现行个人所得税是作为中央和地方共享税，因此可以由国家统一征收部分项目，最后对于经济欠发达地区，可以通过财政补贴、财政支持的形式进行一定程度的补偿。这样做主要是为了保障税收公平，并通过税收在财政当中的地位，发挥经济杠杆作用，缩小全国经济发展的区域差异。

同时，我国不同城市之间经济发展水平也存在着显著差异。在个税的扣缴认定中，如果个人所得税始终适用单一的扣除标准，虽然这一举措可以提升税收征管的效率，但很难真正缩小贫富差距，使得税收无法发挥其调节经济发展的重要作用。这要求我们必须综合考量不同城市之间的发展差异，在全国范围内划区分档征管个税，这样才能真实反映居民收入和消费支出的情况。对于经济发展水平较低的城市，可以实施税收优惠政策。这是因为鼓励外出打工者返乡就业创业，可以减少城市人口净流出量，间接地缓解目前农村地区孤寡老人和留守儿童的社会问题。此外，这一举措也有利于充分发挥税收的杠杆作用，缩小城市经济发展差异。如今我国贫富水平的差距逐年增大，要想真正地缩小居民收入差距，就需要落实好量能负担原则。

2. 细化专项扣除制度，优化个人所得税

专项附加项目扣除制度有效地降低了我国居民的税负，使居民可支配收入增加。但专项附加项目并非完美无缺，仍存在一些弊端和问题。我们需要不断研究实践该制度的细化工作，才能进一步促进税收公平。

（1）划区分档扣除住房贷款利息。各级税务机关可参照上一个纳税年度当地的房价指数，结合该城市实际物价指数与消费水平，将全国城市划分为不同的档，给每个档设置相应的贷款利息扣除额。在北、上、广、深等一线城市，由于经济发达房价高企，可以实行高档高扣除额；对于西部落后地区，由于经济落后房价较低，实行较低档低扣除额即可。如此才能因地制宜地调节经济，促进税收公平。

（2）住房租金设档征收。工资薪金的超额累进税率同样可以适用于住房租金。可以考虑设立每月2 000元的免征额，租金低于2 000元即可从房东的应纳税所得额扣除，高于2 000元则需要计算缴纳个人所得税。如此一来，房东为了减少自己的税款，就会做出相应调整，要么降低房租获取扣除，要么提高房租将税负转移到高收入租客身上。如此劫富济贫，不仅可以筹措财政资金，更有利于社会收入分配公平。

（3）大病医疗费用全额扣除。家庭的经济负担随这个家庭的看病支出而增加，从而会占用生活费用其他方面的支出，所以在扣减体系中考虑医疗费用的因素存在现实合理性。在扣减体系中考虑医疗费用的因素，既可以减轻公民的看病负担，也可以充分彰显税收制度中人文关怀的一面，更有助于增强纳税人的满足感和获得感，使公民更好地依法纳税，从而使税务工作得到更好的开展。具体细则可以如下：在重大疾病方面，应当按全额抵扣相关费用，比如癌症、糖尿病等重大疾病，所需诊疗费的数额就非常庞大，对于收入水平比较低的家庭来说难以承受，如果可以抵扣的费用很少，就会让一个家庭陷入绝境。但是，在实施这些措施的同时，也要加强偷税、漏税的防范措施，患病本人或者家属应凭借缴费单据等资料进行纳税申报，以此来规避虚假申报现象。

（4）继续教育据实扣除。《个人所得税专项附加扣除暂行办法》（以下简称《暂行办法》）规定，纳税人的教育费用每年可在税前扣除4 800元或者3 600元。这种定额扣除的方式没能考虑现实的复杂性，扣除对象不具体、不明确也容易让纳税人选择所谓的继续教育而发生偷税、逃税的情况。与学历教育相比，我国税法在继续教育方面的规则漏洞百出，高新技术人才匮乏，要积极鼓励相关技术人才进行继续教育。另外，每年4 800元或者3 600元的扣除标准对某些行业来说标准较低。例如，CFA考试、美国注册会计师考试等的报名费每次均在1 000美元以上，还不包括教材、课程指导，但是有些考试却不需花费如此多。因此，要实行据实扣除的方式，提高扣除标准，同时，明确扣除对象的划分，合理扣除继续教育所需要的书本费、学杂费、住宿费等必要的费用，提高纳税人进行继续教育的积极性，夯实专业技能，从而更好地避免为了偷税、逃税而处心积虑进行继续教育行为的发生。

（5）拓宽子女教育扣除范围。《暂行办法》中有关子女教育专项附加扣除的规定是，年满 3 岁以上的子女教育支出按照每月 1 000 元的标准定额扣除。然而该规定并未提及 0~3 岁子女扶养支出的相关费用问题，当今社会，越来越多的家长重视孩子的教育问题，他们从孩子一出生就开始投入大量资金，避免孩子输在起跑线上，因此在子女教育专项附加扣除范围方面存在一定的不合理性。另外，就数额来说，子女教育专项附加扣除只能按照 1 000 元/月定额扣除，并没有考虑到发达城市与欠发达地区的教育支出情况，存在一定的不合理性。相应的完善措施如下：首先，将子女教育专项附加扣除变更为子女抚养专项附加扣除，其中应考虑到 18 岁及以下子女、天生或后天残疾导致子女个人生活不能自理的抚养问题；其次，采用定额扣除与据实扣除相结合的扣除方式，减少征收环节，从而使税收调节作用得到充分的发挥；最后，可以参考住房租金专项附加扣除制度的相关扣除标准，随着各个地区的经济发展水平、个人收入状况和家庭消费水平而因地制宜、因势利导地动态调整扣除标准，从而使其税收调节作用得到充分的发挥。

（6）赡养老人扣除弹性制。每个家庭的情况不同，赡养老人扣除标准不应该一致。老人的退休金水准、身体健康状况等因素也应该考虑。老年人的退休金水平不同，子女赡养费扣除应不同。可对退休金水平设置不同的扣除级距，扣除级次随着老人所拥有的退休金的递增而减少。即老人退休工资越高的子女可扣除的赡养费越少，对于退休金较少甚至没有的老人，子女可按照最高扣除标准进行扣除。除此之外，对于老年人的年龄及身体健康状况，也可以制定附加的赡养费扣除标准。家中如有患重大疾病的老人，诸如癌症等，则无须考虑退休金高低直接享受最高扣除标准，以此来减轻纳税人个人税收负担。最后，建议将纳税人夫妻双方的父母，都列入赡养老人费用扣除对象。

3. 引入家庭申报制度

自从征税以来，我国个人所得税的纳税人都是个人，这显然没有考虑不同家庭纳税人的构成情况，会造成家庭实际负担的税款有所不同，可能会导致家庭整体税负过重，从而会影响到收入再分配阶段的公平性，因此家庭成员纳税的构成也亟待考虑。但是单一模式肯定解决不了所有的问题，所以只以家庭作为纳税单位也是不完美的，因为在社会上一直会有一定数量的单身人士。如果仅以家庭为纳税单位，对这部分人员有失公平。总的来说，公平的税制设计不应该是单一的。笔者认为，在引入以家庭为纳税单位的同时，还应保留以个人为纳税单位这一申报模式，两者并行，以此来满足不同的纳税人条件，实现税负的公平性。一般来说，家庭是社会的基本单位，我们属于某个家庭，以家庭为单位的申报制度能够综合考虑纳税人家庭的实际负担，更具有公平性和科学性。从以后社会发展以及国家税收政策的改革来说，引入家庭申报制度是必要的。但是，这一制度的改革也存在很多重点和难点亟待解决。其中，最主要的是如何界定家庭这一单位以及家庭成员信息等各方面的情况。

以家庭为单位的申报制度如何确定？笔者认为，应该以婚姻关系为基本单位，因为这是最基础的家庭构成因素。但是以这种关系为基础来进行的家庭费用扣除，要考虑到家庭构成的复杂性。其中包括这个家庭工作的人数、需要赡养老人和抚养孩子的数量，以及家庭成员身体状况等诸多因素。

目前，对于引入家庭申报制度的个人所得税改革设想如下：首先应该考虑纳税人的婚姻以及家庭负担情况。譬如，将夫妻两人的收入进行合并综合申报纳税，对于家庭成年未婚子女可纳入家庭合并纳税或者选择以个人为单位进行纳税，可具有选择性。对于费用的扣除范围包括未成年子女以及夫妻双方的父母，具体费用标准扣除要根据家庭生活状况来确定。夫妻与父母一起生活且父母无稳定退休收入的，可以纳入家庭费用扣除标准内；父母不同夫妻一起生活且有稳定收入的，收入和费用扣除均不纳入家庭的范围内，但是同夫妻一起生活且有稳定收入的可以选择性纳入家庭范围。除此之外，纳税人可根据自己的实际负担情况，灵活选择纳税申报模式。

引入家庭申报制度以后，有关部门还应当积极配合税务机关完善家庭信息数据库的构建与完善，并及时对信息变动情况进行更新，使税务机关充分发挥职能作用，确保税收公平性。此外，征收方式也应该根据纳税模式的改变而有所改变。其中，以家庭为纳税单位进行申报纳税的，建议实行自行申报；以个人为纳税单位进行申报的，可以实行源泉扣缴和自行纳税相结合的方式。

个人所得税改革后，专项附加项目扣除制度主要还是考虑了家庭因素，因此可按照改革后的相关方案进行扣除。纳税人选择按家庭为单位进行纳税，应及时到税务机关备案登记，税务工作人员对家庭情况进行核实，设置不同的扣除额度。纳税人亲自参与到纳税申报环节，不仅提高了税务机关的行政效率，而且增强了纳税人的纳税意识，有利于国家税法体系的完善。

4. 建立费用扣除标准的动态调节机制

为了平衡纳税人税负，应该随着通货膨胀率的变化不断调整费用扣除标准。通货膨胀率与物价水平正相关，浮动的费用扣除标准能够依据通货膨胀率的变化较好地覆盖人们的基本生活支出；而固定的费用扣除标准缺乏弹性，在外界物价上涨时，难以做出相应的变化。与税法的稳定性与权威性并行的是它的滞后性，因此，如何设计费用扣除额标准需要长时间的研究与分析，同时在这段时间内，如何保障纳税人最低生活标准的问题随之产生。

为了解决上述问题，体现费用扣除标准变化的弹性，将物价指数引入费用扣除标准的考量是一个比较合理的税收政策，即实现"税收指数化"。在这种动态机制下，费用扣除标准能够对物价水平的变化做出及时的回应，从而较好地平衡纳税人的税负。由于 CPI 的公布一般以年作为时间单位，因此我们可以相应地将动态调整的周期设为一年，从而使纳税人的税负维持在一个相对平稳的状态下，减小物价水平变动对纳税人税负波动的冲击。

费用扣除额的基准年和基准额由全国人大确定。基准额即个人免征额，以此为基础设置浮动额。例如，我们可以借鉴美国的经验，利用如下公式来计算：本年度个人免征额＝上一年度个人免征额×（1+上一年度通货膨胀率）。这样一来，既可以避免税法的频繁修订，又可以通过动态调整机制保障纳税人税负的稳定。但"税收指数化"的实行还需要政府部门的协调，统计局与税务部门及时进行信息沟通，将动态费用扣除标准的反应时间降到最低，尽可能地保障纳税人的合法权益，如此才能维持税收体系长期健康运转。

（二）完善我国个人所得税征管的建议

1. 加强征管信息建设

要依托"互联网+税务"建设，并且充分利用大数据、云计算、区块链等技术，不断完善个人所得税的征管信息系统建设。借着新个税改革的契机，我们的协税护税信息共享有了立法保障，纳税人识别号制度也进一步得到明确。我们要以纳税人识别号为基础，来建立起个人电子税务档案，还要通过加大共享各相关部门涉税信息的力度，建立起信息交换平台。在这一过程中，我们还要做到重视与保证涉税信息的安全性。

要应用"互联网+技术"建立数据信息比对与评估机制，以便确认纳税人的申报情况。一方面，利用信息化平台的建立，能够更好地进行信息的交叉比对，以此来筛选出具有高风险的纳税人，从而加强对税源的监管与稽核；另一方面，要利用信息技术对税务部门的征管工作进行科学合理的评估与评价。

2. 进一步完善纳税申报制度

（1）推广电子申报制度。在互联网时代，要大力推广电子申报制度。税务部门要加大对统一的纳税申报软件的开发与完善，并进行推广，在保留传统纸质申报的基础上，提高电子申报的使用率。电子申报能够有效降低征税成本，提高征管效率，同时也能够便利广大纳税人进行申报。在使用手机 App 或者网页端进行电子申报时，只要在预扣预缴环节加入纳税申报信息，不仅可以减少汇算清缴时税务部门的工作量，也可以降低纳税人的实施成本，更加便利税务部门的监管工作。

我国一直以来大部分采用纸质表格的申报形式，纳税人也比较习惯去税务部门进行纳税申报。因此，大力推广电子申报制度，还要多加强对纳税人的引导，鼓励广大纳税人使用电子申报的方式，要简化操作流程，方便纳税人办理并及时做好指导工作，设立客服平台，及时为纳税人答疑解惑。与此同时，还要做好应用系统的不断优化与升级，重视培养一批掌握专业信息技术的税务人才，使得电子申报制度能够尽快地得到推广普及。

（2）实行等级申报制度。由于新个税法对纳税人自主申报的要求越来越高，从申报制度层面可以树立一定的正向激励措施，对于申报准确、信用度高的纳税人给予其单独适用的税收优惠并提供更优质的服务，参照蓝色申报制度实现激励申报。一旦存在不实申报或者偷税、漏税的行为，则立即取消其奖励申报资格，并要加大对申报违法行为的惩处力度，增加申报违法成本。

实行等级申报制度实际上可以以一定的经济利益对纳税人进行引导，促使他们能够自觉诚信纳税。这种方式能够对纳税人起到一定的正向激励的效果，同时配合其他具有惩罚意味的措施，给予纳税人一定的警示作用，以此来从反向上激励纳税人实现纳税遵从。

（3）建立退税激励申报制度。如果我们的制度设计产生的结果是在代扣代缴环节并未能征够足额的税款，而居民个人进行申报时面临的大多是补税的情况，那么对于具有经济人本性的大多数纳税人来说，可能都会存在缺少主动申报积极性的问题。因此，针对我国日后自行申报逐渐增加的趋势，只有将退税与自行申报结合起来，才能有效激励纳税人主动进行申报。

建立退税激励申报制度可以参考的做法有：在设计预扣方案与预扣率时将退税因素纳入考虑范围，适当提高预扣率，实行先征后退。这样既能保证税款的足额征缴与及时入库，又能保证在后续的申报过程中，由于有退税而能够激励纳税人主动申报。另外，还可以考虑将个税的申报与一些商品的退税结合起来，如不主动如实申报的纳税人将不能享受商品退税等。

（4）进一步完善第三方涉税信息提供制度。提高我国的个人所得税征管效率，最重要的还是要扩大我国涉税信息共享的"朋友圈"。在个人所得税改革的大背景下，专项附加扣除政策也对税务部门提出了全新的挑战，住房、租房、大病医疗、子女教育、赡养老人等信息也急需披露，同时一些行业组织、第三方中介机构等也掌握了许多第三方信息。此外，税务代理机构、会计师事务所在不侵害纳税人的隐私条件下也可纳入考虑范围。我国第三方涉税信息的来源、主要内容和用途如表3-9所示。

表3-9　我国第三方涉税信息的来源、主要内容、用途

信息来源部门	信息的主要内容	信息的用途
国税与地税机关之间	纳税人户籍数据、货运发票数据、税收违法查出数据以及各种税收收入数据	通过纳税户数、计税依据、税款抵扣、税收违法等方面对比发现本部门的征管漏洞
工商行政管理部门	企业或者个体工商户设立、变更、注销登记、年检、股权登记等情况	用于比对清理漏征漏管户，加强税务登记户籍管理和税源监控
统计、计划等经济综合管理部门	月度、季度经济指标，经济普查信息	对比分析行业总体指标与纳税人之间的差异等
海关	企业进出口货物和服务信息、企业享受的税收优惠政策情况	用于一般税款核查（主要是出口退税）、促进鼓励类商品出口、减少限制类商品出口等
民政局	提供民办非企业单位和社团信息	与税务登记的情况进行比对，查找漏户
公安局	公民信息、车辆注册登记及注销信息	用于纳税人身份的识别、车辆购置税税源监控和税务稽查等

续表

信息来源部门	信息的主要内容	信息的用途
土地、房产、车船管理部门	纳税人动产和不动产方面的交易信息	发现财产交易领域的涉税信息
证券	纳税人的资本利得和损失情况	核定资本利得税的征收
供电、水务单位	提供电力、自来水销售信息	用于评估纳税人增值税申报的真实性
第三方支付平台	交易量、交易金额的信息报告	核实往来交易的真实性
保险公司	提供车辆事故理赔信息	用于对汽修行业增值税进行监控
其他部门	提供与纳税人有关的相关信息	为纳税评估提供参考

资料来源：根据国家税务总局相关公告整理。

3. 升级信息共享系统，打造一体化服务

税款征收和纳税人监管是升级信息共享系统的两个切入点，而增强政府部门间的合作交流信息共享则是税收征管的重中之重，力求实现税务局、市场监督管理局、银行等部门的信息实时共享，以便各地税务机关及时掌握纳税人的动态信息，切实降低纳税人的申报成本和税务机关的征管成本。在纳税人监管方面，可以将纳税人的纳税行为信息和其纳税信用绑定，应该让每个纳税人有单一的纳税识别号，在系统中输入纳税人识别号，便能迅捷便利地查询出其所有涉税信息。社会信用体系建设为纳税信用系统建设提供了一个很好的思路，开始时设定每个人的信用值是相同的，之后根据纳税人的行为改变信用值的大小：增加遵守税法税制、积极缴纳税款的纳税人的信用值，减少违反税法、不配合缴纳税款的纳税人的信用值。信用值越高的纳税人，在银行贷款、出行便利等方面均可享受到优先待遇，从而促使纳税人积极主动纳税尤其是诚信纳税，使依法诚信纳税在社会上蔚然成风。

4. 完善汇算清缴的相关规定

（1）降低个税申报频率。新个人所得税法规定，没有扣缴义务人的纳税人需要按月申报个人所得税。但是从现实情况来看，这种做法不是必要的，而且在现有的征管能力下，过于频繁的申报会极大地消耗税务机关的征管力量。因为在国地税合并后，税务机关总体的业务量增多了，税务人员却没有相应地增多。因此，笔者建议降低个人所得税的申报频率。以美

国为例，美国的个税实行按季申报，预缴税款，在整个纳税年度结束后根据其一年的总收入进行汇总申报。我国可以参考美国税务机关的做法，对于没有扣缴义务人的纳税人，将每月自行申报改为每季度自行申报，那么申报次数就从一年12次降低到一年4次，这样不仅可以有效地减轻税务人员个税征管的工作量，也会减轻纳税人纳税申报的负担。

（2）优化汇算清缴和申报退税流程。建立起简洁规范的汇算清缴和退税申报制度，有利于增强纳税人的申报积极性、减轻税务机关的工作量。因此，要简化汇算清缴手续，减少退税审批流程，降低纳税人的退税难度，提高汇算清缴的执行效率。由于税务部门与国库管理部门之间数据交接不畅，现行退税制度有待进一步完善。笔者建议，在推动部门间信息共享机制建设的基础上，可以尝试采用纳税人汇算清缴后上报相关数据，在系统审核后直接进行退税的方法，以解决上述问题。

参考文献

［1］白卿．以家庭为单位征收个人所得税改革研究［D］．北京：中国社会科学院研究生院，2016.

［2］黄燕飞．美国个人所得税主要特征及对中国的启示［J］．财政科学，2018（12）：138-146.

［3］高培勇．个人所得税迈出走向综合与分类相结合的脚步［M］．北京：中国财政经济出版社，2011.

［4］江镓伊．借鉴国际经验完善我国个人所得税纳税申报制度［J］．经济研究导刊，2010（29）：80-82.

［5］林瑶．美国税改后税制与我国税制的比较及启示：基于所得税角度［J］．金融纵横，2018（9）：95-100.

［6］马君，詹卉．美国个人所得税课税单位的演变及其对我国的启示［J］．税务研究，2010（1）：94-97.

［7］石坚．中国个人所得税混合模式研究［M］．北京：中国财政经济出版社，2012.

［8］史祖峰．综合分类个人所得税模式下的国际观察与制度设计［D］．蚌埠：安徽财经大学，2018.

［9］杨志勇．个税改革的前世今生［J］．中国税务，2019（1）：18-23.

［10］张红菊．二战后美国联邦个人所得税制度演变的特点及影响［J］．当代世界，2018（12）：52-55.

［11］郑幼锋．美国联邦所得税变迁研究［M］．北京：中国财政经济出版社，2006.

［12］郑舒琪．基于分类综合制的个人所得税制改革研究［D］．北京：北京邮电大学，2018.

[13] 姬晨曲. 新个人所得税专项扣除问题解析 [J]. 纳税, 2019, 13 (15)：40.

[14] 段晓峰. 基于税收公平原则视角下对我国个人所得税的探讨 [J]. 中国管理信息化, 2019, 22 (11)：121-122.

[15] 曹海娟. 对当前个人所得税改革的评析 [J]. 湖北理工学院学报（人文社会科学版），2019, 36 (3)：31-34.

[16] 郭亚楠，张楠. 大数据时代个人所得税管理新挑战 [J]. 商讯, 2019 (8)：128+130.

[17] 吴惠萍. 我国个人所得税收入的实现情况及结构特征分析 [J]. 发展研究, 2018 (5)：56-64.

[18] 桑润华. 个人所得税综合与分类相结合税制改革研究 [D]. 上海：上海海关学院, 2018.

[19] 黄振. 改革背景下的个人所得税征管问题和对策研究 [D]. 郑州：郑州大学, 2019.

[20] 刘馨. 现代信息技术在个人所得税征管中的应用 [D]. 上海：上海海关学院, 2018.

[21] 龚呈雪. 试论我国个人所得税制度改革 [J]. 纳税, 2020, 14 (7)：22-23.

[22] 程晓丹. 个人所得税汇算研究 [J]. 商讯, 2020 (7)：186, 188.

[23] 董佩佩. 个人所得税混合征收模式下纳税服务问题研究 [J]. 中国市场, 2020 (8)：142-143.

[24] 郭钰. 我国个人所得税法费用扣除标准中的不足与优化 [J]. 中国市场, 2020 (8)：146, 154.

[25] 李凌，张巍，刘燕花. 我国个人所得税税负累进机制创新：对英国综合与分类相结合模式的借鉴 [J]. 财会月刊, 2020 (6)：139-143.

[26] 于小越. 关于强化我国个人所得税收入再分配功能的研究 [J]. 中国商论, 2020 (6)：68-69.

[27] 刘义美，闫淑荣. 新个人所得税纳税筹划研究 [J]. 中国市场, 2020 (7)：144-145.

[28] 邱冰冰. 个人所得税改革对调节收入差距的影响及对策探讨 [J]. 纳税, 2020, 14 (7)：15, 17.

课题四：税务司法案例研究

李晓民　郑学步①

【摘要】涉税审判实务主要分为两类，一类是"民告官"，即涉及行政诉讼类的；另一类是"官告民"，即刑事诉讼类的。两类案件在司法审判实践中的比例不高，但随着经济的高速发展以及税务体制改革，近年来全国涉税案件的数量上升趋势明显。本文将结合实践审判经验，分析涉税案件的处理过程，以及在这个过程中值得思考的一些问题。北京市西城区是国家税务总局所在地，西城区人民法院在涉税案件的处理上经验丰富，本文也主要以西城区人民法院的税务案件为例，展开讨论。

【关键词】税务司法；行政诉讼；量能课税

一、"德发案"

（一）案件影响

"德发案"是 2017 年《行政诉讼法》修改后，最高人民法院公开开庭审理的第一起行政案件，也是第一起税务案件，同时也是 2017 年最高人民法院发布的行政审判十大典型案例之一，当时引起了税务领域和法学领域的广泛关注。

（二）案情回顾

2004 年广州德发房产建设有限公司（以下简称"德发公司"）因银行 1.3 亿港元的到期债务无力偿还，遂决定委托广州穗和拍卖行有限公司

---

① 李晓民，中国政法大学法学博士，中国社会科学院法学研究所博士后，英国伦敦政治经济学院法律系高级访问学者；郑学步，首都经济贸易大学财政学在读博士。

（以下简称"拍卖行"），将德发公司所有的、位于广州市人民中路555号、估值约为5.3亿港元的"美国银行中心"的房产进行拍卖，以清偿银行债务。同年12月2日，拍卖行在《信息时报》C16版刊登拍卖公告，公布将于2004年12月9日举行拍卖会。依据拍卖委托合同的约定，该处房产拍卖底价为1.3亿港元，竞投者在拍卖前须先将拍卖保证金6 800万港元转到德发公司的指定账户。在拍卖公告期间内，仅有盛丰实业有限公司符合拍卖公告要求，遂成为本次拍卖的唯一竞买人。应当引起注意的是，该竞买人的法人代表与德发公司的法人代表曾是夫妻关系，且在拍卖公告期间内，该竞买人私下与拍卖行接触，获悉了该房产的拍卖底价。2004年12月9日，盛丰实业有限公司以底价1.3亿港元成功竞买了上述标的物的部分房产。之后，德发公司按1.382 55亿元的拍卖成交价格，先后向税务部门申报缴付了营业税691.275万元及堤围防护费12.442万元。2006年广州市地方税务局第一稽查局（以下简称"广州地税稽查一局"）认为上述拍卖交易存在瑕疵，在调查2003—2005年的周边房价后，认为该拍卖成交价格明显低于市场价格，因此，应当认定德发公司申报的计税依据属于《税收征管法》第三十五条中明显偏低且无正当理由的情形，重新核定德发公司该次拍卖的计税价格应为3.116 7亿元，并以此为基础重新核定了德发公司应缴纳的营业税及堤围防护费，要求德发公司补缴税款及滞纳税金共计1 000余万元。德发公司对广州地税稽查一局做出的税务处理决定不服，向广州市地方税务局申请行政复议。2010年2月8日，广州市地方税务局做出的行政复议维持了广州地税稽查一局的处理决定。德发公司不服复议决定，遂向法院提起行政诉讼，经过广州市天河区人民法院一审、广州市中级人民法院二审、广东省高级人民法院再审后，三级法院都驳回了德发公司的诉讼请求。但是德发公司仍然不服，向最高人民法院申请再审。2014年12月25日最高人民法院决定提审此案，并于2017年4月7日做出再审判决。最高人民法院的再审判决包括三个方面的内容：一是撤销广州地税稽查一局做出的对德发公司加收滞纳金的决定；二是责令广州地税稽查一局在本判决生效之日起30日内返还已经征收的滞纳金，并按照同期中国人民银行公布的一年期人民币整存整取定期存款基准利率支付相应利息；三是驳回德发公司的其他诉讼请求。

（三）案情分析

本案中，一个主要的争议焦点即广州地税稽查一局对德发公司重新核定应纳税额后补征税款，并做出加收滞纳金的处理决定是否合法。换言之，核定征税后，德发公司应当补缴的税款，是否为《税收征管法》第三十二条所规定的"未按规定期限缴纳"的税款。德发公司认为，税务机关也应依照《税收征管法》第五十二条的规定行使职权，除法定的特殊情形外，税务机关追征税款和滞纳金，都需受到三年追征期限的限制。即使德发公司存在"申报的计税依据明显偏低"且"无正当理由"的情形，但早已超过了法定的追征时限，因此，广州地税稽查一局无权对其加收滞纳金。而广州地税稽查一局认为，德发公司以其自认为合理的价格进行纳税申报，便应当对其未能如实、依法纳税申报的行为承担法律责任，在德发公司存在主观过错而导致其少缴营业税税款给国家财政利益造成损失的情形下，其做出的税务处理决定并无不妥。一审法院认为，德发公司申报的计税依据明显偏低，广州地税稽查一局作为税务行政管理机关，依其职权重新核定德发公司的应纳税额并无不当。并且，德发公司迟延缴纳税款行为给国家财政利益造成了损失，广州地税稽查一局做出加收滞纳金的处理决定并未侵犯德发公司的合法权益。因此，一审法院判决驳回德发公司的诉讼请求。德发公司不服，向广州市中级人民法院提起上诉。二审法院审理后认为应当对德发公司加收税款滞纳金，维持了一审原判。德发公司不服，向广东省高级人民法院申请再审，但其诉讼请求被广东高院依法驳回。德发公司转而向最高人民法院申请再审。最高人民法院经审理认定，德发公司无须缴纳滞纳金。本案中的广州地税稽查一局有权核定并追缴税款，与其是否有正当理由向德发公司加收滞纳金属于两个完全不同的问题。《税收征管法》第三十二条以及第五十二条第二款、第三款明确规定了加收税款滞纳金应符合以下三类情形之一：①纳税人逾期缴纳应缴税款；②纳税人自身存在计算错误等过失行为；③纳税人故意偷税、抗税、骗税的。然而德发公司并不满足上述追征滞纳金的任一特定条件。首先，德发公司在出售房产后积极履行了纳税申报义务而取得完税凭证；其次，德发公司在申报过程中并不存在计算错误等主观过失；最后，广州地税稽查一局经过税务稽查仍未发现德发公司存在偷税、骗税、抗税等消极纳税的情形。按此逻辑，德发公司不符合法定的需要缴纳税款滞纳金的任一情形。因此，广州地税稽查一局责令德发公司补缴税款滞纳金的决定显然属于认定事实不清且无法律依据。另外，最高人民法院驳回了德发公司的其他诉讼请求，也就是认可了广州地税稽查一局的税收核定权。

最高人民法院的判决生效后，"一石激起千层浪"，社会反响强烈，公众争议的两个焦点是广州地税稽查一局的税收核定权是否合法以及"税收滞纳金"的认定问题。

1. 税收核定权的认定及法律框架

目前学界对于税收核定的概念及其范围的认识并不一致，尤其是关于税收核定与推定课税、纳税评估和税务调查之间的关系尚未完全厘清。税收核定有哪些类型，说法不一。结合国内外税收立法与税收实践看，通常认为，税收核定包括预先核定、简易核定、欠税核定以及预险核定等类型。从客观问题定位出发，本文对税收核定的认定仅以《税收征管法》第三十五条的规定为中心展开。根据一般的理解，税收核定权是法律赋予税务机关在法定情形下对应纳税额进行确定的权力。税收核定权的出现，导致特定情形确定课征数量即应纳税额的权力，由税务机关依照法律规定，按照法定调查程序做出专业认定。

作为行政裁量的一种具体表现形式，税收核定具有独立的特征，表现为税收核定应当受到税法基本原则的制约。税收核定的权力行使在法律条件满足及其法律后果方面，都应当接受税法基本原则的考验。首先，税收核定应当符合税收法定原则。概言之，税收核定最为明显的表现就是其与税收法定原则之间的关系。税收法定原则要求课税要素法定，其结果必然是应纳税额的法定化。也就是说，纳税人应承担的纳税义务是基于法律规定的应税事实，而非税务机关的认定产生。这里所体现的是课税权的法律保留。但是，这并不能排除在特定情况下法律所规定的应税事实无法真实准确地表征税收构成要件，从而法律必须给税务机关留下必要的决断空间。基于这种原因，有些学者把税收核定理解为一种推定课税，而非法定课税。同时指出，立法粗陋导致推定课税制度带有极大的任意性、不确定性和不可预期性，造成许多负面影响，这种负面影响并非完全来自税收核定或推定课税制度本身，而是由于我们没有通过法治方式对其进行必要的约束。简言之，问题在于缺乏对税收核定权这种税收行政裁量权的法律控制。裁量过程法律控制的不完备，并不能掩盖税收核定实际是税收法定原则这一最高税收法治原则下的行政裁量这一实质。其次，税收核定应当符合税收公平原则。对税收公平的一般理解是，税收公平指纳税人之间在税收负担上的平等，即纳税能力强者多纳税，纳税能力弱者少纳税，无纳税能力者不纳税。需要注意的是，税收公平不仅包括纳税人之间的公平，同时还包括纳税人与国家之间的公平。后者在税收核定的场合表现得尤为明显。由于应税事实的不明确存在不可归责于纳税人的可能性，税务机关在核定应纳税额时不能完全从国家立场出发对纳税人实施具有责难性的课税，而须兼顾和平衡国家征税权与纳税人财产权。有学者提出，税收实践中税务机关为达到特定的征税目标，基于预先假设而对特定或不特定纳税人进行检查和稽查，此种所谓"税捐稽征经济"考虑的行为是否违反了税收法定主义和法治精神，是学界关注的一个焦点问题。因此，税务机关在税收执法和处理具体案件中应当保护纳税人的诚实推定权，即税务机关不得在没有证据的前提下进行在先推定，同时在税收司法中承担更多的举证责任。税收核定权的行使只有符合上述原则的要求才有可能做到正当合理，进而满足对行政裁量进行法律控制的基本要求。因此，税收核定应当是在遵循税收公平原则前提下的行政裁量过程。

"德发案"所引发的争议，从表面上看似乎是关于"纳税人申报的计税依据明显偏低，又无正当理由"的法律解释问题，其实背后所隐含的是纳税人对税务机关行使税收核定权不受法律控制的质疑。应当承认，最高人民法院的再审判决已经表现出在现行税法规范下维护纳税人财产权的努力，但仍应思考的是，如何在法律的框架下规范、有序地行使税收核定权。

2. "税收滞纳金"的认定

《税收征管法》第三十二条作为税收滞纳金制度的基本条款，对纳税人、扣缴义务人缴纳滞纳金只规定了一个前提条件，即纳税人、扣缴义务人"未按照规定期限缴纳税款"。换言之，纳税人、扣缴义务人只要在客观上未按照规定期限缴纳税款，就必须缴纳滞纳金，而不论其主观上是否存在故意或者过失。《税收征管法》第五十二条对纳税人缴纳滞纳金增加了主观前提条件，并区分了三种情形，进而相应规定了追征期：因税务机关责任导致的，不加收滞纳金，税款追征期三年；因纳税人、扣缴义务人计算错误等失误导致的，加收滞纳金，税款追征期三年，特殊情况下延长到五年；偷税、抗税、骗税的，加收滞纳金，且追征期不受期限限制。因此，《税收征管法》第五十二条实际上是在《税收征管法》第三十二条规定的基础上，对税收滞纳金的征收增设了纳税人和扣缴义务人的主观前提条件，即纳税人、扣缴义务人必须存在故意或者过失，否则不得加收滞纳金。《税收征管法》第三十二条和第五十二条关于税收滞纳金适用条件在内容上的矛盾，带来了以下问题：首先，法律体系的逻辑性和严密性受到侵害。作为我国税收征收管理的基本法，《税收征管法》的逻辑性和严密性不仅是税收执法的重要基础，还体现了立法精神和价值追求。在同一部法律中，在规定税收滞纳金制度的基本条文之外，再由一条规定追征期的条文对税收滞纳金的适用条件进行限定和补充，不仅不符合法律条文精简明确的要求，在内容上也容易产生矛盾和漏洞。其次，给税务人员造成执法困难。《税收征管法》第三十二条和第五十二条对纳税人和扣缴义务人主观前提条件要求不同，实际上产生了漏洞，即如果纳税人、扣缴义务人既无故意或过失，又不属于税务机关责任，是否应当征收滞纳金？本案恰恰就是这种情形。在本案中，由于房产的成交价格是经过拍卖行为产生的，广州地税稽查一局未能证明德发公司在此过程中存在故意或者过失，税务机关自身也不存在致使纳税人未缴、少缴税款的责任，但一人竞拍行为和以拍卖底价成交，最终的确产生了拍卖成交价格与市场交易价格相比明显偏低的问题。在这种情况下，对德发公司是否应当征收滞纳金就产生了争议。最后，在司法审判中加重税务机关的举证负担，增加了诉讼风险。按照《税收征管法》第三十二条之规定，在行政诉讼中，税务机关只要举证证明纳税人、扣缴义务人未按照规定期限缴纳税款即可，不需要证明其存在主观上的故意或者过失。而《税收征管法》第五十二条增加了纳税人和扣缴义务人的主观前提，因此税务机关进行举证时，除了要证明纳税人、扣缴义务人未按规定期限缴纳税款，还需证明其存在主观上的故意或者过失。如果对此不能证明，税务机关就要承担败诉的不利后果。实践中，随着市场经济的发展和交易手段的多样化、复杂化，交易主体以合法形式掩盖非法目的的情况并不少见，纳税人和扣缴义务人是否存在主观上的故意或过失，很多情况下难以证明，或者进行证明需要付出巨大的时间、金钱成本，这无疑加重了税务机关的举证负担和诉讼风险。本案中，在拍卖过程中，出现一人竞拍和以底价成交的情况，最终成交价格较市场价格明显偏低，的确让人对此次拍卖的公平性、合法性产生怀疑，但合理怀疑并不足以证明德发公司具有《税收征管法》第五十二条规定的故意或者过失，或者存在偷税、抗税、骗税情形，因此最高人民法院认定本案不符合加收滞纳金的法定情形，广州地税稽查一局在这一争议点上就承担了败诉的不利后果。

检讨我国现行的税款滞纳金法律规定可知，税款滞纳金的主要目的在于督促纳税人及时缴纳税款，确保税款及时入库，平衡纳税人之间的税收负担，防止消极纳税人从其滞纳行为中获取税款迟延利益。加收滞纳金实际上是对迟延缴纳税款的消极纳税人课以法律责任的一种强制手段，将税款滞纳金定性为针对纳税人的滞纳行为而产生的一种滞纳责任，通过课以滞纳金这一间接强制方法敦促纳税人积极履行纳税义务，更符合我国税款滞纳金制度的立法原意。就德发案而言，在没有证据证明德发公司符合《税收征管法》第五十二条第二、三款规定的追征滞纳金法定情形的情况下，判决德发公司无须承担滞纳金具有合理性。

二、"儿童投资主基金诉杭州市西湖区国家税务局税务征收案"

（一）案情影响

2017年6月13日，最高人民法院公布了第一批行政审判十大典型案例，其中包括一起典型的非居民企业间接转让股权税案，即儿童投资主基金诉杭州市西湖区国家税务局税务征收案。该案自再审裁定判决公布后吸引了众多业内人士的关注。2016年9月8日，最高人民法院敲响法槌，宣布儿童投资主基金败诉。这起历时5年，先后历经行政复议、一审行政判决、二审行政判决和再审裁定的税案终于尘埃落定。最高人民法院在该案再审裁定中称："本案事关税收法律法规和政策的把握，事关如何看待中华人民共和国税务机关处理类似问题的基本规则和标准，事关中国政府涉外经贸管理声誉和外国公司与中国公司合法权益的平等保护。"

（二）案情回顾

杭州国益路桥经营管理有限公司（以下简称"杭州国益路桥公司"）系合资企业，成立之初股东为香港国汇有限公司（以下简称"香港国汇公司"）（持股比例为95%）和浙江国叶实业发展有限公司（持股比例为5%），后境内企业股东变更为广东新川有限公司（持股比例为5%）。香港国汇公司注册地位于香港，系香港居民企业。香港国汇公司是Chinese Future Corporation（以下简称"CFC公司"）的全资子公司。CFC公司注册地位于开曼群岛。本案当事人儿童投资主基金（The Children's Investment Master Fund，以下简称"TCI"）注册于开曼群岛，持有CFC公司26.32%的股权。注册于开曼群岛的Wide Faith Group Limited（以下简称"WFG公司"）持有CFC公司73.68%的股权。新世界发展有限公司（以下简称"新世界公司"）注册地位于香港，是在香港联合交易所挂牌的上市公司，Moscan Developments Limited（以下简称"MDL公司"）是新世界公司的全资子公司，注册地位于开曼群岛。2011年9月9日，TCI与MDL公司签署股权转让协议，约定由MDL公司收购TCI所持有的CFC公司26.32%的股权。杭州市西湖区国家税务局（以下简称"西湖国税"）接到TCI通过美国某国际律师事务所发来的律师函件，询问 MDL 公司收购 TCI 所持有的 CFC 公司 26.32% 的股权是否需要在中国境内完税。西湖国税经过调查及多轮研讨后，按照规定程序层报国家税务总局。2013 年 11 月，国家税务总局批复，同意对 TCI 等境外投资者间接转让杭州国益路桥公司股权的行为征税。西湖国税分别向 TCI 下发了《税务事项通知书》，并告知纳税人行政复议和诉讼的权利。TCI 按照当日汇率向税务机关缴纳了相应的税款，共计 1.05 亿元。2014 年 1 月，TCI 委托律师向杭州市国家税务局提请行政复议。2014 年 5 月，TCI 又向杭州市西湖区人民法院提出了行政诉讼。2014 年 9 月，西湖区人民法院开庭审理了此案，法院未当庭做出判决。后由于该案件涉外且涉及金额巨大，杭州市中级人民法院提审了该案件。2015 年 3 月，杭州市中级人民法院开庭审理，后作出一审判决，判定西湖国税作出的行政行为认定事实清楚，适用法律正确。2015 年 8 月，TCI 又向浙江省高级人民法院提起了二审上诉。2015 年 12 月，浙江省高级人民法院开庭审理了该案件，同月驳回上诉，维持原判。终审后，TCI 仍未放弃，于 2016 年向最高人民法院申请再审，同年最高人民法院支持浙江省高级人民法院的意见，驳回 TCI 的再审申请。

（三）案情分析

根据案情回顾，几家公司的股权交易架构如图 4-1 所示。

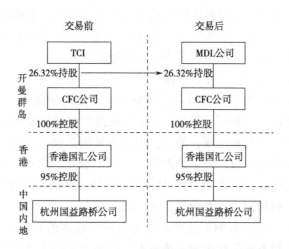

图 4-1　TCI 间接转让杭州国益路桥公司股权前后的股权架构

由图 4-1 可知，TCI 直接转让 CFC 公司股权的同时也将其间接持有的杭州国益路桥公司股权转让给了 MDL 公司，即 TCI 间接转让了杭州国益路桥公司股权。这引起了我国税务机关的注意。国家税务总局批复指示，认为 TCI 间接转让杭州国益路桥公司股权的交易不具有合理商业目的。杭州西湖国税局结合相关文件及国家税务总局批复否定了该股权交易架构中 CFC 公司和香港国汇公司的存在，对 TCI 下发《税务事项通知书》，要求 TCI 就其股权转让所得缴纳企业所得税。TCI 对杭州西湖国税局的做法持有异议，向杭州市国税局提起行政复议。杭州市国税局维持了原做法。TCI 不服，并继续向浙江省杭州市中级人民法院、浙江省高级人民法院提起诉讼。诉讼结果均为 TCI 败诉。TCI 向最高人民法院提出再审申请，于 2016 年 9 月 8 日被最高人民法院驳回。

在 TCI 案中，税企双方围绕中间控股公司香港国汇公司、CFC 公司是否从事实际经营活动，TCI 间接转让股权的行为是否具有合理商业目的进行了激烈的争论。根据有关文件规定，当涉案交易涉及"通过滥用组织形式等安排间接转让中国居民企业股权，且不具有合理的商业目的"时，税务机关将根据实质重于形式原则对涉案交易进行重新定性。在该税案中，国家税务总局认定的三项事实成为税务机关判定 TCI 间接转让杭州国益路桥公司股权的交易不具有合理商业目的从而应该就其转让所得向我国纳税的依据。这三项事实分别为"一是境外被转让的 CFC 公司和香港国汇公司仅在避税地或低税率地区注册，不从事制造、经销、管理等实质性经营活动；二是股权转让价主要取决于对中国居民企业杭州国益路桥公司的估值；三是股权受让方对外披露收购的实际标的为杭州国益路桥公司股权"。而税务机关基于上述三项事实判定涉案交易是否具有合理商业目的的做法是否科学合理，也成为该案最具有争议的地方。

TCI 认为涉案交易具有合理商业目的的理由如下：第一，CFC 公司和香港国汇公司均从事债券发行、股权管理和房地产投资等实质经营业务，而非可以穿透的导管公司；第二，TCI 间接持股杭州国益路桥公司股权的架构是受我国法律政策所限；第三，由于香港国汇公司直接转让杭州国益路桥公司股权受到小股东公司的限制，且 CFC 公司的资产已全部质押，亦无法进行股权转让，因此 TCI 通过转让 CFC 公司股权从而间接转让杭州国益路桥公司股权的做法具有合理商业目的。

最高人民法院认为 TCI 提交的相关资料和陈述的理由证明力度不强，不能推翻国家税务机关认定的三项事实，认为"这些事实既是再审被申请人做出本案被诉《税务事项通知书》综合考量的基础，也是杭州市国税局做出复议决定和原审法院做出生效判决的基础"。因此，最高人民法院驳回 TCI 的再审申请，维持原判。

经比较可知，TCI 和税务机关从不同角度出发去判定同一涉案交易是否具有合理商业目的，结果双方得出了相反的结论。TCI 在证明涉案交易具有合理商业目的时主要着力于交易发生时点受到的法律政策及商业规则的限制，而税务机关则主要通过考察"涉案公司的注册地点、股权转让的具体数额与方式、股权收购的实际标的、转让所得的实际来源、转让价格的决定因素以及股权交易的动机与目的"这几点以判定涉案交易是否具有合理商业目的。

当前我国税收政策对合理商业目的的判定方法可总结为主观因素加客观因素，并对客观因素赋予较高权重。如果企业想要通过主观因素证明其具有合理商业目的，则应该提供强有力的主观性证据。这也是 TCI 败诉的根本原因。

合理商业目的原则和实质重于形式原则作为一般反避税常用的两个原则，其法律效力和地位有所不同。总的来说，合理商业目的原则作为上位法的规定，是其他一般反避税原则的基础，其他反避税条款均应统一于合理商业目的原则。合理商业目的原则于 2008 年被纳入《企业所得税法》第六章特别纳税调整条款，成为法律规定；而实质重于形式原则则仅作为部门规章出现在由国家税务总局制定的 2 号文件、698 号文件和 7 号公告中。因此，在现行反避税规定下，合理商业目的原则高于实质重于形式原则。这意味着，如果一项交易安排即使其经济实质与其法律形式不符，但具有合理商业目的，税务机关不能根据一般反避税政策中实质重于形式原则对其进行重新调整。为此，我国税法对非居民企业间接转让我国居民企业股权不具有合理商业目的的行为的征收管理进行了明确。《企业所得税法》第四十七条规定："企业实施其他不具有合理商业目的的安排而减少其应纳税收入或者所得额的，税务机关有权按照合理方法调整。"《企业所得税法实施条例》第一百二十条规定："企业所得税法第四十七条所称不具有合理商业目的，是指以减少、免除或者推迟缴纳税款为主要目的。"在"TCI—CFC—香港国汇公司—杭州国益路桥公司"的持股链中，CFC 公司和香港国汇公司均没有经济实质，境外被转让的 CFC 公司和香港国汇公司仅在避税地或低税率地区注册；股权转让价主要取决于对杭州国益路桥公司的估值；股权受让方对外披露收购的实际标的是杭州国益路桥公司股权。交易架构设置明显属于"滥用组织形式"。如果 TCI 直接转让杭州国益路桥公司，则初步测算该交易将会产生约 1 732 万美元的中国企业所得税税款。因此，该安排又是以减少、免除缴纳税款为主要目的，因而不具有合理商业目的。在 TCI 税案中，税务机关往往会通过涉案交易的客观经济事实去判定涉案交易是否适用一般反避税，而对纳税人的商业目的则缺少关注，这也是未来调整的方向。

另外，在我国发生的反避税案件中，我国司法机关表现出的反避税能力较弱，较少对一般反避税条款进行司法解释，更多地依赖税务机关做出的行政判决。在我国呈现出行政主导反避税模式的状况。在 TCI 税案中，法院几乎未对一般反避税条款进行司法解释。中级人民法院在阐述相关一般反避税条款后，认同税务机关认定的三项事实，随后就判定税务机关胜诉。二审中，法院在进一步查明相关事实后判定涉案股权转让的所得实际来源于我国境内。之所以形成这种行政主导反避税的局面，一方面是由于我国司法机关的经费由财政负担，所以在财政上受行政机关制约，另一方面是由于司法体系内缺乏具有专业财税知识的办案人员。因此，司法机关在处理反避税案件时相较于税务机关处于弱势地位，在对一般反避税条款的解释方面过于依赖税务机关。为避免税务机关滥用自由裁量权，需要在细化一般反避税条款的同时加强对税收征管的司法约束。

目前我国对于非居民企业间接转让中国居民企业所得征收所得税的法律依据是《企业所得税法》及其实施条例，但《企业所得税法》及其实施条例并未对我国对非居民企业间接转让中国居民企业所得拥有征税权予以明确。税务机关执行的可操作性的依据是国税函〔2009〕698 号文件、《国家税务总局关于非居民企业间接转让财产企业所得税若干问题的公告》（国家税务总局公告 2015 年第 7 号）等。尽管国家税务总局公告 2015 年第 7 号进一步完善了如何征收间接股权转让企业所得税的相关规定，但作为税务机关的规范性文件，仍然无法改变目前非居民企业间接转让股权反避税规则效力层次较低的现状。司法机关在进行行政诉讼案件的审判时依据的应当是法律规定而不是规范性文件。因此，建议在修订《企业所得税法》时予以考虑，将我国拥有对非居民企业间接转让中国居民企业所得的征税权以法律形式确定下来，使得税务机关与纳税主体之间的权利义务关系更加明确。

三、"范冰冰税案"

（一）案件影响

范冰冰是中国娱乐业极具代表性的人物，其涉嫌逃税的事件被各大媒体曝光后，一时间舆论哗然，引发了普通群众对公众人物的逃税行为的愤慨和舆论讨伐。由此引发的连锁反应，也给娱乐圈一众明星们敲响了警钟。根据我国国情，娱乐明星的收入是普通老百姓望尘莫及的，拥有这样的巨额收入依然进行逃税，会引发公众的仇富心理，进而对国家的治理能力产生怀疑，因此也对税收征管和法制规范提出了新要求。

（二）案情回顾

2018 年 6 月，群众举报范冰冰"阴阳合同"涉税问题后，国家税务总局高度重视，责成江苏省地税机关依法开展调查核实。经核查，查清如下事实：范冰冰在电影《大轰炸》剧组拍摄期间实际取得片酬 3 000 万元，其中 1 000 万元已经申报纳税，其余 2 000 万元以拆分合同方式偷逃个人所得税 618 万元，少缴营业税及附加 112 万元，合计 730 万元。此外，还查出范冰冰及其担任法定代表人的企业少缴税款 2.48 亿元，其中偷逃税款 1.41 亿元。

对于上述违法行为，江苏省税务局依法对范冰冰及其担任法定代表人的企业追缴税款 2.55 亿元，加收滞纳金 0.33 亿元；依据《税收征管法》第六十三条的规定，对其采取拆分合同手段隐瞒真实收入偷逃税款处 4 倍罚款计 2.4 亿元，对其利用工作室账户隐匿个人报酬的真实性质偷逃税款处 3 倍罚款计 2.39 亿元；对其担任法定代表人的企业少计收入偷逃税款处 1 倍罚款计 94.6 万元；依据《税收征管法》第六十九条和《税收征管法实施细则》第九十三条的规定，对其担任法定代表人的两户企业未代扣代缴个人所得税和非法提供便利协助少缴税款各处 0.5 倍罚款，分别计 0.51 亿元、0.65 亿元。依据《行政处罚法》第四十二条以及《江苏省行政处罚听证程序规则》相关规定，2018 年 9 月 26 日江苏省税务局依法向范冰冰下达《税务行政处罚事项告知书》，对此范冰冰未提出听证申请。9 月 30日，江苏省税务局依法向范冰冰正式下达《税务处理决定书》和《税务行政处罚决定书》，要求其将追缴的税款、滞纳金、罚款在收到上述处理处罚决定后于规定期限内缴清。

依据《中华人民共和国刑法》第二百零一条的规定，由于范冰冰及其公司属于首次被税务机关按偷税予以行政处罚且此前未因逃避缴纳税款受过刑事处罚，上述定性为偷税的税款、滞纳金、罚款在税务机关下达追缴通知后在规定期限内缴纳的，依法不予追究刑事责任。超过规定期限不缴纳税款和滞纳金、不接受行政处罚的，税务机关将依法移送公安机关处理。

经查，2018年6月，在税务机关对范冰冰及其经纪人牟某广所控制的相关公司展开调查期间，牟某广指使公司员工隐匿、故意销毁涉案公司会计凭证、会计账簿，阻挠税务机关依法调查，涉嫌犯罪。

国家税务总局已责成江苏省税务局对原无锡市地方税务局、原无锡市地方税务局第六分局等主管税务机关的有关负责人和相关责任人员依法依规进行问责。同时，国家税务总局已部署开展规范影视行业税收秩序工作。对在2018年12月31日前自查自纠并到主管税务机关补缴税款的影视企业及其相关从业人员，免予行政处罚，不予罚款；对个别拒不纠正的，依法严肃处理；对出现严重偷逃税行为且未依法履职的地区税务机关负责人及相关人员，将根据不同情形依法依规严肃问责或追究法律责任。

2018年10月3日中午，范冰冰就逃税事件发布道歉信：对税务机关调查后依法作出的一系列处罚决定，完全接受。将按照税务部门的最终处罚决定，补缴税款并缴纳罚款。之后，范冰冰主动到税务部门办理相关事宜，连补税、滞纳金和罚款共计缴纳8.84亿元。免予追究刑事责任。消息一出，全国哗然，很多人不理解为什么逃税金额如此巨大还能够免予追究刑事责任。这让人又回忆起很多年以前的影视界"一姐"刘晓庆涉税案件。

2002年7月24日，刘晓庆因涉嫌偷税漏税，经北京市人民检察院第二分院批准被依法逮捕。经税务机关调查认定，刘晓庆及其所办的北京晓庆文化艺术有限责任公司和北京刘晓庆实业发展有限公司，自1996年以来，采取不列、少列收入，多列支出，虚假申报，通知申报而拒不申报等手段，偷税1 458.3万元，加上滞纳金573.4万元，刘晓庆的案件涉案金额2 000多万元。

刘晓庆公司的账号被查封，银行的存款全部被冻结，刘晓庆被羁押422天。2004年5月10日，北京市朝阳区人民检察院做出《不起诉决定书》，刘晓庆涉及刑事法律的司法程序至此才全部结束。

刘晓庆之所以最后不被起诉，重要的原因是2002年最高人民法院出台的《关于审理偷税抗税刑事案件具体应用法律若干问题的解释》规定，"偷税数额在五万元以下，纳税人或者扣缴义务人在公安机关立案侦查以前已经足额补缴应纳税款和滞纳金，犯罪情节轻微，不需要判处刑罚的，可以免予刑事处罚"。刘晓庆的偷税行为多为其公司所为，其本人较少涉及。最终公司和本人都全部补缴了税款、滞纳金和罚款。但刘晓庆本人却在看守所被羁押了422天，限制了人身自由。

和刘晓庆相比，范冰冰的逃税金额更大，引起的社会反响也更强烈，却被免予刑事处罚，主要原因是《刑法》第二百零一条的规定，也是 2009 年 2 月 28 日全国人大常委会通过的《刑法修正案（七）》对《刑法》第二百零一条逃税罪的重大修改。通俗地说就是，首单逃税案，不论逃税数额大小，补税受罚就可免罪。从刑法角度来看，更看重税款能否追缴，而忽略了逃税主体的主观恶性以及逃税金额的大小。这虽然符合税收的实质课税原则，但从公众情感以及社会引导角度，确实还有改进的空间。

范冰冰税案在影视行业的发酵，可以说是"一石激起千层浪"，国家税务总局立即开展了对影视行业税收秩序的整顿工作。2018 年 10 月 2 日，国家税务总局下发通知，根据中央宣传部等五部门关于对影视行业有关问题开展治理的部署安排，针对近期查处的影视行业高收入从业人员偷逃税等问题，国家税务总局要求各地税务机关在前期工作的基础上，按照稳妥推进、分步实施的原则，开展规范影视行业税收秩序工作，促进影视行业健康发展。

国家税务总局通知明确，从 2018 年 10 月 10 日起，各地税务机关通知本地区影视制作公司、经纪公司、演艺公司、明星工作室等影视行业企业和高收入影视从业人员，根据税收征管法及其实施细则相关规定，对 2016 年以来的申报纳税情况进行自查自纠。对在 2018 年 12 月底前认真自查自纠、主动补缴税款的，免予行政处罚，不予罚款。从 2019 年 1 月至 2 月底，税务机关根据纳税人自查自纠情况，有针对性地督促提醒相关纳税人进一步自我纠正。对经提醒自我纠正的纳税人，可依法从轻、减轻行政处罚；对违法情节轻微的，可免予行政处罚。2019 年 3 月至 6 月底，税务机关结合自查自纠、督促纠正等情况，对个别拒不纠正的影视行业企业及从业人员开展重点检查，并依法严肃处理。2019 年 7 月底前，对在规范影视行业税收秩序中发现的突出问题，要举一反三，建立健全规范影视行业税收管理长效机制。在规范影视行业税收秩序工作中，对发现税务机关和税务人员违法违纪问题，以及出现大范围逃税行为且未依法履职的，要依规依纪严肃处理。

（三）案情分析

范冰冰税案所涉金额巨大，达到了 8.4 亿元，其中包含了逃税款项、滞纳金以及罚款，图 4-2 给出了巨额涉案金额的主要构成。

从图 4-2 中可以看出，在该税案中，所欠税额总计为 2.55 亿元，不到最终补缴税款的一半，其中绝大部分为罚款，从税收征管角度讲，我国对逃税的惩罚力度不小。但不管怎样，范冰冰 2.55 亿元的逃税数额也是很

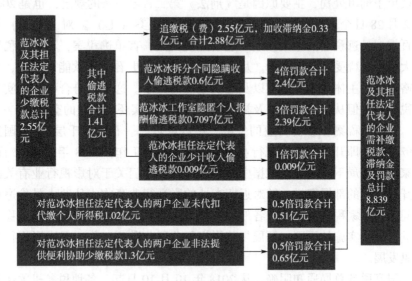

图 4-2　范冰冰补缴税款、罚款的组成

罕见的，她是通过何种手段实现的呢？下正面我们将逐一分析她实现这一数额所利用的手段。

1. 逃税手段

（1）签订"阴阳合同"。各行各业都存在着阴阳合同违法涉税问题。阴阳合同的操作手段是指，企业通过对外公布一套正规的合同签订一定数额的交易，然后再私下进行真正的合同交易，其目的就是隐瞒真正收入，逃避大额税款缴纳。因私下交易违反我国交易规定，不属于我国工商法保护范围，会存在极大的违约隐患。对于明星来说，一部影片的片酬上亿元，对应的税款可能会达到几千万元。影视公司和明星为了规避税收，在签订合约时会故意隐瞒收入，瞒天过海。

（2）个人工作室隐匿报酬。针对此次逃税案件，税务机关不仅查出范冰冰与合作方在《大轰炸》电影拍摄中存在签订阴阳合同的问题，而且查出范冰冰工作室通过隐匿范冰冰真实收入的手段减少缴纳个人所得税的事实真相。由于个人独资企业不是法人单位，其投资者对工作室债务负有无限连带责任，所以工作室应补缴的税款和罚款都应由范冰冰个人承担。从税务机关下达的税务处罚决定书来看，除这次阴阳合同外，范冰冰以前也存在利用其工作室隐匿收入避税的真实情况。

（3）范冰冰担任法人的企业少计收入。《税收征管法》对企业通过各种方式隐瞒或者少计收入的行为明确界定为逃税。范冰冰担任法人的企业少计收入，属于蓄意逃避纳税义务。

（4）范冰冰作为法人的企业未代扣代缴个人所得税。在此次检查中，查处范冰冰为法人的两家企业未对范冰冰的收入履行代扣代缴义务，同时还为范冰冰非法提供帮助，协助范冰冰逃避纳税。

2. 避税方式

（1）设立个人独资工作室。因明星职业的特殊性，加之娱乐产业的畸形发展，我国目前知名明星的片酬收入动辄千万元，在劳务报酬所得中适用最高税率，即40%，而在个体工商户及独资合伙企业的累进税率中最高税率为35%。个人独资企业属于合伙企业范畴，故而依旧需要缴纳个人所得税，单纯的劳务报酬所得就其所有收入扣除一定比例费用进行纳税。个人独资工作室首先在税率上已经有效降低5个百分点的税负，不仅如此，成立个人独资工作室还将发生的合理相关费用依法归集并在税前进行扣除，从而有效降低了个人所得税税负。此外，范冰冰设立的无锡美涛佳艺文化工作室享有影视行业特殊税收优惠政策，不仅会有一些专项资金补贴，而且对于认定成功的影视业工作室采用核定征收法，即无锡税务局对于范冰冰的个人独资工作室不采用查账征收，而是采用总收入乘以征收率的形式加以征收，最低的个人所得税税率只有3.5%。

（2）充分利用税收洼地。此案所牵涉的税收洼地主要有两个，这两个税收洼地也主要针对影视娱乐业，分别为无锡和霍尔果斯。之所以在下达的行政处罚决定中没有这两个地方的责任，而最后下达的对无锡税务局部分人员的问责也是由于他们的职责失当，并非由于税收洼地所产生的非法避税手段，而是因为我国的特殊国情。我国幅员辽阔，在地区之间当然会存在发展差异，有些地区为了招商引资，常常会对一些特定行业的企业给予一些税收优惠。因我国中央管辖的各个税种税率以及征收管理都有明确规定，故而地方的税收政策不能改变。地方在收入税款、拿到税款分成后再以其中一部分作为专项资金或者补贴返还给纳税人，从而达到降低税负的作用。其他的方式就是比较灵活地运用一些征管的规定或者切实存在的相关税收优惠政策，从而达到让纳税人少缴税款的作用。范冰冰在无锡所开设的个人工作室采用核定征收办法，即直接以收入乘以征收率即为纳税人应纳税款。在无锡设立的相关影视企业还会获得政府产业资金的大量补贴，仅财政返还政策如表4-1所示。

表 4-1　无锡产业园财政返还政策

	第一年至第三年	第四年至第五年
园区企业、工作室	返还增值税所得税市级政府留成的 80%	返还增值税所得税市级政府留成的 50%

　　除财政返还以外，还包含大量园区内租金减免、重点项目补贴、知名企业及工作室认证奖励以及其他形式的补贴及奖金返还，单从范冰冰个人所得税税率从 45% 到设立工作室以核定征收 3% 的征收率纳税，到前三年政府的 80% 返还来看，可以帮范冰冰抵消掉绝大部分税款，税收优惠力度之大，令人咋舌。

　　霍尔果斯也存在着不亚于无锡的税收优惠政策，如表 4-2 所示。霍尔果斯在 2011 年我国"一带一路"倡议实施后就被列为新的特殊经济开发区，财政部与国家税务总局联合下发通知，对相关企业实行"五减五免"的税收优惠。根据公开资料，霍尔果斯享有以下优惠政策：①新注册公司享受五年内企业所得税全免（国税 15% 和地税 10%，共计 25%）。五年后地方留存税额的 40%（企业所得税中央和地方按 60% 和 40% 分配）将以"以奖代免"的方式返还给企业。这相当于地方留存部分的税额全免，时间也是五年。②增值税（中央和地方共享税收，最后按各 50% 分配）及其他附加税（100% 地方留存）总额地方留存部分（即 50% 的增值税和 100% 的附加税）年缴纳满 100 万元开始按比例奖励，一般奖励 15%～50%。③企业员工的个人所得税满 1 000 万元开始返还地方留存部分（个税地方分 40%，中央分 60%）的 70%，缴纳税款达到 2 000 万~4 000 万元的，返还地方留存部分的 80%，4 000 万元以上返还地方留存部分的 90%。④信息科技类企业固定资产投资总额 5 000 万元以上，给予 50 元/m^2 补贴。⑤高新技术产业投入设备成本，返还总投入 1% 财政补贴。⑥总部经济类企业最高享 500 万元办公用房补贴。

表 4-2　霍尔果斯增值税和附加税地方留存部分奖励政策

金额	奖励比例（%）
100 万~300 万元	15
300 万~500 万元	20
500 万~1 000 万元	25
1 000 万~2 000 万元	30

金额	奖励比例（%）
2 000万~5 000万元	35
5 000万元~1亿元	45
1亿元以上	50

（3）通过特殊股权构架、身兼多职分散收入。众所周知，在个人所得税法第七次修订之前，个人所得采取分类征收模式，分别按照收入的性质进行分类。对于收入畸高的纳税人最常见的避税方法就是分散收入，分别纳税，从而降低自身税负，范冰冰亦是如此。范冰冰名下有多家公司，其投资关系如图4-3所示。

范冰冰拥有如此多的公司，其中不仅有影视文化公司，还有投资公司、酿酒公司。可见范冰冰并不单纯是一位演员，更是一位商业帝国的控制者。那些其未拥有100%股权的公司大部分剩下的股权由其经纪人直接或间接持有或者是其母亲直接或间接持有。拥有如此庞大的商业帝国，可见范冰冰的能力之大。从合理避税的角度来说，建立那么多的公司的好处，就是可以大量分散自身收入，使收入按照不同的类别进行分别纳税，从而降低所适用的税率，以达到减少缴纳税款的效果。比如，范冰冰与一家合作方签订合同，其把总收入分为几部分由自己名下的公司分别签订阶段性合同，分别作为不同次数的劳务收入分别纳税，以此降低适用税率和应纳税款。

（4）利用"壳公司"避税。范冰冰旗下的无锡爱美神于2015年注册成立，工商登记资料显示此公司只有三名从业人员，那么此公司在2015年度发生的3 000多万元公司成本显然不合理。其他原因不得而知，但就避税而言，范冰冰通过演出等方式获得的收入是以劳务报酬计算应纳所得税，其间不得扣除其发生的相关费用及成本，而成立一个壳公司则可以使范冰冰从事劳务活动所花费的费用和成本得以税前抵扣。不仅如此，企业所得税的税率远低于个人所得税的最高税率，所以通过成立一个壳公司，不仅可以使范冰冰日常活动开销费用化，也可以直接通过公司账户与其他各方进行交易，所得利润只要未分配范冰冰就无须缴纳所得税，而且此项收入也不记入范冰冰收入范围内，堪称一举多得。诱发个人逃避税收的原因包括：纳税者可能存在侥幸心理、从众心理、不平衡心理以及为"公"无罪心理等的诱惑，而在被人的内在主观心理因素支配和影响的同时，还受到外在客观条件的刺激和推动，如国家税收立法和执法以及其征管和监督的缺陷等，就会更加容易诱发其产生逃税行为。

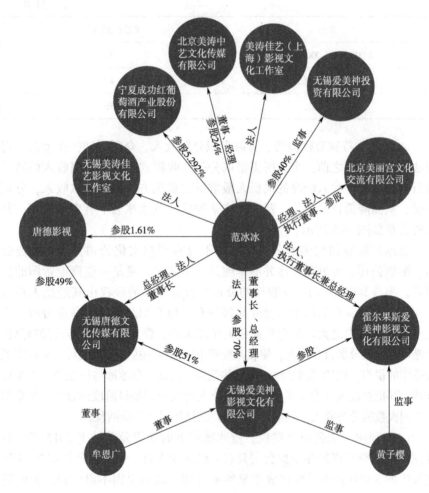

图4-3　范冰冰资本关系图

资料来源：天眼查。

（四）延伸讨论

就目前来看，造成我国纳税人逃税行为的客观动机主要有以下几点。

1. 个人所得税反避税规则体系的缺位

我国对于税收体系的相关特别纳税调整起步较晚，由于历史的特殊性以及国情和技术的局限性，近些年来才开始在慢慢完善补充关于企业所得税的特别纳税调整，把企业所得税的反避税体系作为主流重点，包括近年来加入 CRS 以及 BEPS 防止税基侵蚀和利润转移行动计划，均体现了我国对于完善企业所得税反避税规则的重视。由于技术以及实际情况的局限，从个人所得税和企业所得税占所得税比重的分量来看，企业所得税始终占主体地位。所以，从重要性和保障税收收入来看，优先建立企业所得税的反避税规则可以防止比较大的税收流失，而并没有将重心放在个人所得税的反避税规则建立上，这也就造成了我国大多数高净值人群对于个人所得税的避税手段应用极为普遍，并且税务部门就算有足够理由认为个人有逃避税行为，也无法根据现有的法律法规进行核查及追缴税款。其原因有两个，首先，我国反避税规则的实施缺乏一些客观的评价标准。特别纳税调整的出台有利于使得反避税相关规则体系的建立得到相关人士的重视，但是在具体实施上存在着税务机关自主裁量权过大的问题。比如，由企业或者个人对于非商业目的的避税安排的具体标准无法衡量，在税务人员使用时存在很大争议，把过大裁量权交给税务执法人员，容易造成对反避税规定的滥用。其次，稽查工作也尚未建立起一个完整、科学的体系。税务稽查的户数和实际纳税户相比，可能都不到百分之一，很多案件都可能被漏查。而且稽查不是随便进户，对于个人财产的转让，工商产权登记中心亦没有义务向税务机关进行报送，各个信息部门之间的信息不能达到共享。加之由于大量的现金交易，既没有记录，又无合同，税务部门根本无法清晰掌握个人财产的流动及交易，并且我国纳税个人并没有像国外一样拥有唯一的自然人纳税代码，这就导致了业务与个人之间的相互混淆，给税收征管带来极大难度。企业经营一般存在公司账户转账记录及相关会计账簿，若企业进行私下交易，则增值税的进项无法抵扣，交易公司也无法抵扣增值税，对于企业的业务查询至少是有迹可循。但对于个人所得税而言，除工资薪金相对明确，转让产权等包含所有权证书的资产能通过相关产权部门确定，其他收入特别是服务交易，税务部门完全不能稽查到此项业务的发生。因此，自然人相关收入交易信息的不透明对于建立个人所得税反避税规则体系也是一大阻碍。税基尚且无法明确，更遑论进行反避税税制设计。

2. 税收法规层次太低

目前我国法治建设逐步完善，企业所得税、车船税、关税等税种均由人大立法，但还有很多税种未通过人大立法，对于税法的相关解释以及公告均是由国家税务总局及财政部发布，由此造成的行政解释大于司法解释会引起行政裁量权过大，不利于税收立法的公正性，并且容易造成税收部门反避税税权的滥用，影响税收本身对于收入分配调节的公平职能。除此之外，其法律层次的高低一定程度上会影响税法在公民心中的地位，对公民造成税收法制在整个法律体系中层次较低的感觉，从而影响到公民的纳税遵从度。

3. 国家税收执法的缺陷

尽管已有一些法律约束的设置和存在，偷逃税现象还是比较严重。虽然征管法规定了对于偷税行为的相关处罚，但税务机关在执行上依旧不能严格按照法律刚性进行执法，从而产生偷逃税却大多情况下没有付出相对应的代价这种情况。税务部门的执行力不强导致大多数纳税人对税法没有严肃的敬畏感。

4. 个人所得税反避税制度安排

（1）稳步推进个人所得税反避税规则构建。个人所得税反避税规则的建立和完善不应急于求成，应当根据我国具体国情适当参考国际经验，通过循序渐进的实践来不断对个人所得税反避税规则体系加以补充。这样的个人所得税反避税规则体系才能真正使得个人所得税的调节功能最大化，才能使得我国法规体系更加完善。故而个人所得税反避税规则体系的建立和完善是一个任重而道远的任务，应先设定相关原则性的规定，在具体细节和实施上，根据不断积累的实践和国际经验，再做进一步完善和健全。另外，由于进行个人所得税避税筹划时，往往会涉及与企业所得税相结合的情况，虽然我国个人所得税进行了第七次修订，使得个人所得税从分类征收渐渐转向综合征收的方式，但仍然存在与企业所得税相互结合的避税空间。随着国地税合并，以前国地税信息不对称的问题也不复存在，开始加强我国个人所得税相关反避税规则的建立。例如，在判断是否因持股关系构成关联关系时，增加了两个以上具有夫妻、直系血亲、兄弟姐妹以及其他抚养、赡养关系的自然人共同持股同一企业，判定关联关系时持股比例合并计算的规定。并且在个人所得税法第七次修订时，加入了反避税规则，对于我国个人所得税反避税规则体系的建立和完善非常重要。我国可借鉴国际税收中反避税 BEPS 行动计划相关内容，根据我国实践，不断发展符合我国国情的理论体系，更好地维护我国税收利益。

（2）增强各方信息共享，加强税收稽查。我国在税收征管系统上一直存在与各方平台信息不能共享的问题，包括银行、工商及国际上的信息交流。因此，我国应该加快推进税收相关信息平台信息共享，完善纳税人相关税收信息，大力推进政府部门信息共享进程，保持各个部门长期持续信息共享和交换。另外，由于全球化趋势使得自然人往来交易不仅仅局限于国内，我们可以借鉴 OECD 的相关做法，加快促进国内信息管理结构之间及国内信息管理结构和国外信息管理结构之间的信息情报交换，建立充分、翔实的自然人交易信息披露制度。税务机关应将企业和自然人内外部信息进行有效整合，建立完备的国内外交易信息网络，解决反避税信息不对称的问题。在税务稽查方面，应遵循"有法必严，违法必究"原则，加大税收执法力度，完善纳税人的收入监控制度，提高税收风险成本，对相关违反税收制度的纳税人建立信息纳税全国信用公示系统，时刻警示那些高收入群体，加大对逃税的惩罚力度，严厉执法，增强税法震慑力，提高纳税人对税法的敬畏度。

（3）优化税收征管系统。随着信息时代的发展，人工智能、大数据、区域链等技术得到广泛应用，纳税人的避税手段更加现代化、虚拟化，导致税收征管的难度更上一层。

因此，应在这些高端技术的支持下，对税收征管系统进行优化和升级，实现税收征管手段的现代化、智能化。例如，与大数据、AI 及区域链相关技术进行结合，在拥有海量信息的前提下，运用 AI 技术对海量纳税人纳税相关信息进行筛选，挑选重点自然人纳税人进行重点税务稽查，这样不但可以提高税务稽查准确率，还能大量节约税收征管成本，防止税源流失。

（4）提高纳税人的纳税遵从度。提高纳税人的纳税遵从度是构建我国现代化征管体系的必要条件之一。对此，国家税务机关应更加重视普法活动，多注重与纳税人的沟通和交流，多聆听群众反映的现实问题及提出的可行性建议，通过提高公众参与度来提高纳税遵从度。在提高纳税遵从度上，可从线上和线下两个方面进行。线上方面，通过在各省市甚至更加微观的税收相关平台上增加每日科普栏目，重点介绍与民众日常相关的税收，如个人所得税、企业所得税、财产税等与个人切实相关的部分，有选择性地进行税法普及；适当增加线上相关税收知识竞赛，以丰厚的奖品形式鼓励普通民众参与进来，主动学习相关税收知识；加大投入，建立起一个具有普及性、居民认知度高并且功能强大的税收相关法律法规平台，使人们一想到税收，第一反应就是去税收机关建立的软件上进行查询和了解。线下方面，通过税务机关在自身管辖范围内向纳税人间歇性普及相关税收知识，定期进行小测验等，设置固定时间举办税收征管及纳税申报等相关的讲座，让纳税人在想要了解税收相关知识时知道有哪些地方、哪些平台可以进行相关税收普及的学习。

四、"陈×伟诉莆田市地税局、福建省地税局税务行政处理案"

（一）案件影响

近年来，受经济形势的影响，民间借贷类执行案件数量猛增。民间借贷行为易暗箱操作，高利贷、套路贷众多，因民间借贷产生的民间纠纷、治安问题、刑事案件也纷繁复杂，滋生了很多社会矛盾，占用了大量的司法资源，也造成了国家税收的流失。最高人民法院作出的关于"陈×伟诉莆田市地方税务局稽查局、福建省地方税务局税务行政处理及行政复议案"的裁定书公布以后，引发了公众的热议。关于如何认定以房屋买卖合同掩盖实质借贷，以及税务机关如何利用实质课税原则实现税收征管权利的争论不绝于耳，本案的处理为类似问题提供了参考。该案也被评选为中国 2019 年度影响力十大税务司法审判案例。

（二）案情回顾

陈×伟系案外人林×钦丈夫之弟。2013 年 3 月 20 日，陈×伟和林×钦与鑫隆公司签订一份《商品房买卖合同》，陈×伟和林×钦共同向鑫隆公司购买位于仙游县榜头镇泉山村中国古典工艺博览城 2 号楼 2~3 层 85 坎商铺，建筑面积 10 008.73 平方米，每平方米 5 500 元，合同总价款人民币 5 500 万元。一年后，鑫隆公司以商品房买卖合同无法履行为由，向泉州仲裁委员会申请仲裁，解除商品房买卖合同，支付违约金。陈×伟和林×钦除收回签订合同时支付的人民币 5 500 万元外，以违约金的名义收取了人民币 3 328 万元。

2014 年 6 月份，中共莆田市纪律检查委员会（以下简称莆田市纪委）和福建省莆田市人民检察院（以下简称莆田市检察院）接到举报，对陈×伟、林×钦与鑫隆公司的资金往来进行调查。陈×伟、林×钦在莆田市纪委和莆田市检察院的谈话笔录中均承认"陈×伟和林×钦共借款人民币 5 500 万元给鑫隆公司，月利率 5%，鑫隆公司以商品房作抵押，双方签订《商品房买卖合同》，一年内共收取利息人民币 3 328 万元。解除《商品房买卖合同》时陈×伟和林×钦收回本金共计人民币 5 500 万元。涉案借款给鑫隆公司的本金也是向其他人以不同的利率转借的"。调查期间，莆田市纪委和莆田市检察院还分别向证人傅×、蔡×辉、林×跃、郑×林、王×锦、林×富、陈×美和连天红公司调查取证，证人林×富在《借款说明》中说明陈×伟和林×钦借给鑫隆公司 5 500 万元。2014 年 6 月 4 日，鑫隆公司向莆田市纪委出具《说明》，表明与陈×伟、林×钦之间是以房产抵押的融资借款关系。2014 年 6 月 25 日，莆田市纪委和莆田市检察院向鑫隆公司负责人张×兰的哥哥张×培调查，张×培陈述上述关系是借款关系而不是购买商品房，证言内容和情节与陈×伟、林×钦在莆田市纪委和莆田市检察院的谈话笔录内容基本吻合。2014 年 10 月 15 日，莆田市纪委向莆田市地方税务局发出莆纪函〔2014〕11 号《关于认定相关涉税问题的函》，函告"我委在调查中发现林某于 2013 年 3 月至 2014 年 3 月，以月息 5% 向仙游县某公司放贷人民币 5 500 万元，共获利人民币 3 328 万元，现将相关线索材料移送你局，请就上述行为应否纳税予以认定，并及时反馈"。2014 年 12 月 10 日，莆田市纪委又向莆田市地方税务局发出莆纪函〔2014〕18 号《关于对林×钦等人涉嫌偷漏税进行调查处理的函》，函告"我委在有关案件调查中发现仙游县乾元财务有限公司林×钦等人于 2013 年 3 月至 2014 年 3 月，以月息 5% 向仙游县兴隆古典工艺博览城建设有限公司放贷人民币 5 500 万元，共获利人民币 3 328 万元，涉嫌偷漏税。经委领导同意，现将该问题移送你局进一步调查处理，请将处理结果于 2015 年 1 月 15 日反馈我委一室"。

莆田市地方税务局根据莆田市纪委上述函件，于 2015 年 3 月 26 日立案调查。之后，莆田市地税稽查局向陈×伟和林×钦、鑫隆公司、鑫隆公司股东张双培发出《税务检查通知书》和《询问通知书》，并向相关银行等金融机构发出《检查存款账户许可证明》。

2015 年 4 月 8 日，莆田市地税稽查局向陈×伟进行调查询问，陈×伟陈述："我有在鑫隆公司购买房产 2 宗，一宗 5 500 万元是我和林×钦合购，另一宗 800 多万元是我个人购买的。解除商品房买卖合同时鑫隆公司汇还给我和林×钦各 2 600 万元。另外之前已汇给我 300 万元。因为林×钦丈夫是公务员，担心买商铺没有申报违反规定，就把违约金说成利息。鑫隆公司每月按购房款总额的 5% 支付违约金，我和林×钦收取违约金共计人民币 3 328 万元。我本人收到 2 100 多万元。"莆田市地税稽查局经对银行等金融机构核实陈×伟、林×钦与鑫隆公司的资金往来情况后，作为重大税务案件报请莆田市地方税务局重大案件审理委员会集体研究。2015 年 4 月 22 日，莆田市地税稽查局向陈×伟发出《税务处理事项告知书》。2015 年 4 月 30 日，莆田市地税稽查局作出被诉税务处理决定，决定对陈×伟补缴：

①营业税 1 070 250 元；②个人所得税 4 281 000 元；③城市维护建设税 53 512.5 元；④教育费附加 32 107.5 元；⑤地方教育费附加 21 405 元；⑥并加收滞纳金 171 781.71 元。共计人民币 5 630 056.71 元。

陈×伟不服，依照《中华人民共和国税收征收管理法》（以下简称《税收征收管理法》）第八十八条第一款的规定，提供房产担保后，以莆田市地税稽查局为被申请人，向福建省地税局申请行政复议，福建省地税局要求陈×伟变更以莆田市地方税务局为被申请人，于 2015 年 10 月 23 日作出闽地税复决字〔2015〕4 号《税务行政复议决定书》，维持被诉税务处理决定。

陈×伟不服提起行政诉讼，请求撤销上述税务处理决定和行政复议决定。一审法院认为：根据国家税务总局发布的《税务稽查工作规程》第二条第二款有关"税务稽查由税务局稽查局依法实施，稽查局主要职责，是依法对纳税人、扣缴义务人和其他涉税当事人履行缴税义务、扣缴义务情况及涉税事项进行检查处理……"的规定，莆田市地税稽查局有权对陈×伟涉税事项进行检查并做出处理决定。本案涉税数额较大，案情重大复杂，属于重大税务案件，根据国家税务总局发布的《重大税务案件审理办法》第五条、第十一条第五项、第三十四条规定，本案经莆田市地方税务局重大案件审理委员会审理后，由莆田市地税稽查局按照重大税务案件审理意见书制作税务处理决定书，加盖稽查局印章后送达执行，符合上述规定。根据《税务行政复议规则》第二十九第二款的规定，本案是通过莆田市地方税务局重大案件审理程序做出的，莆田市地方税务局作为复议被申请人符合上述规定。为此，陈×伟主张莆田市地税稽查局无权或越权做出处理决定，且以其名义做出处理决定后的复议机关、复议被申请人、复议程序均属错误的理由不能成立。

关于《〈商品房买卖合同〉的补充条款》（以下简称《补充条款》）真实性问题。该份《补充条款》中的约定对陈×伟十分有利，但陈×伟在行政程序中没有提供，而是在复议程序即将结束时才提供复印件。为此，莆田市地税稽查局有理由怀疑该份《补充条款》的真实性。庭后，莆田市地税稽查局申请鉴定，但因未取得原件无法鉴定，而仙游县房地产管理中心备案材料中也无法查找该《补充条款》。泉州仲裁委员会仲裁调解书内容也没有涉及该《补充条款》。从《补充条款》《商品房买卖合同》对违约金的约定可以看出，《补充条款》约定鑫隆公司每月应付陈×伟已交纳购房款总额的 5% 作为违约金，即每月支付给陈×伟、林×钦人民币 275 万元，且违约起始时间从签订合同 2 个月后起算，而《商品房买卖合同》的违约起始时间在签订合同后九个月交付商品房时起算，若逾期交房不超过 30 日，出卖人按日向买受人支付已付款万分之 0.5 的违约金，两份合同签约时间前后相差一天，《补充条款》加重对鑫隆公司的违约责任，在未经请求人民法院或仲裁机构予以增加违约金的条件下，鑫隆公司主动支付大幅高于《商品房买卖合同》约定额度违约金的行为，违反商品房买卖交易习惯。因此，对该份《补充条款》的真实性不予认可。陈×伟主张每月收取鑫隆公司支付的人民币 275 万元是依据《补充条款》约定的 5% 违约金的理由不能成立。

结合陈×伟与鑫隆公司资金往来情况，陈×伟在签订《商品房买卖合同》时就付清购房款，却在《商品房买卖合同》中约定今后分三期支付购房款，违反了商品房买卖交易习惯，是一种名为购房实为借贷的行为，符合非典型性抵押担保的借贷关系特征。资金往来凭证注明的"购房款"系陈×伟单方行为。《商品房买卖合同》虽经房地产管理中心备案，具有一定的公信力，但莆田市纪委和莆田市检察院向陈×伟、证人及鑫隆公司的调查材料能够相互印证，且当事人也违反了商品房买卖交易习惯，也不能排除以房产为抵押担保的借贷关系。为此，陈×伟主张与鑫隆公司之间为商品房买卖关系的理由不能成立。

陈×伟、林×钦支付给鑫隆公司人民币 5 500 万元之后，就按月收取交易金额的 5%，与利息的收取习惯相吻合。可以推定陈×伟实际上是将其资金借予鑫隆公司使用的一种借贷行为，陈×伟与鑫隆公司资金款项来往中多出的人民币 2 140.5 万元为利息收入，属于营业税中规定的应税劳务行为中的"金融保险业"税目，依法应当缴纳营业税。贷款属于营业税税目中的金融保险业征收范围，根据当时有效的《中华人民共和国营业税暂行条例实施细则》（以下简称《营业税暂行条例实施细则》）第二条规定，金融保险业属于营业税税目征收范围内的应税劳务，依照当时有效的《中华人民共和国营业税暂行条例》（以下简称《营业税暂行条例》）第一条规定，提供劳务的自然人也是营业税的纳税人。陈×伟主张其为自然人不属于《营业税税目注释》所称的"金融保险业"而不应缴纳营业税的理由不能成立。陈×伟为缴纳营业税的个人，根据《中华人民共和国城市维护建设税暂行条例》（以下简称《城市维护建设税暂行条例》）第二条、《征收教育费附加的暂行规定》第二条、《福建省地方教育附加征收管理暂行办法》第二条、第三条规定，依法应当缴纳城市维护建设税、教育费附加和地方教育附加。根据当时有效的《中华人民共和国个人所得税法》（2011 年修正，以下简称《个人所得税法》）第一条、第二条第七项规定，陈×伟取得的利息收入 2 140.5 万元，依法应当缴纳个人所得税。根据《税收征收管理法》第三十二条的规定，陈×伟主张其无须缴纳滞纳金的理由不能成立。

综上所述，莆田市地税稽查局对陈×伟作出被诉税务处理决定事实清楚，程序并无不当，适用法律法规正确。福建省地税局经复议审查后予以维持适用法律正确。陈×伟的诉讼请求及理由均不能成立。因此，一审法院判决："一、驳回陈×伟要求撤销莆田市地方税务局和莆田市地税稽查局作出的莆地税稽处〔2015〕7 号《税务处理决定书》的诉讼请求；二、驳回陈×伟要求撤销福建省地税局闽地税复决字〔2015〕4 号《税务行政复议决定书》的诉讼请求。"

陈×伟不服提起上诉后，二审法院认为：本案核心争议为陈×伟自签订《商品房买卖合同》之日起（2013 年 3 月 20 日）至仲裁协议解除《商品房买卖合同》之日止（2014 年 3 月 19 日）除购房款本金之外额外收取的 2 140.5 万元的法律性质。陈×伟主张该款项系鑫隆公司依据《补充条款》约定，向其支付的以"违约金"为名义的"履约保证金"，以督促鑫隆公司尽快办理房产证。但经审理查明，陈×伟直至申请行政复议时才主张与鑫隆公司另签订《补充条款》，但始终未能提交《补充条款》原件，且该《补充条款》未与《商品房买卖合同》共同在仙游县房地产管理中心进行备案，〔2014〕泉仲字 567 号《调解书》亦未涉及对《补充条款》的解除。同时，在 2015 年 4 月 8 日莆田市地税稽查局对陈×伟所做《询问（调查）笔录》中，陈×伟明确表示"没有另外签订书面合同或协议，只是口头约定"。此外，在 2013 年 3 月 20 日双方签订的《商品房买卖合同》对于产权登记时间及违约责任已经有明确约定的情况下，于 1 天之后又签订《补充条款》，对产权登记时间及违约责任进行重新约定，大幅增加鑫隆公司违约责任，明显不符合正常的交易惯例。因此，一审判决对《补充条款》的真实性不予认定并无不当。

结合莆田市纪委、莆田市检察院联合调查组对陈×伟、林×钦、张×培等调查笔录，鑫隆公司出具的《关于林×钦部分往来款说明》《情况说明》，案外人林×富出具的《借款说明》，以及陈×伟、林×钦与鑫隆公司资金往来明细等证据，一审判决认定陈×伟与鑫隆公司之间的交易行为系名为购房实为借贷行为，符合非典型性抵押担保的借贷关系并无不当。被诉税务处理决定及案涉行政复议决定认定陈×伟、林×钦支付给鑫隆公司 5 500 万元资金为借款行为，陈×伟收取本金之外的 2 140.5 万元系利息收入，并无不当。

由于涉案 2 140.5 万元系利息收入，依法属于《营业税暂行条例实施细则》第二条规定的营业税应税劳务中"金融保险业"的范围，同时《营业税暂行条例》第一条明确规定，个人可以成为营业税的纳税人，且金融保险业营业税税目的税率为 5%，故莆田市地税稽查局责令陈×伟补缴营业税 1 070 250 元正确。根据《城市维护建设税暂行条例》第二条、第三条、第四条第三款规定，营业税纳税义务人应缴纳城市维护建设税，莆田市地税稽查局责令陈×伟补缴城市维护建设税 53 512.5 元正确。根据《征收教育费附加的暂行规定》第二条及第三条第一款规定，营业税纳税义务人应缴纳教育费附加，莆田市地税稽查局责令陈×伟补缴教育费附加 32 107.5 元正确。根据《福建省地方教育附加征收管理暂行办法》第二条、第三条、第五条及《福建省人民政府关于调整地方教育附加征收标准等有关问题的通知》（闽政文〔2011〕230 号）规定，营业税纳税人应缴纳地方教育附加，莆田市地税稽查局责令陈×伟补缴地方教育附加 21 405 元正确。根据《个人所得税法》第一条第一款、第二条第七项、第三条第五项之规定，莆田市地税稽查局责令陈×伟补缴个人所得税 4 281 000 元正确。由于陈×伟未按期缴纳税款，故根据《税收征收管理法》第三十二条之规定，莆田市地税稽查局责令加收陈×伟滞纳金 171 781.71 元正确。

本案中，陈×伟将莆田市地方税务局作为共同被告之一提起诉讼。但经查明，莆田市地方税务局并非被诉税务处理决定及案涉行政复议决定的行政主体。故陈×伟对莆田市地方税务局的起诉不符合《中华人民共和国行政诉讼法》第四十九条第三项之规定。一审法院受理陈×伟对莆田市地方税务局的起诉并做出实体判决错误。同时，被诉税务处理决定首部有关"我局（即莆田市地税稽查局）于 2015 年 3 月 26 日至 2015 年 5 月 25 日对你（即陈×伟）……进行了检查"中日期表述系笔误，因未对陈×伟实体权利造成不利影响，依法予以指正。因此，二审法院判决："一、维持莆田市中级人民法院（2015）莆行初字第 296 号行政判决第二项；二、撤销莆田市中级人民法院（2015）莆行初字第 296 号行政判决第一项；三、驳回陈×伟要求撤销莆田市地税稽查局做出的莆地税稽处〔2015〕7 号《税务处理决定书》的诉讼请求。"

陈×伟不服，向最高人民法院申请再审，请求撤销一、二审法院判决，撤销被诉税务处理决定和案涉行政复议决定。主要理由为：①一、二审法院判决没有综合认定再审申请人和林×钦共同购买案涉项目 2 号楼（每平方米 5 500 元）及后续购买案涉项目 1 号楼（每平方米 12 000 元）相关联的事实，也没有综合认定案涉《调解书》《商品房买卖合同》《补充条款》

等有关证据，其认定再审申请人与鑫隆公司之间的商品房买卖合同关系构成民间借贷关系，认定事实不清；②莆田市地税稽查局无权做出案涉税务处理决定；③即便认定本案属于民间借贷关系，也不能认定再审申请人案涉出借行为属于金融保险行业而征收相应税款。

被申请人莆田市地税稽查局陈述意见认为，被诉税务处理决定和案涉行政复议决定均有事实及法律依据，二审法院判决正确，请求驳回陈×伟的再审申请。主要理由为：①陈×伟涉案行为符合非典型抵押担保的借贷关系，且即使存在后续购房行为，也不代表本案征税所依据的前行为也是购房行为；②〔2014〕泉仲字 567 号《调解书》内容均为再审申请人自述内容，而非仲裁庭依法查明的案件事实，不能作为确定案涉主要事实的根据；③再审申请人至今未提交《补充条款》原件，且该《补充条款》也未进行备案，双方在《补充条款》中所约定的高额"履约保证金"依法不应采信；④被申请人是做出被诉税务处理决定的适格行政主体；⑤再审申请人因案涉民间借贷关系形成的利息收入，完全符合法定营业税、个人所得税等相应税目的纳税条件，被申请人依法予以课税符合法律规定。被申请人福建省地税局同意被申请人莆田市地税稽查局的陈述意见。

最高人民法院核查后，驳回再审申请人陈×伟的再审申请并下发了裁定书。

（三）案情分析

最高人民法院认为，该案的争议焦点主要有三个方面：税务机关能否根据实质课税原则独立认定案涉民事法律关系；对案涉民间借贷利息收入应否征收营业税、个人所得税等税款；对民间借贷产生的较大金额利息收入征收税款如何体现税收公平原则。

1. 关于税务机关能否根据实质课税原则独立认定案涉民事法律关系的问题

根据《税收征收管理法》以及相关规定，税务机关是主管税收工作的行政主体，承担管辖权范围内的各项税收、非税收入征管等法定职责。因此，税务机关一般并不履行认定民事法律关系性质职能；且税务机关对民事法律关系的认定一般还应尊重生效法律文书相关认定效力的羁束。但是，税务机关依照法律、行政法规的规定征收税款系其法定职责，在征收税款过程中必然会涉及对相关应税行为性质的识别和判定，而这也是实质课税原则的基本要求。否定税务机关对名实不符的民事法律关系的认定权，不允许税务机关根据纳税人经营活动的实质内容依法征收税款，将不可避免地影响税收征收工作的正常开展，难以避免纳税义务人滥用私法自治以规避或减少依法纳税义务，从而造成国家法定税收收入流失，而有违税收公平原则。而且，税法与民法系平等相邻之法域，前者体现量能课税与公平原则，后者强调契约自由；对同一法律关系的认定，税法与民法的规定可能并不完全一致：依民法有效之契约，依税法可能并不承认；而依民法无效之契约，依税法亦可能并不否认。因此，税务机关依据税收征收法律等对民事法律关系的认定，仅在税务行政管理、税额确定和税款征缴程序等专门领域有既决力，而当事人仍可依据民事法律规范通过仲裁或民事诉讼等方式另行确认民事法律关系。因而，在坚持税务机关对实质民事交易关系认定负举证责任的前提下，允许税务机关基于确切让人信服之理由自行认定民事法律关系，对民事交易秩序的稳定性和当事人权益并不构成重大威胁。当然，税务机关对实质民事交易关系的认定应当符合事实与税收征收法律规范，税务机关认为其他机关对相应民事法律关系的认定与其认定明显抵触的，宜先考虑通过法定渠道解决，而不宜径行做出相冲突的认定。

该案的特殊性在于，虽然泉州仲裁委员会相关仲裁文书确认鑫隆公司与陈×伟、林×钦协议系《商品房买卖合同》并调解予以解除，但该仲裁由鑫隆公司于 2014 年 3 月 18 日申请，次日即 3 月 19 日即以调解书结案；且未独立认定任何案件事实。而税务机关已经就其系民间借贷关系的实质认定举证证明：陈×伟、林×钦在《商品房买卖合同》签订之前，已经转账支付鑫隆公司人民币 6 000 万元，而鑫隆公司在签订合同当日，又返还陈×伟 500 万元，即至签订《商品房买卖合同》之日，陈×伟、林×钦共向鑫隆公司支付资金 5 500 万元；合同双方签订《商品房买卖合同》后，陈×伟分别于 2013 年 5 月、7 月、9 月、10 月、11 月、12 月、2014 年 1 月、2 月、3 月，收到鑫隆公司转入资金共 4 740.5 万元；林×钦分别于 2013 年 3 月、4 月、6 月、8 月、10 月、2014 年 1 月、3 月，收到鑫隆公司转入资金共 4 587.5 万元，即陈×伟、林×钦合计收到鑫隆公司转入资金 9 328 万元，扣除林×钦于 2013 年 10 月 10 日支付给鑫隆公司的资金 500 万元，收支相抵后，较之《商品房买卖合同》价金 5 500 万元还多出 3 328 万元。上述陈×伟、林×钦与鑫隆公司资金往来系客观真实发生，各方均不否认；陈×伟、林×钦虽主张上述款项系鑫隆公司支付的"履约保证金"，但鑫隆公司在税务机关调查中并不承认存在所谓"履约保证金"，且出售商品房的房地产公司逐月按特定比例给购房人支付所谓"履约保证金"也并不符合商品房买卖交易习惯，而更符合民间借贷交易习惯。同时，税务机关还提供陈×伟、林×钦在莆田市检察院等机关的谈话笔录，其均承认借款5 500万元给鑫隆公司，月利率5%，鑫隆公司以商品房作抵押，双方签订《商品房买卖合同》，一年内共收取利息3 328万元的事实；鑫隆公司出具的《关于林×钦部分往来款说明》《情况说明》，以及林新富、张双培等证人证言，也均证明陈×伟、林×钦共借款5 500万元给鑫隆公司的事实。因此，案涉《商品房买卖合同》仅仅是双方为了保证出借资金的安全而签订，具有一定的让与担保属性，但该交易行为也符合《中华人民共和国合同法》第一百九十六条规定的借贷合同法律关系。因此，税务机关依据实质课税原则，根据当事人民事交易的实质内容自行、独立认定陈×伟、林×钦与鑫隆公司之间实际形成民间借贷法律关系，将陈×伟收取的、鑫隆公司支付的除本金以外的2 140.5万元认定为民间借贷利息收入，符合事实和法律，即依据纳税人民事交易活动的实质而非表面形式予以征税。

2. 关于对案涉民间借贷利息收入应否征收营业税、个人所得税等税款问题

对于省级以下税务局稽查局的法定职权，最高人民法院在（2015）行提字第13号行政判决中已有明确阐述和认定，即根据《税收征收管理法》等相关规定精神，在国家税务总局《关于进一步规范国家税务局系统机构设置明确职责分工的意见》等规定仍然有效的情况下，省级以下税务局稽查局依法具有行政主体资格，具有对税收违法行为、应缴未缴行为进行检查、调查、核定应纳税额职权。因此，本案莆田市地税稽查局作为莆田市地方税务局所属稽查局，具有独立的执法主体资格，陈×伟主张莆田市地税稽查局不具有独立的执法主体资格，无权行使应纳税款核定权，无权做出被诉税务处理决定的理由不能成立。

对于被诉税务处理决定所认定和征收的营业税、城市维护建设税、教育费附加和个人所得税的合法性与适当性问题，分述如下：

（1）关于公民个人将资金借与单位或者其他个人并取得利息收入是否属于应税劳务问题，当时有效的《营业税暂行条例》第一条规定："在中华人民共和国境内提供本条例规定的劳务（以下简称应税劳务）、转让无形资产或者销售不动产的单位和个人，为营业税的纳税义务人（以下简称纳税人），应当依照本条例缴纳营业税。"当时有效的《营业税暂行条例实施细则》第二条第一款规定："条例第一条所称应税劳务是指属于交通运输业、建筑业、金融保险业、邮电通信业、文化体育业、娱乐业、服务业税目征收范围的劳务。"同时，根据《国家税务总局关于印发〈营业税税目注释（试行稿）〉的通知》（国税发〔1993〕149号）和《国家税务总局关于印发〈营业税问题解答（之一）〉的通知》（国税函发〔1995〕156号）规定，贷款属于"金融保险业"，是指将资金贷与他人使用的业务。因此，公民个人将资金借与单位或者其他个人并产生较大数额利息收入的，即属于上述规定的应税劳务。

（2）关于个人与单位以及个人之间的借贷并收取利息的营业税起征点或者免税额度问题，《营业税暂行条例》第十条规定："纳税人营业额未达到国务院财政、税务主管部门规定的营业税起征点的，免征营业税；达到起征点的，按照本条例规定全额计算缴纳营业税。"《营业税暂行条例实施细则》第二十三条第一款、第二款规定："条例第十条所称营业税起征点，是指纳税人营业额合计达到起征点。营业税起征点的适用范围限于个人。"同时，根据相关规定，自2014年10月1日起，营业税免税政策提高至月营业额30 000元。因此，民间借贷利息收入的起征点应当适用营业税起征点规定，即对月利息收入达到30 000元（2019年1月1日小规模增值税起征免税额提高到100 000元）的，应当征收营业税。另外，《营业税改征增值税试点实施办法》第九条规定："应税行为的具体范围，按照本办法所附的《销售服务、无形资产、不动产注释》执行。"第十五条第一项规定："纳税人发生'金融服务'应税行为，应适用6%的税率。"《销售服务、无形资产、不动产注释》规定："金融服务，是指经营金融保险的业务活动。包括贷款服务、直接收费金融服务、保险服务和金融商品转让……贷款，是指将资金贷与他人使用而取得利息收入的业务活动。各种占用、拆借资金取得的收入，包括金融商品持有期间（含到期）利息（保本收益、报酬、资金占用费、补偿金等）收入、信用卡透支利息收入、买入返售金融商品利息收入、融资融券收取的利息收入，以及融资性售后回租、押汇、罚息、票据贴现、转贷等业务取得的利息及利息性质的收入，按照贷款服务缴纳增值税。"《中华人民共和国增值税暂行条例》第十二条规定："小规模纳税人增值税征收率为3%。"因此，在营业税改为增值税后，单位或个人提供"贷款服务"取得利息收入且达到起征点的，也属于增值税应税劳务，应适用6%的税率征收增值税，对于小规模的纳税人增值税征收率为3%。

（3）关于案涉营业税及城市维护建设税、教育费附加的应纳税额问题，《营业税暂行条例》第四条第一款规定："纳税人提供应税劳务、转让无形资产或者销售不动产，按照营业额和规定的税率计算应纳税额。应纳税额计算公式：应纳税额＝营业额×税率。"第五条规定："纳税人的营业额为纳税人提供应税劳务、转让无形资产或者销售不动产收取的全部价款和价外费用。但是，下列情形除外：……（四）外汇、有价证券、期货等金融商品买卖业务，以卖出价减去买入价后的余额为营业额。"同时，根据《营业税税目税率表》规定，金融保险业的营业税税率为5%。因此，被诉税务处理决定分别以陈×伟2013年度和2014年度因民间借贷产生的利息收入作为税基乘以税率5%确定应纳营业税额，符合法律规定。《城市维护建设税暂行条例》第二条规定："凡缴纳消费税、增值税、营业税的单位和个人，都是城市维护建设税的纳税义务人，都应当依照本条例的规定缴纳城市维护建设税。"第三条规定："城市维护建设税，以纳税人实际缴纳的消费税、增值税、营业税税额为计税依据，分别与消费税、增值税、营业税同时缴纳。"第四条规定："……城市维护建设税税率如下：纳税人所在地在县城、镇的，税率为百分之五……"该案中，被诉税务处理决定分别以陈×伟2013年度和2014年度应纳营业税额作为税基乘以税率5%，确定应纳城市维护建设税税额，符合法律规定。《征收教育费附加的暂行规定》第二条规定："凡缴纳消费税、增值税、营业税的单位和个人，除按照《国务院关于筹措农村学校办学经费的通知》（国发〔1984〕174号）的规定，缴纳农村教育事业费附加的单位外，都应当依照本规定缴纳教育费附加。"第三条第一款规定："教育费附加，以各单位和个人实际缴纳的增值税、营业税、消费税的税额为计征依据，教育费附加率为3%，分别与增值税、营业税、消费税同时缴纳。"本案中，被诉税务处理决定分别以陈×伟2013年度和2014年度应纳营业税额作为税基乘以3%税率，确定应征收教育费附加税额，符合法律规定。《福建省地方教育附加征收管理暂行办法》第二条规定："在我省境内从事生产经营活动的地方企事业单位和个人，包括中央与地方合资企业、省内外合资企业和三资企业等，均应依照规定缴纳地方教育附加。"第三条规定："地方教育附加，以实际缴纳的增值税、营业税、消费税为计征依据。征收率为1%。"同时，《福建省人民政府关于调整地方教育附加征收标准等有关问题的通知》（闽政文〔2011〕230号）第二条规定："地方教育附加以上述单位和个人实际缴纳的增值税、营业税、消费税税额为计税依据，征收率从1%调整到2%，与增值税、营业税、消费税同时申报缴纳。"本案中，被诉税务处理决定分别以陈×伟2013年度和2014年度应纳营业税额作为税基乘以税率2%，确定应征收地方教育附加税额，符合法律规定。

（4）关于已经征收营业税基础上是否还应当继续征收个人所得税问题，2011年修正实施的《个人所得税法》第二条规定："下列各项个人所得，应纳个人所得税：……七、利息、股息、红利所得。"第三条规定：

"个人所得税的税率：……五、特许权使用费所得，利息、股息、红利所得，财产租赁所得，财产转让所得，偶然所得和其他所得，适用比例税率，税率为百分之二十。"第六条规定："应纳税所得额的计算：……六、利息、股息、红利所得，偶然所得和其他所得，以每次收入额为应纳税所得额。"《税收征收管理法》第三条第一款规定："税收的开征、停征以及减税、免税、退税、补税，依照法律的规定执行；法律授权国务院规定的，依照国务院制定的行政法规的规定执行。"税收法定是税收征收的基本原则，营业税、增值税与个人所得税属于不同税种，在原理、税基、计算方法、调节重点等方面均不相同，对已经征收营业税或者增值税的收入再征收个人所得税，原则上并不存在重复征税问题。对民间借贷取得的利息收入，纳税人既需要依法缴纳营业税或者增值税，也应依法缴纳个人所得税。本案中，莆田市地税稽查局经依法认定陈×伟2013年度和2014年度取得的案涉利息收入未申报个人所得税，决定陈×伟补缴纳相应个人所得税额，不违反法律规定。

3. 关于对民间借贷产生的较大金额利息收入征收税款如何体现税收公平原则问题

税收是国家调控经济的重要杠杆之一，依法纳税是每一个公民应尽的义务。税务机关在遵循税收法定原则的同时，还必须坚持税收公平和税收效率原则，既考虑税收征收的行政管理效率，避免税款收入与征收成本比例失衡，也考虑征收对经济、社会的综合影响，依法保障纳税人的基本权利，给社会以合理的预期和安全感。民间借贷行为一般具有人身和社会属性，特殊情形下也具有一定资本属性，对民间借贷行为征缴税款，宜坚持税收公平原则并保持谦抑。税务机关宜结合借贷当事人之间的关系、借贷的性质和用途、借贷金额与利息金额的大小、出借资金的来源等因素，综合判断是否符合法定的纳税条件，并衡量税收的行政效率与经济效率，以发挥税收制度调节社会生产、交换、分配和消费与促进社会经济健康发展的功能。对于亲友之间偶发的、不以营利为目的、月利息收入未达到起征点的民间借贷行为，不应征收税款。

根据依法行政的基本要求，没有法律、法规和规章的规定，行政机关不得做出影响行政相对人合法权益或者增加行政相对人义务的决定；在法律规定存在多种解释时，应当首先考虑选择适用有利于行政相对人的解释。依据纳税人经营活动的实质而非表面形式予以征税的情形样态复杂，脱法避税与违法逃税的法律评价和后果并不相同，且各地对民间借贷的利息收入征收相关税款的实践不一。税务机关有权基于实质课税原则核定、征缴税款，但加收滞纳金仍应严格依法进行。根据《税收征收管理法》第三十二条、第五十二条规定，加收滞纳金的条件为：纳税人未按规定期限缴纳税款且自身存在计算错误等失误，或者故意偷税、抗税、骗税的。因此，对于经核定依法属于税收征收范围的民间借贷行为，只要不存在恶意逃税或者计算错误等失误，税务机关经调查也未发现纳税人存在偷税、抗税、骗税等情形，而仅系纳税义务人对相关法律关系的错误理解和认定的，税务机关按实质课税的同时并不宜一律征缴滞纳金甚至处罚。此案莆田市地税稽查局依据实质课税原则认定案涉系民间借贷关系而非房屋买卖关系，并因此决定征缴相应税款并无不当，且决定加收相应滞纳金亦有一定法律依据。但是，考虑到有关民间借贷征税立法不具体，以及当地税务机关实施税收征收管理的实际情况，莆田市地税稽查局仍宜参考《税收征收管理法》第五十二条第一款有关"因税务机关的责任，致使纳税人、扣缴义务人未缴或者少缴税款的，税务机关在三年内可以要求纳税人、扣缴义务人补缴税款，但是不得加收滞纳金"的规定精神，在实际执行被诉税务处理决定时予以充分考虑，并在今后加大对税法相关规定的宣传和执行力度。

此外，行政审判对行政行为合法性的审查主要针对行政机关做出行政行为时所依据的证据、事实和法律规范，税务机关虽对实质课税原因以及应纳税所得额认定等事实负举证责任，但纳税义务人在税收调查、核定和征收等行政程序中，仍负有主动或应要求的协助义务，以厘清是非曲直，并主张对其有利的扣除、充抵、减免的有利情节；否则将可能承担税务机关对其不利的认定或者推定。根据《个人所得税法》第二条、第三条与《中华人民共和国个人所得税法实施条例》第六条、第十四条第三项等规定，民间借贷利息收入所应缴纳的个人所得税，既非按实行超额累进税率的综合所得计算，也非按实行超额累进税率的经营所得计算，而系适用20%固定适用比例税率以"支付利息……时取得的收入"为基准计算。相较于对惯常存款人无成本资金从金融机构取得无风险利息收入征缴个人所得税而言，对具有资金融通性质、需要缴纳营业税（增值税）等税赋且可能存在资金成本和市场风险的民间借贷的利息收入征缴个人所得税，虽原理与法律规定相同，但实际征缴时仍应考量名义利息所得是否为实际利息所得、是否为应纳税所得额以及是否存在同一笔利息扣除实际支出后内部二次分配问题，并避免重复计征，以体现税收公平。本案陈×伟在被诉税务处理行政程序与一、二审及申请再审程序中，均未对个人所得税应纳税所得额确定方式提出反驳理由或者证据，也未提出主张并提供证据证明其在名义利息扣除相关支出后实际取得的利息收入金额（应纳税所得额）。因此，依据《最高人民法院关于行政诉讼证据若干问题的规定》第二条、第七条规定精神，人民法院在申请再审程序中不宜主动审查并确定陈×伟的实际应纳税所得额。但是，在实际执行被诉税务处理决定时，如陈×伟就其实际应纳税所得额提出确有理由的证据和依据，莆田市地税稽查局仍宜基于税收公平原则对陈×伟的实际应纳税所得额统筹认定；如确有计算错误之处，仍宜自行纠正，以体现税收公平。

（四）延伸讨论

最高人民法院最终因陈×伟的再审申请不符合《中华人民共和国行政诉讼法》的相关规定，裁定驳回申请。虽然驳回了陈×伟的再审申请，但是裁定书的内容确实值得深思，这主要集中在两个问题上。

1. 实质课税原则及其适用

根据《税收征收管理法》第三十五条的规定，纳税人发生纳税义务，未按照规定的期限办理纳税义务的，税务机关有权核定应纳税额。在判定纳税人是否发生纳税义务时，税务机关主要从税法的角度看待纳税人之间的经济交易行为，不应拘泥于表面的法律形式。当事人之间的民事法律行为，在形式上虽然没有明显的违法行为，在后果上，如果这种民事行为对国家的财政利益造成了明显损害，税务机关有权力也有职责依照法定程序对当事人的经济行为进行调查。与"德发案"类似，本案中最高人民法院的判决也明确了税务机关可以基于"实质课税"和"量能课税"的原则，对同一法律行为做出不同于民法的定性。

另一个问题是，税务机关对交易行为重新定性的同时，也必须对交易进行定量处理，"实质课税"须一贯统一。本案莆田市地税在核定应纳税额时，采用收支相抵，将陈×伟收取的、鑫隆公司支付的除本金以外的2 140.5万元认定为民间借贷利息收入，征收相应的营业税、个人所得税、城建税及教育费附加。然而，关于名义利息所得是否为实际利息所得，税务机关须负举证责任，证明其核定的应纳税所得的合理性。

此外，对于"实质课税"原则的适用边界问题，国内税收实务界有广泛讨论，这个原则其实是一种更加反映经济实质的征税方式，理论上更加具有合理性。但是，为便于税收征管并防止权力滥用、保护公民的财产权，该原则的应用通常应具有相关的法律基础。本案最高人民法院的判决中，一方面肯定了税务机关拥有对民事法律行为重新定性的权力，另一方面又对税务机关调整的权力做出了限制。判决文书中写道："税务机关依据税收征收法律等对民事法律关系的认定，仅在税务行政管理、税额确定和税款征缴程序等专门领域有既决力，而当事人仍可依据民事法律规范通过仲裁或民事诉讼等方式另行确认民事法律关系。"在此也可以看出最高人民法院在平衡国家税收利益和公民财产权利方面的纠结与无奈。正如利益法学的代表人物赫克所指出的："法律的每个命令都决定着一种利益的冲突，法起源于对立利益的斗争，法的最高任务是平衡利益。法官要善于发现法律规则的目的，通过创造性的、合理的解释去平衡相互冲突的利益。"

2. 加收滞纳金严格依法

《税收征收管理法》第三十二条作为税收滞纳金制度的基本条款，对纳税人、扣缴义务人缴纳滞纳金只规定了一个前提条件，即纳税人、扣缴义务人"未按照规定期限缴纳税款"。第五十二条对纳税人缴纳滞纳金则增加了主观前提条件，并区分了三种情形，进而相应规定了追征期：因税务机关责任导致的，不加收滞纳金，税款追征期三年；因纳税人、扣缴义务人计算错误等失误导致的，加收滞纳金，税款追征期三年，特殊情况下延长到五年；偷税、抗税、骗税的，加收滞纳金，且追征期不受期限限制。因此，第五十二条实际上是在第三十二条规定的基础上，对税收滞纳金的征收增设了纳税人和扣缴义务人的主观前提条件，即纳税人、扣缴义务人必须存在故意或者过失，否则不得加收滞纳金。

第三十二条和第五十二条对纳税人和扣缴义务人主观过错的规定并未穷尽所有情形，对于纳税人、扣缴义务人既无故意或过失，又不属于税务机关责任的情况是否应当征收滞纳金，并没有明文规定。

本案最高人民法院对滞纳金的判决认为：对于经核定依法属于税收征收范围的民间借贷行为，只要不存在恶意逃税或者计算错误，税务机关经调查也未发现纳税人存在偷税、抗税、骗税等情形，而仅系纳税义务人对相关法律关系的错误理解和适用的，税务机关按实质课税的同时不宜一律征缴滞纳金甚至加以处罚。在本案中，最高人民法院认为纳税人系对纳税义务理解有误，应参考税务机关的责任导致少缴税款的相关规定的精神，不宜征收滞纳金。

税款滞纳金的性质问题，一般理解为对占用国家税款的补偿，既然是补偿，一般就不用强调其主观因素。在"德发案"中，最高人民法院撤销了行政行为中加收滞纳金的部分，主要原因既有出于个案利益的考量，也有对滞纳金征收主观责任的强调。"德发案"和本案在滞纳金的判决上有很大的相似之处，这种逻辑确实有利于保护纳税人的权利，但是否能广泛适用值得深思。

参考文献

[1] 李三江. 税务行政执法典型案例评析［M］. 北京：中国商业出版社，2014.

[2] 刘兵. 企业涉税败诉案例解析［M］. 北京：中国市场出版社，2018.

[3] 王明奎，王朝辉. 涉税刑事案件实务［M］. 北京：法律出版社，2019.

[4] 卢阳. 德发案对税务行政执法的启示［J］. 税务与经济，2018（4）.

[5] 马艳娟. 最高法院提审"德发案"显示税务行政诉讼变化［N］. 中国税务报，2016-02-23.

[6] 王霞. 从"德发案"看税收核定司法证明标准的适用［J］. 法律科学，2019（4）.

[7] 李登喜，李大庆. 论税收核定权的裁量属性及法律控制［J］. 税收经济研究，2018（6）.

[8] 王开智，李国庆. 从"儿童投资主基金"案看我国非居民企业间接股权转让所得税处理［J］. 税务研究，2017（11）.

[9] 杨英杰，郭瑞. 非居民企业反避税政策存在问题及政府审计发挥作用的路径研究［J］. 审计研究，2018（4）.

[10] 董跃进. 非居民企业间转让居民企业股权的所得应当缴纳企业所得税［N］. 人民法院报，2016-06-23.

[11] 罗伟. 影视明星逃税之法学治理［J］. 新东方，2019（1）.

[12] 潘建屯，陈芳. 马克思劳动价值论视域下明星收入现象探析［J］. 西南石油大学学报，2019（7）.

[13] 蔡昌，倪祎彤，朱凯达. 法理分析范冰冰逃税案［J］. 税经，2017（3）.

课题五：上市公司财政补贴经济效益与社会效应研究①

王竞达　毕盛

【摘要】 近年来，政府对上市公司的财政补贴力度不断加大，补贴覆盖面越来越广。但在应用过程中，一些企业却出现了挪用补贴资金以及使用效率低下的问题，补贴在一定程度上并未达到政策制定的初衷。与此同时，长期以来，财政补贴的经济效益和社会效应一直被广大学者关注，但尚未形成统一的共识。那么，我国上市公司财政补贴的现状如何？财政补贴产生了哪些经济效益和社会效应？有哪些因素影响到财政补贴的有无和金额大小？这些问题的厘清对于进一步优化财政补贴政策以及研究政府发放财政补贴的行为具有一定的意义。因而可以说，研究财政补贴的经济效益和社会效应具有较为明显的理论和现实意义。本文在系统整理国内外文献的基础上，结合相关理论深入研究了财政补贴的动机和影响因素，并进一步以2008—2016年上市公司财政补贴数据为样本，对财政补贴的影响因素、经济效益和社会效应进行了大样本实证检验。本文研究发现，在补贴影响因素方面，承担社会责任能够帮助企业获得补贴，且补贴获得金额与承担社会责任成正比；企业性质对补贴的获得影响较小，但对获得规模影响较大，国有企业更有可能获得大额补贴；市场份额和资产规模与获得补贴成反比，同时补贴金额随着市场份额和资产规模的增加而减少；盈利能力和负债水平与获得补贴成正比，但对获得规模影响较小。从经济效益角度看，政府发放财政补贴不利于企业经济效益的提升，进而不利于政府经济动机的实现。从社会效应角度看，政府发放财政补贴能够促进企业承担社会责任，即获得财政补贴有利于促进企业增加税收贡献、吸纳就业以及提高公共物品供给和研发投入，从而有利于政府政治动机和社会动机的实现。此外，本文还结合我国财政补贴在实际发放过程中存在的问题，有针

---

①　本文系北京市社会科学基金项目"北京地区上市公司财政补贴经济效益与社会效应的动态效果研究"（17YJB006）的阶段性研究成果。

对性地提出了相应的建议和改进措施。

【关键词】 财政补贴；补贴动机；影响因素；经济效益；社会效应

一、绪论

（一）研究背景与研究意义

1. 研究背景

自资本市场建立之初，我国政府便通过财政补贴的方式扶持上市公司发展。陈晓和李静（2001）研究发现，在自身利益的驱动下，地方政府常常通过税收优惠、税收返还和财政补贴等方式帮助企业提高业绩，满足上市或再融资监管要求[①]。近年来，随着上市公司数量不断增加，财政补贴规模不断扩大。据 wind 统计，2008 年至 2016 年，政府向上市公司累计投入补贴 6 258.33 亿元。从增长情况看，获得补贴的上市公司数量从 1 210 家增加到 2 925 家，年复合增长 10.30%；补贴金额从 326.20 亿元增加到 1 243.31 亿元，年复合增长 16.02%。从补贴强度看，2008 年平均每家上市公司获得补贴 2 695.86 万元，2016 年增长到 4 250.62 万元。从补贴覆盖面来看，2008 年 1 568 家上市公司中有 1 210 家获得补贴，补贴覆盖率77%；2016 年 3 026 家上市公司中有 2 925 家获得补贴，补贴覆盖率 97%，几乎所有上市公司都获得了财政补贴。

很显然，无论从宏观还是微观层面来看，财政补贴的理论效应都十分明显。宏观层面，财政补贴有利于解决市场失灵，优化资源配置；有利于贯彻国家的发展战略，促进产业升级和技术进步；有利于带动社会投资，增强发展活力，促进经济发展。微观层面，作为"免费的午餐"，财政补贴有助于增加要素供给，满足企业经营需要，改善企业利润水平；有助于分散研发风险，降低研发成本，促进企业创新能力提高。然而，任何事物都具有两面性。实践中，一些企业正是看到了其中巨大的经济利益，采取不当的方法获取补贴，严重扰乱了市场秩序，产生了不良的社会影响。2016 年 9 月 8 日，财政部公布了《关于地方预决算公开和新能源汽车推广应用补助资金专项检查的通报》，结果发现一些企业存在骗取财政补贴的

---

① 陈晓，李静．地方政府财政行为在提升上市公司业绩中的作用探析［J］．会计研究，2001（12）：20-28.

违法违规行为，在车辆未销售给消费者之前就提前申报补贴，甚至有不少车辆在领取补贴后处于闲置状态。公布的典型案例中不乏金龙汽车这样的上市公司。通过造假骗取补贴，不但没有起到帮扶作用，反而会造成资源浪费，不利于企业乃至整个国民经济的健康发展。

与此同时，关于财政补贴经济效益和社会效应的研究一直存在争议。一些学者认为，财政补贴作为政府扮演"扶持之手"的重要手段，有利于引导微观主体贯彻执行国家的方针政策，促进资源合理配置和推动产业迅速发展；有利于带动企业研发创新，促进技术进步和培育经济增长新动力；有利于增加就业，改善民生，促进社会和谐稳定。还有一些学者认为财政补贴未能产生良好的经济效益和社会效应。李扬（1990）等学者研究发现，我国绝大多数财政补贴只能起到维持企业生存的作用，无法实现补贴的经济效益和社会效应。邹彩芬和许家林等（2006）以农业上市公司为样本，研究发现财政补贴显著增强了企业的偿债能力，从而导致了企业管理层的寻租及偷懒行为。余明桂和回雅甫等（2010）研究发现，与地方政府具有政治联系的民营企业获得的财政补贴与企业经济社会绩效呈反比例关系。此外，在整理文献中发现，由于补贴规模庞大、披露信息不健全等原因，以往很少有学者站在整体角度，对财政补贴动机、影响因素、经济效益和社会效应进行研究。而补贴作为财政支出的重要环节，从某种程度上体现了政府的意志和目的，政府出于什么样的动机，补贴的影响因素又是什么，对解释补贴的经济效益与社会效应十分重要。因此，在这样的背景下，本文立足于相关理论，从政府的角度出发，研究政府发放补贴的行为动机和影响因素，并进一步利用上市公司的补贴数据进行实证检验，能够更加清晰地把握政府实施财政补贴的经济效益和社会效应。

2. 研究意义

习近平总书记在党的十九大报告中提出，"加快建立现代财政制度，建立权责清晰、财力协调、区域均衡的中央和地方财政关系"①。财政补贴作为财政支出的重要环节，涉及中央与地方政府事权和责任的划分，其效果直接关系到政府职能的落实，进而影响到广大微观主体的利益。但从补贴的申请、发放到具体应用过程中可以发现，财政补贴规模庞大，种类众多，覆盖面又十分广泛，效果并不十分理想。在此背景下，研究财政补贴的动机、影响因素、经济效益和社会效应，进而为相关利益主体提出相应

---

① 习近平. 决胜全面建成小康社会 夺取新时代中国特色社会主义伟大胜利：在中国共产党第十九次全国代表大会上的报告［M］. 北京：人民出版社，2017.

的政策建议，对于优化补贴政策、规范补贴申请与发放，以及提高使用效率具有重大的现实意义。

与此同时，长期以来，对于财政补贴的研究一直备受关注。学者们对补贴进行了深入研究，并取得了建设性的研究成果。从研究内容看，主要分为三个方面。一些学者主要研究了财政补贴的理论基础，从理论上研究政府进行补贴的原因和必要性；另一些学者侧重于考察补贴的动机与影响因素，他们认为政府的补贴动机主要包括促进产业发展和研发创新、增加就业和政府税收、满足地方竞争与官员升迁的需要、保壳和弥补亏损等，补贴的影响因素主要包括政治关联、行业特征、地区发展差异和经济社会发展因素等；此外，还有一些学者重点考察了财政补贴的实施效果，他们中的绝大多数以上市公司为研究样本，分别从经济效益和社会效应两个方面入手，进一步探究了补贴对上市公司经营效应和对上市公司所在地政治、经济和社会的影响，从而揭示了补贴政策的作用和局限。已有的研究成果形成了很大的示范效应，对推动财政补贴领域的研究意义重大。但同时，由于研究的侧重点、所选样本等不同，学者们对财政补贴的效应一直尚未形成共识。因此，本文期望在认真研究财政补贴相关理论和系统总结已有研究成果的基础上，重点探究上市公司财政补贴的动机、影响因素、经济效益和社会效应等问题，并以 2008 年至 2016 年我国 A 股上市公司为研究样本，利用实证分析的方法，进一步对理论成果进行检验，得出一个相对合理的结果，以此丰富和发展相关领域的研究成果；同时，本文通过选择大样本数据作为研究样本，可以尽量避免经济周期和政府换届对补贴数据的影响，使实证结果更加可靠，进而为相关利益主体的决策提供一些可行性建议，促进补贴效率的提升。

（二）研究目标与研究内容

1. 研究目标

本文的研究目标主要是基于相关经济学理论，探究政府发放财政补贴的动机和影响因素，进而研究财政补贴的经济效益和社会效应。其具体目标主要包括以下四个方面。

（1）通过整理国内外文献，系统归纳出以往学者对财政补贴动机、影响因素与经济效益和社会效应的研究成果，形成文章的研究思路和理论基础。

（2）利用 2008—2016 年我国 A 股上市公司财政补贴大样本数据进行统计分析，揭示我国财政补贴的现状特征。

（3）立足于理论分析，结合大样本数据，利用实证模型对相关理论假设进行分析检验，以此验证财政补贴的影响因素与经济效益和社会效应。

（4）结合研究结论，指出财政补贴在实际应用中存在的问题，并提出相应的解决措施和实施建议。

2. 研究内容

本文研究的主要内容包括以下五个方面。

（1）文献综述。本文将分别从财政补贴的动机、影响因素以及财政补贴的经济效益和社会效应三个方面对文献进行归纳、总结。

（2）上市公司财政补贴现状分析。本文将分别从年度、补贴性质、所属行业和地域、企业性质、资产规模、负债情况以及盈利水平等方面对财政补贴进行现状分析。

（3）理论分析与研究假设。本文将系统地阐述财政补贴的相关理论基础，从不同角度分析财政补贴的必然性。同时，在理论分析的基础上，提出实证研究的相关假设。

（4）上市公司财政补贴影响因素实证研究。本文将根据上述前提假设分别建立 Probit 回归模型和多重线性回归模型，从是否获得补贴和获得多少补贴两个角度出发，研究财政补贴的影响因素。

（5）上市公司财政补贴经济效益与社会效应研究。本文将从企业绩效、研发创新、吸纳就业、提供税收以及公共产品等方面探究上市公司财政补贴的经济效益和社会效应。

（三）研究方法与研究思路

1. 研究方法

（1）理论研究与实证研究相结合。政府对上市公司进行财政补贴已成为资本市场中的常态。为研究财政补贴的动机、影响因素以及所产生的经济效益和社会效应，本文将分别从预算软约束理论、公共财政理论、地方竞争理论、外部效应理论和成本效益理论等方面进行理论分析。在系统归纳和总结相关理论成果，形成一定研究体系后，本文利用我国 A 股上市公司已公开的财政补贴数据，分别从年度、行业、企业性质等方面对财政补贴情况进行统计分析，揭示我国上市公司财政补贴的现状特征。在此基础上，本文利用计量经济学相关知识，通过构建实证模型，分别从财政补贴的影响因素、经济效益和社会效应等角度进行实证研究，进一步佐证理论分析和现状分析的结论。

（2）定性研究与定量研究相结合。关于财政补贴动机、影响因素以及经济效益和社会效应的研究，既包含对补贴动机、影响因素以及经济效益和社会效应等相关概念的定性界定，又包含对影响因素以及经济效益和社会效应的定量研究，通过定性和定量研究，有利于增强研究结论的可靠性。

2. 研究思路

本文的研究思路如图5-1所示。

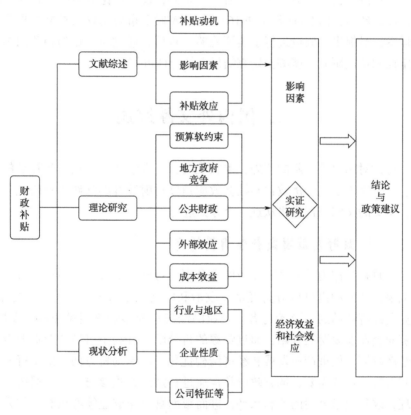

图5-1　技术路线图

（四）本文的创新点

第一，本文将财政补贴动机、影响因素以及财政补贴的经济效益和社会效应纳入一个体系中进行研究，既可以从政府动机中探究补贴的影响因素，进而验证在特定动机下补贴的实施效果，又能够从实施效果中反推补贴的动机和影响因素，从而能够更加清晰地认识补贴政策的动机、影响因素和实施效果。

第二，对上市公司财政补贴现状进行了较为细致的研究。本文分别按照年度、行业和公司性质等分类对我国上市公司财政补贴进行了现状分析，并尝试着将近三年上市公司补贴按照用途分成了 8 个类别，进一步揭示了财政补贴的性质。

第三，本文利用大样本数据，从定性和定量两个视角对财政补贴影响因素、经济效益和社会效应进行研究。首先，通过理论分析提出本文的研究假设。然后，以 2008 年至 2016 年我国 A 股上市公司财政补贴数据为研究样本，对提出的假设进行了实证检验。最后，通过对补贴的相关问题进行定性和定量研究，能够使研究结果更加合理可靠。

二、国内外文献综述

通过对国内外文献的梳理，本文发现，广大学者主要从财政补贴的动机、影响因素以及经济效益和社会效应角度对财政补贴问题进行研究。因此，本文的文献综述也将从这三个方面进行。

（一）政府发放财政补贴动机研究

财政补贴作为政府经济资源的再分配，得到广泛关注。根据已有的研究成果，补贴动机可以分为经济、政治和社会三个方面。经济动机方面，企业是经济活动的主要参与者，企业的经济行为影响着国民经济的发展，政府向企业发放财政补贴，通过资源的再分配，有利于引导企业贯彻政府的经济政策，促进产业发展和经济结构优化。政治动机方面，出于资源竞争和官员升迁的需要，地方政府常常通过补贴的方式参与上市公司的盈余管理，改善上市公司的盈利水平，进而帮助官员完成业绩考核和职位升迁等政治目标。社会动机方面，作为地区内经济社会的建设者，解决就业问题、提高人民福祉是政府义不容辞的社会责任，然而仅凭政府的一己之力难以实现，往往需要政府的引导和广大微观主体的参与。但同时，承担社会责任意味着资源的耗费，无疑将增加企业的负担，甚至影响到企业的生产效率。因此，从主观上而言，企业缺乏承担社会责任的动力。通过奖励、补贴等方式给予企业经济补偿，有利于弥补企业因承担社会责任而发生的成本，可以有效地引导企业主动承担社会责任。

1. 经济动机

推动产业升级，促进经济发展。产业发展是国民经济发展的原动力，产业的兴旺决定了国民经济的繁荣。从实践中看，随着全球化进程加快，面对着激烈的外部竞争，包括中国在内的大多数国家都会采用财政手段支持和引导产业的发展。Robert 和 Wim（1990）研究认为，由于新兴产业成长初期面临的风险较大，发展力量薄弱，政府通常会提供一定的补贴扶持。林毅夫（2001）研究认为，国家为了追求产业发展和科技进步，通过补贴的方式号召企业进入不具有比较优势的领域生产经营。吴涛（2002）研究认为，在市场条件尚不完善的情况下，单纯依靠市场无法促进产业结构的优化升级，需要政府的财税政策扶持。袁见（2013）研究认为，光伏产业在发展初期需要政府采用补贴等手段解决技术与资金等发展问题，进而引导社会资本流入。陆国庆（2014）研究发现，政府为了鼓励发展节能环保、新一代信息技术等战略性新兴产业，对行业内企业进行了大量的财政补贴。赵楠和高娜（2014）研究认为，政府应当利用税收优惠和财政支出手段促进科技成果转换，扶持产业发展。柳光强和杨芷晴等（2015）研究认为，为了淘汰落后产能，促进新兴行业发展，包括中国在内的绝大多数国家都采用了财税激励政策引导产业发展。

2. 社会动机

汤保全（1994）指出，由于微观主体只会从自身的经济利益出发，而不会或很少考虑社会公共利益，政府需要对微观经济活动进行管理。王凤翔和陈柳钦（2005）研究发现，地方政府将财政补贴给予本区域内具有竞争力的企业，不仅仅是为了帮助企业增加经济效益，还有促进地区就业等社会效应的目的。关于社会动机的研究，主要集中在增加就业和税收、提供公共物品等角度。

（1）增加就业，促进社会发展。就业是民生之本，增加就业是各级政府宏观调控的主要目标之一。Carlsson（1983）、Wren 和 Waterson（1991）以及 Harris（1991）研究发现，财政补贴属于政府为应对失业而采取的防御措施，政府偏向补贴就业量大的企业。Shleifer 和 Vishny（1994）研究发现，多数政治家为了达到政治目的，鼓励公司雇用尽量多的员工，造成企业效率低下。Beers 和 Moor（2015）对发达国家和发展中国家不同行业的财政补贴进行了研究，得出结论：各国在制造业的补贴主要是为了保护就业。Jenkins 等（2006）研究认为，政府的财政补贴帮助企业雇用了更多员工，在促进就业方面具有积极作用。Eckaus（2006）发现，从某种程度上讲，中国政府是为了避免企业倒闭造成大规模失业而对出口企业补贴，国有企业因为承担着解决社会就业问题而获得大量补贴。余廉和林毅夫等学者同样表达了类似的观点，认为政府对国有企业补贴的原因在于国有企业解决了冗员问题。

（2）提供公共产品，解决市场失灵。古典经济学派认为，在完全竞争的市场中，市场可以实现资源的最优配置，政府仅需扮演"守夜人"的角色，无须对市场进行干预，然而现实中市场失灵现象却普遍存在，需要政府对市场进行适当调控。从解决市场失灵的角度来看，对外部性较大和提供公共物品的企业进行补贴，有利于将外部性内在化，实现资源的合理配置。汤保全（1994）从公共产品和劳务、市场外部性、市场不完全性、市场机制的有效性和宏观经济效率缺陷等角度阐述了市场失灵现象，并指出存在市场失灵就需要政府介入，通过财政手段抽取一部分资源，满足社会的公共需要①。刘溶沧和夏杰长（1998）指出，美国等西方发达国家通常会通过转移支付的方式对地方政府给予财政补助，以增强州和地方提供公共服务的能力，平衡各地区的公共服务水平，促进落后地区发展②。张敏和欧国立（2001）以及张一帆（2009）指出，由于城市公共交通存在二重性、公益性和正外部性的特点，不能完全以盈利为目标，需要政府对企业承担政策性负担的部分进行补贴。熊红星（2004）研究指出，为了保证公共产品的供给，政府在规定边际成本定价法的同时，必须给予公用事业企业财政补贴。胡涛（2009）研究认为，由于公用事业企业不仅要满足市场对公共产品的需要，同时还要执行政府的限价，为此政府需要通过补贴的方式弥补企业亏损。柳学信（2014）研究指出，现阶段城市公用事业仍然采用低价方式，让企业承担大量的社会公益成本，因此，财政补贴的目的就是补偿企业的社会公益成本。

（3）将研发活动外部性内在化，促进研发创新。企业是研发创新的主体，通过鼓励企业加大研发投入，有利于提升整个社会的创新能力。但同时，研发活动伴随着高投入、高风险以及收益的不完全性，企业往往不愿意单独进行，需要政府的引导和激励。Tassey（2004）指出，由于技术和知识具有显著的公共产品特性，研发活动不可避免地会遇到市场失灵和投

---

① 汤保全．"市场失灵"与政府财政职能［J］．四川财政，1994（12）：4-6.

② 刘溶沧，夏杰长．论促进地区经济协调发展的财政政策［J］．财贸经济，1998（4）：22-30.

资不足问题。柳剑平（2005）研究认为，在研发溢出水平较高时，政府应给予企业研发补贴，以带动其研发投入。解维敏和唐清泉等（2009）指出，技术创新活动具有显著的正外部性，将会导致创新企业预期收益低于社会平均收益的问题，对这类企业进行补贴有利于将研发外部性内在化。朱云欢和张明喜（2010）认为，财政补贴具有浓厚的政治命令色彩，主要通过政府拨款、贷款贴息等方式直接降低社会研发投入，支持关键技术和产业发展。顾瑞兰（2013）研究认为，新能源汽车蕴含着巨大的社会效应，研发活动具有外部性特征，需要充分发挥政府"有形之手"的作用，采用税收、补贴和直接投资等手段从研发、成果转化、产业化等环节进行弥补。储德银和杨姗等（2016）研究认为，对战略性新兴产业的财政补贴和税收优惠，主要是为了解决研发投入的不确定性、研发过程的风险性以及研发成果的公共性和外部性问题。

此外，一些学者从税收贡献、公益捐赠等角度进行研究。唐清泉等（2007）研究发现，政府的补贴比例与企业雇员人数、企业所在行业是否属于公用事业以及企业是否适用高税率等因素显著相关，财政补贴在某种程度上是为了追求社会效应。周霞（2012）基于可持续发展观的角度研究认为，政府发放补贴不仅要考虑企业自身的积累，同时要兼顾经济、社会和环境的可持续发展。其中，经济可持续发展主要指企业要兼顾当前的经济效益和未来的经济效益；社会可持续发展主要指企业要主动承担社会责任与参加公益活动；环境可持续发展主要指企业在生产经营的同时要应用一部分资源保护环境。申香华（2010）认为，补贴资金从政府转移到企业，目的在于促使企业增加投资、扩大规模，从而为当地提供就业机会、财政收入、环境保护和社会捐赠。杜勇和陈建英（2018）研究发现，政府通常会倾向于对进行慈善捐赠的企业给予更多的补助。

3. 政治动机

（1）地区间资源竞争和官员职位升迁。由于具有容易测量、可观察的特性，一些重要的经济指标成为对政府业绩评价的关键（Naughtom，2000）。王珺（2004）指出，上级政府虽不直接下达各项经济计划指标，但通常会选择几个关键性指标，诸如 GDP、固定资产投资、税收、出口以及利用外资等，然后用这些指标考核政府业绩。周黎安（2007）指出，晋升锦标赛让地方官员对本地经济发展负责，也使得他们不惜一切手段去实现经济发展。洪银兴和曹勇（1996）指出，地方政府为保障转轨期间社会稳定，不得不承担安置下岗职工、提供物价补贴和企业亏损的负担；同时，受地方经济利益的驱动，地方政府作为本地区企业的总代表参与市场竞争，创造良好的市场条件、给予大量的补贴引导外地资源流入本地区。李津燕（2005）提出，地方政府存在和发展的主要目的是实现一定范围内的公共利益，但不能忽视组织成员的个人利益，即地方政府官员自身的经济收入与仕途升迁，在以经济建设为中心的背景下，一个地方经济发展状况往往决定了该地政府官员的政治、经济利益，官员们往往为了个人利益而忽视全局利益，产生地方保护主义，对当地企业给予工商、税收、土地方面的支持①。王凤翔和陈柳钦（2005）研究指出，地方政府为了资源争夺，对本地竞争性企业提供补贴具有明显的倾向性，获得补贴的企业主要包括高科技企业、创造就业企业、地区优先扶持发展产业的主导企业、上市公司、中小企业和进行资产重组的企业。郭剑花和杜兴强（2011）以民营上市公司为样本，研究发现与政府相联系的企业容易受到政府干预，政府给予财政补贴是为了弥补这些公司所承担的雇员负担。曹春方等（2014）将政府干预区分为官员个体动机和地方政府群体动机，发现地方政府财政动机和官员晋升压力动机均能导致地方国企过度投资。白重恩（2015）的研究表明，地方政府帮助企业的动力在于可以从企业中获得收益，这种收益包括成就感、晋升资本、税收和其他资本。

（2）保壳与融资动机。地方企业的发展状况可能直接关系到地区发展的形象和官员政绩，为了维护地区的良好形象和提升官员在任期内的业绩，通常政府会给予当地企业较大的政策扶持。特别是对于亏损类上市公司，由于上市公司面向全国，影响面较广，如果出现亏损或退市的情况，其负面效应更加凸显，地方政府对此格外重视，常常通过提供补贴、税收优惠等来改善企业经营业绩，帮助上市公司保壳或融资，进而实现维护地区形象和提升官员政绩。陈晓和李静（2001）从上市公司获得补贴前后净资产收益率的变化角度，研究发现地方政府出于自身目的，积极参与上市公司盈余管理，对上市公司进行大量的补贴和税收优惠，以帮助它们在资本市场中配股或再融资。黄锡生和唐绍均（2002）发现政府对企业发放补助能够及时有效地协助连续亏损两年的企业进行盈余管理，显著地拉高企业当期账面利润，从而帮助上市公司防止出现连续三年亏损甚至暂停上市的困境，进而保护了当地宝贵的"壳资源"。盛敏（2005）研究发现，一些地方政府以上市公司数量作为官员考核标准，如果上市公司被退市，很可能影响官员的政绩，为此政府会对亏损类上市公司进行补贴。龚小凤

---

① 李津燕．地方政府行为与市场秩序构建［D］．武汉：武汉大学，2005．

（2006）的研究表明，财政补贴在上市公司扭亏为盈的过程中发挥着重要作用，一些 ST 公司依靠补贴实现了保壳目的。朱松和陈运森（2009）研究发现，当上市公司经营状况不佳时，政府通常会帮助它们进行盈余管理。

（二）财政补贴影响因素研究

1. 政治关联因素

由于国企主要领导由相关政府管理部门任命，国有企业在资源争夺上更具有优势。刘浩（2002）研究认为，国有企业对财政补贴的获得具有正向影响。陈冬华（2003）研究发现，具有政治联系的上市公司董事长在公司董事会中占有重要席位，并且这种政治联系的影响越大，上市公司获得的政府补助越多。白重恩（2004）的研究表明，政府更倾向于向提供税收和国有企业补贴。杨瑾淑（2006）的研究表明，上市公司的国有股权比例在发行新股、配股以及获得财政补贴的规模上具有显著优势。潘越和戴亦一等（2009）研究发现，在财政富余的地区，政治关联度越高，陷入财务困境的企业获得的政府补助越多。单荣兰（2010）研究发现，国有控股企业明显比其他企业获得的补贴多。邵敏和包群（2011）研究发现，国有企业获得财政补贴的概率和补贴程度均高于私人企业。杜勇（2011）研究发现，国有企业在发生亏损时，更倾向于使用税收减免、资产置换、补贴收入及债务重组等外部扭亏方式。张璐（2012）研究发现，在财政富余的地区，高管的政治关联对于企业获得的财政补贴规模影响较大。孔东民和刘莎莎等（2013）研究发现，从整体规模来看，国有企业获得的财政补贴高于民营企业。彭若弘和王茜（2016）研究发现，国有企业与政府存在天然关联，这种政治关联能为企业带来银行贷款、财政补贴等方面的便利。

2. 行业特征因素

Robert 和 Wim（1990）研究发现，当行业出现经济衰退时，政府会对其进行补贴；同时政府也会为了提高新兴行业竞争力而提供相应的补贴。Aydin（2007）研究发现，政府会对钢铁、船舶行业进行补贴，以防止它们对产业类上下游的冲击。吕久琴（2010）按照行业描述了财政补贴的现状，其中补贴金额最多的三个行业分别是电力、燃气以及水的生产和供应业，房地产行业和社会服务业，补贴占比前三大的行业分布是机械、设备和仪表行业，电子行业以及医药生物行业。黄蓉和赵黎鸣（2011）在检验政府补助的保壳动机时，发现公司类型、地区和行业对补助的影响不显著；在检验培优动机时，发现地区和行业对补助有显著影响[1]。陆国庆和王舟（2014）等指出，补贴是我国政府目前扶持和发展战略性新兴产业的主要方式。柳光强和杨芷晴等（2015）研究发现，金融危机后，欧美国家采用财政补贴、税收优惠等方式支持低碳经济、新能源、生物制药等新兴行业发展。陶璐雅（2018）以深圳创业板上市公司为研究样本，研究发现产业关联度高的创业板上市公司可以获得更多的财政补贴，因其战略性新兴产业具有较强的发展前景。此外，处于国家重点支持产业的上市公司对获得补贴具有显著影响。

3. 经济与社会因素

唐清泉和罗党论（2007）研究发现，财政补贴会倾向于吸纳就业和提供公共产品服务的企业。张洪辉和王宗军（2010）研究发现，地方的就业压力、税收等与当地企业的过度投资正相关，这说明政府部门将其就业、税收等公共目标内化到企业造成过度投资。类似地，黄俊和李增泉（2014）研究发现，政府保持就业稳定的目标使得企业面临不利的投资机会时也不会减少投资。陶真婵（2014）研究认为，企业承担社会责任有利于获得财政补贴，社会责任具体包括缴纳税金、提供就业和公共物品等。魏芳（2017）的研究也认为，政府提供财政补贴时可能选择那些提供大量就业机会、涉及国计民生的高社会收益的企业，而未必是具有较强市场竞争力的企业。

4. 地区因素

刘溶沧和夏杰长（1998）研究认为，地方政府财政状况决定地区的公共服务水平，由于历史和现实原因，我国各地区的财政水平差距明显，导致地区间的公共服务水平差距明显，中央政府需要对落后地区的企业进行补贴，以扶持它们的发展。Cai 和 Treisman（2005）指出，在资源禀赋不同的情况下，那些初始条件好的地区将投入更多的资源改善投资环境，吸引优质企业前来投资。樊纲和王小鲁（2007）研究认为，地区间资源禀赋、地理位置、国家政策等方面的差异，导致地区间的财政实力不同，补贴受到地方政府财政实力的影响。唐雪松和周晓苏等（2010）研究发现，国内市场化程度越低的地区，GDP 增长相对越落后的地区，政府干预的动

---

① 黄蓉，赵黎鸣. 政府补助：保壳还是培优［J］. 暨南学报（哲学社会科学版），2011，33（1）：66-73.

机就越强烈，该地区的企业过度投资就越严重。梁琦和李晓萍等（2012）研究发现，欠发达地区的补贴政策倾向于吸引低效率企业进入。步丹璐（2012）的统计数据表明，东部地区企业获得的财政补贴金额显著高于中西部地区。许罡和朱卫东等（2012）研究发现，财政分权程度越高的地区，政府对国有企业的补助越多，而对非国有企业的补助则越少。胡荣才和曾汪泉（2014）研究发现，中部六省地方政府对上市公司的补贴存在差异，差异的原因可能是财政政策本身，也可能是经济发达和财政收入高的原因。佟爱琴和陈蔚（2016）研究发现，在制度环境较差的地区，民营企业更易通过政治联系获取财政补贴。苑德宇和李德刚（2018）研究发现，集聚对企业获得财政补贴的影响存在地区和所有制差异，东部地区和民营企业能够获得更多的财政补贴。

5. 公司特征

一些学者从企业特征角度出发，对财政补贴的影响因素进行了研究。张洪辉（2015）研究发现，财政补贴与上市公司盈利能力呈负相关，随着企业盈利能力的提升，获得财政补贴的金额呈加速减少趋势。朱松和陈运森（2009）认为，政府会基于企业亏损程度造成的影响而决定补贴力度，会为那些容易扭亏为盈的企业增加补贴的力度。吕久琴（2010）研究发现，公司盈利能力、成长能力、偿债能力等对财政补贴的获得没有显著影响，但反映公司规模的资产、收入和员工人数等对财政补贴有显著影响。刘亚莉和张曼迪（2010）以房地产行业的 107 家上市公司为研究样本，发现企业资产和收入规模是影响补贴规模的重要因素。邵敏和包群（2011）研究了地方政府补贴企业的行为标准，认为地方政府更加倾向于补贴市场竞争力较强的企业，但在受补贴的企业中则更倾向给予市场竞争力较弱的企业更高程度的补贴[①]。耿强（2013）的研究表明，面临亏损的企业以及受融资约束较弱的企业更有可能获得补贴，同时企业性质也是影响财政补贴的重要因素。邹彩芬和刘双（2013）的研究表明，纺织企业的偿债能力和盈利能力是影响获得财政补贴的重要因素。彭昊和魏凤（2013）研究发现，企业性质、资产规模和负债水平与企业获得补贴呈正相关。

---

① 邵敏，包群. 地方政府补贴企业行为分析：扶持强者还是保护弱者？[J]. 世界经济文汇，2011（1）.

（三） 财政补贴的经济效益和社会效应研究

站在经济学的视角下，效益和效应的概念并无差异，都是指应用某项资源所产生的影响。一般而言，经济效益主要指生产经营活动能够取得的经济效果，可以通过一系列经济指标量化分析，揭示生产经营活动的效率。社会效应主要是指某项活动对当地社会发展所做的贡献。政府对上市公司的财政补贴既有经济效益，也有社会效应。从经济效益角度来看，首先，财政补贴作为企业一项重要的经济资源，能够增加企业的生产要素，提高企业的利润水平，促进企业发展。其次，财政补贴作为免费的经济资源，有利于引导企业贯彻政府的经济政策，促进产业结构的优化升级，进而可以推动市场资源的优化配置。从社会效应角度来看，如何衡量财政补贴的社会效应，一直备受关注。国内外学者往往从企业角度出发，将企业能否承担社会责任作为衡量补贴社会效应的依据。本文通过梳理文献发现，学者一般从环境保护、员工利益、对所在地区的贡献、产品和对其他利益相关者的影响等方面衡量企业承担的社会责任（卢代富，2001；李正，2006；沈洪涛，2007）。但往往一些数据很难通过公开渠道获得，所以学者对企业社会效应的研究主要集中在增加地区就业、对地区税收的贡献、能否提供公共产品和科研创新等角度。

1. 经济效益

（1）对产业发展的影响。吴涛（2002）研究认为，财政补贴有利于促进高新技术产业的发展和传统产业的技术革新。张同斌和高铁梅（2012）研究发现，财政激励和税收优惠对于高新技术行业增值率和内部结构优化的激励作用十分明显，但财政激励比税收优惠更能有效促进高新技术产业的发展。柳光强和杨芷晴等（2015）研究发现，税收优惠和财政补贴对于信息技术、新能源产业的发展具有显著的正向影响。肖兴志（2011）和熊勇清等（2015）研究认为，财政补贴是推动战略性新兴产业发展的重要手段。贾敬全和殷李松（2018）研究认为，财政支出对产业结构优化升级具有辐射带动作用。但一些学者却表达了相反的观点。宋凌云和王贤彬（2013）研究发现，财政补贴显著地加快了产业结构变动，但这种变动效应具有短期性，补贴政策未能发挥出长期效应。熊勇清和李晓云等（2015）研究认为，供给端财政补贴造成了光伏行业非理性扩张、过度依赖出口等问题。王昀和孙晓华（2017）研究发现，财政补贴有利于促进企业研发投入，但工业企业整体创新投入水平较低，尚未显现出推动企业转型升级的预期效果。

（2）对企业发展的影响。Lee（1996）以韩国制造业企业为样本，研究发现税收激励有助于改善制造业的资源配置和企业经济效益。陈冬华（2003）研究发现，地方政府对上市公司影响越大，所给予补贴规模越大，这种补贴收入会使本地企业在竞争中具有更大的优势。赵东平（2008）认为，政府补贴扩大了企业规模，提高了企业效应，促进了技术进步。潘越和戴亦一等（2009）研究认为，政府补贴可以明显改善公司当年业绩，政治关联较弱的民营企业相对于国企以及政治关联较强的企业而言，获得政府补贴对公司长期业绩的提高作用明显。孔东民和李天赏（2014）研究发现，财政补贴对于提升企业资产收益率、销售利润率等经济效益指标具有重要作用。杨晔和王鹏等（2015）研究发现，财政补贴对企业经济绩效具有正向促进作用，但补贴分配和研发补贴效率还有待提高。魏志华和赵悦如等（2015）利用沪深两市 2008—2013 年 1 887 家上市公司为样本，研究发现补贴对公司业绩具有显著正向影响。

一些学者表达了与此相反的观点。李扬（1990）指出，我国绝大多数政府补贴只是起到维持企业生存的作用，对企业发展造成不利影响。Beason 和 Weinstein（1996）研究发现，财政补贴导致企业业绩呈现低增长的态势，并且出现了规模报酬递减。Bergstrom（2000）研究发现，瑞典政府对企业的投资补贴会导致企业短时间内业绩提高，第二年补贴的负效应开始凸显。Tzelepis 等（2014）研究了希腊公司在获得财政补贴后的经营绩效，发现补贴增加了企业现金流，提高了企业偿债能力，但不利于生产效率和盈利能力的提高。林万龙和张莉琴（2004）研究发现，政府对农业龙头企业的补贴扶持，对其主营业务的增长并无明显帮助。邹彩芬和许家林等（2006）研究发现，补贴增强了企业的偿债能力，但却导致企业管理者的非生产性寻租行为。郭剑花和杜兴强（2011）研究发现，财政补贴对公司绩效的促进作用显著低于无政治联系的民营企业，揭示了政治关联改变了财政补贴的具体流向，降低了资源的配置效率。黄蓉和赵黎鸣（2011）选择 2002 年至 2008 年的上市公司为样本，研究发现财政补贴既没有为需要保壳的上市公司雪中送炭，也没有为绩优公司锦上添花。林佩珊（2013）以 A 股中 ST 上市公司为研究对象，通过实证分析发现，虽然政府补助可以在短期内提高研究对象公司的盈利水平，但从长期角度来看，政府补助对于企业提高自身竞争力并无帮助，这也就表明政府补助的发放可能是出于为 ST 公司进行保壳。杜勇和鄢波等（2018）研究发现，政府补助作为以政府为主导的资源再分配手段，并没有实质性地改善亏损企业的扭亏绩效，反而让亏损企业更加依赖于政府补助，使他们逐渐丧失了通过自身经营的努力实现扭亏的动力和能力，并且政府补助的配置效率整体上偏低①。

2. 社会效应

唐清泉和罗党论（2007）认为，补贴没有提高上市公司的经济效益，但却有助于提高社会效应。陈林和朱卫平（2008）研究认为，在一个具有劳动力禀赋的发展中国家，通过出口退税补贴，有利于提高本国企业利润，促进社会福利增加。Okubo 和 Tomiura（2010）以日本企业数据研究发现，区域政策对企业生产效率提升具有负面影响，但有利于提高区域内的就业水平和缩小贫富差距。朱云欢和张明喜（2010）研究发现，财政补贴在一定程度上弥补了企业研发活动外部性带来的成本和风险。杨其静和杨继东（2010）发现，获得补贴的企业人均工资水平显著高于未获补贴的企业。夏益国和孙群等（2015）通过对比中美两国财政补贴农业保险前后保险赔付率的变化，指出在难以市场化的情况下，农业保险补贴有助于改善农业保险赔付率从而校正市场失灵。马嘉楠和周振华（2018）以 2011—2014 年上海张江高科技园区 3 194 家企业为样本，研究发现科技补贴对企业研发投入有显著推动作用，补贴的激励作用受到企业规模和发展时间的影响，企业规模越大、发展时间越年轻的企业，财政补贴对创新投入的促进效果越强。林木西和张紫薇等（2018）以 2010—2016 年 A 股上市公司为样本，研究发现财政补贴和税收优惠均能有效激励企业增加研发投入。

与此同时，也有一些学者表达了相反的观点。余明桂等（2010）研究发现，具有政治关联的民营企业获得的财政补贴与企业经济效益和社会效应呈负相关，不具有政治联系的企业获得补贴能够促进经济效益和社会效应的提高，地方政府基于政治联系的财政补贴会导致市场配置资源效率下降。申香华（2010）以 2003—2006 年河南地区的上市公司为样本，研究发现财政补贴并没有促进税收、捐赠等方面的增加。孔东民和刘莎莎等（2013）以税收、捐赠和雇员人数为衡量社会效应的替代指标，研究发现国有企业获得补贴之后，无论是在生产效率上还是在企业责任上均有明显下降，这说明政府向国企提供补贴并未达到提升其生产效率或社会责任的目的。巫强和刘蓓（2014）研究发现，研发活动定额补贴没有对战略性新兴产业上市公司的技术进步产生显著积极影响。于赛渊（2017）以 2007—

---

① 杜勇，鄢波，张欢，等. 慈善捐赠、政府补助与扭亏绩效：基于中国亏损上市公司的经验证据 [J]. 经济科学，2015，37（4）：81-94.

2015 年我国非金融类上市公司为样本，实证研究发现补贴对社会效应的替代变量税收的影响为负，由此认为补贴无法增强社会效应。

（四） 国内外研究评述

综上，国内外学者对于财政补贴动机的研究主要分为经济动机、社会动机和政治动机。对于财政补贴影响因素的研究主要分为政治关联、行业特征、经济增长和社会发展因素以及地区因素。对于财政补贴效应的研究，主要包括经济效益和社会效应两个方面。

虽然已有很多学者对我国财政补贴的动机、影响因素及经济效益和社会效应进行了探讨，但本文认为还有以下几个方面有待完善。

第一，以往的研究更侧重对补贴动机、影响因素及经济效益和社会效应中某一方面的研究，并未将财政补贴的动机、影响因素及经济效益和社会效应纳入一个研究体系中进行分析。

第二，由于上市公司已披露的财政补贴规模较大、用途多样，学者们从整体的角度对财政补贴进行研究存在一定困难，通常他们选择从某一领域出发，着重研究这个领域与财政补贴相关的问题。这样就会因为研究角度和样本的差异而产生不同的结果，不利于从整体上把握财政补贴的影响因素及经济效益和社会效应。

第三，学者们对于财政补贴的经济效益和社会效应研究还有待于完善。一方面，由于社会效应难以量化，以往学者更注重对财政补贴经济效益的研究，忽视对社会效应的考虑；另一方面，对于补贴的社会效应还缺乏系统的实证研究。

三、上市公司财政补贴现状分析

本文所选取的数据均来自 wind 和同花顺数据库，但由于两个数据库在统计 2017 年财政补贴金额时差异十分明显，出于严谨性考虑，本文选择我国 A 股上市公司 2008 年至 2016 年的财政补贴数据进行统计性分析，并尝试着对上市公司财政补贴现状进行描述。其中，行业分类参照了 wind 门类行业标准，共分为 11 个行业类别，同时在此分类基础上，进一步将所有行业划分为传统行业和新兴行业两类。

（一） 分年度统计分析

2008—2016 年上市公司财政补贴分年度情况如表 5-1 所示。

表 5-1 2008—2016 年上市公司财政补贴情况

年度	补贴数量（家）	公司数量（家）	补贴覆盖面（%）	补贴金额（亿元）	最大值（亿元）	最大值对应公司	平均值（万元）	中位数（万元）
2008	1 210	1 568	77	326.20	160.06	中石油	2 695.86	403.42
2009	1 415	1 666	85	257.44	11.15	中国国旅	1 819.39	535.94
2010	1 788	2 014	89	372.35	9.83	中石油	2 082.47	594.83
2011	2 101	2 295	92	526.03	12.25	中石油	2 503.69	684.75
2012	2 281	2 450	93	720.80	28.14	中石化	3 160.01	819.94
2013	2 311	2 452	94	736.86	29.08	中石油	3 188.50	892.81
2014	2 439	2 576	95	885.51	39.32	中石油	3 630.63	900.47
2015	2 693	2 799	96	1 189.83	50.02	中石化	4 418.24	980.37
2016	2 925	3 026	97	1 243.31	57.79	中石油	4 250.62	1 123.57

表 5-1 的统计数据显示，2008 年至 2016 年，我国 A 股上市公司累计 19 163 家获得财政补贴，金额共计 6 258.33 亿元。其中，从财政补贴范围来看，补贴覆盖面不断扩大，由 2008 年的 77% 扩大到 2016 年的 97%，几乎所有的上市公司都获得了财政补贴。从补贴金额来看，无论是总补贴金额还是平均补贴金额都呈增长态势，2008 年财政补贴总规模为 326.20 亿元，到 2016 年增长将近 3 倍，达到 1 243.31 亿元，年复合增长 16%；平均补贴规模年复合增长 5%，截至 2016 年年底，每家上市公司平均获得补贴 4 250.62 万元。从最大值来看，中石油 9 年间 6 次成为榜首，累计获得 383.54 亿元补贴。同时，进一步观察发现，榜首的上市公司全部为中央所属，除中国国旅外均是能源行业。从平均值和中位数角度看，两者之间的差距明显，说明补贴具有一定的偏好。

（二）分性质统计分析

为厘清政府补贴的性质，本文利用同花顺数据库所披露的补贴信息，将 2014—2016 年财政补贴依据具体用途划分为 8 类，分别为：因从事国家鼓励和扶持特定行业、产业而获得的补贴；因研究开发、技术更新及改造等获得的补贴；一般性生产扶持补贴；税收返还与税收优惠；因符合地方政府招商引资、税收贡献等而获得的补贴；奖励上市等利用资本市场融资给予的补贴；承担社会责任等给予的补贴；将无法区分具体用途的补贴划分为其他科目。其中，一般性生产扶持补贴主要包括了企业发展扶持资金和亏损补贴；承担社会责任的补贴大致分为稳定就业、就业培训、招用残疾人、毕业生见习、保护环境及救灾捐赠等补贴。

根据上述分类方法，得到如表 5-2 所示统计结果。

表 5-2　2014—2016 年财政补贴性质分类统计

项目	2014 年			2015 年			2016 年		
	数量（项）	金额（亿元）	比例（%）	数量（项）	金额（亿元）	比例（%）	数量（项）	金额（亿元）	比例（%）
从事国家鼓励和扶持特定行业、产业	10 613	282	32	13 624	449	38	19 932	513	41
研究开发、技术更新及改造	7 816	108	12	12 986	173	15	11 912	136	11
一般性生产扶持	3 483	257	29	3 095	253	21	2 763	244	20
税收返还与优惠	1 119	154	17	1 268	187	16	1 418	232	19
因符合地方政府招商引资、税收贡献等而获得的补贴	1 021	27	3	892	42	4	1 340	42	3
奖励上市等利用资本市场融资	117	2	0.2	381	15	1	505	10	1
承担社会责任	971	9	1	1 574	16	1	3 903	40	3
其他	1 491	47	5	2 145	54	5	2 487	25	2
合计	26 631	886	100	35 965	1 189	100	44 260	1 242	100

由表 5-2 可知，2014—2016 年上市公司财政补贴分别有 26 631 项、35 965 项和 44 260 项，平均每项金额分别为 332.69 万元、330.60 万元和 280.61 万元。具体而言，从数量来看，2014—2016 年政府用于产业扶持和研发创新的补贴最多，占比 70% 以上；用于扶持企业生产补贴和因符合地方政府相关政策而获得的补贴也占有相当高比例；承担社会责任获得的补

贴不断增加。从金额来看，用于产业扶持补贴和一般性生产扶持补贴规模较大，两者合计占比约为60%；从平均金额来看，政府用于税收扶持和企业一般性生产扶持补贴的金额较大，平均金额分别为1 505.91万元和807.19万元；用于产业扶持、研发创新和承担社会责任的补贴金额较小，分别为281.65万元、127.47万元和100.81万元。从趋势来看，用于产业扶持、研发创新、招商引资和承担社会责任等的补贴不断增加，用于一般性生产扶持的补贴数量不断下降。

（三）分行业统计分析

本文在wind行业分类标准的基础上，参照国家有关部门出台的《战略性新兴产业分类（2018）》等政策文件以及相关研究报告，将所有行业按门类划分为传统行业和新兴行业，其中新兴行业主要指可选消费、材料、信息技术等知识技术密集、物质资源消耗较少、成长空间较大、综合效益较好的行业。接下来，本文分别从补贴数量和补贴力度两个方面统计了财政补贴在各行业的分布情况，其中补贴数量采用绝对数衡量，补贴力度采用行业补贴金额占总补贴金额比重衡量。相关统计结果如表5-3所示。

表5-3 财政补贴数量和力度统计：分行业   单位：个;%

年度/项目		传统行业							新兴行业					
		电信服务	能源	房地产	工业	金融	公用事业	小计	可选消费	材料	日常消费	信息技术	医疗保健	小计
2008	数量	—	31	71	276	23	63	464	188	232	86	130	110	746
	力度	—	50	2	15	1	5	73	7	11	3	3	3	27
2009	数量	—	40	77	331	27	71	546	223	263	98	160	125	869
	力度	—	4	4	35	3	5	51	11	20	3	9	4	49
2010	数量	2	48	80	438	37	74	679	279	315	118	244	153	1 109
	力度	—	5	3	28	2	5	46	12	22	6	9	4	54
2011	数量	3	55	89	526	45	76	794	327	362	134	303	181	1 307
	力度	—	5	4	26	3	7	45	13	19	6	11	6	55
2012	数量	3	60	94	571	49	82	859	364	381	141	344	192	1422
	力度	—	10	3	26	1	4	44	15	21	5	10	4	56
2013	数量	3	59	95	580	49	84	870	368	390	141	349	193	1 441
	力度	—	10	2	25	3	3	43	19	18	6	10	5	57

续表

年度/项目		传统行业							新兴行业					
		电信服务	能源	房地产	工业	金融	公用事业	小计	可选消费	材料	日常消费	信息技术	医疗保健	小计
2014	数量	3	60	99	622	48	89	921	392	401	150	369	206	1 518
	力度	—	11	2	26	2	3	44	20	17	5	9	4	56
2015	数量	3	64	100	708	55	91	1 021	436	437	163	410	226	1 672
	力度	—	11	2	26	2		45	19	18		10	4	55
2016	数量	3	70	104	774	62	93	1 106	470	471	172	464	242	1 819
	力度	0.2	11	1.5	24	5	2.7	44	20.7	13	5.4	11.8	5.1	56

由表 5-3 可知，2008 年至 2016 年，获得财政补贴的行业从 10 个增加到 11 个，实现行业全覆盖，获得补贴的上市公司数量不断增加。从补贴的分布情况看，尽管传统行业的补贴数量仍占有较大比重，但以材料、信息技术、可选消费等为代表的新兴行业获得补贴数量明显增加。截至 2016 年年末，传统行业获得补贴上市公司数量 7 260 家，占比 37.9%；新兴行业获得补贴上市公司数量 11 903 家，占比 62.1%。从补贴力度上看，新兴行业补贴力度不断提高，2008 年新兴行业补贴力度仅为 27%，不足传统行业的一半，2010 年首次实现超越，补贴力度为 54%，2016 年继续实现增长，补贴力度达到 56%。细分到各行业来看，补贴力度参差不齐。以 2008 年为例，受到中石油、中石化补贴规模大的影响，能源行业补贴金额占比达 50%，除此之外，补贴力度较大的行业还有工业、材料和可选消费，占比分别为 15%、11% 和 7%；而电信行业在 2008 年仅有中国联通和鹏博士两家上市公司，补贴为 0；金融行业补贴力度为 1%。到 2016 年，补贴力度较大的行业分别为工业、可选消费、材料、信息技术和能源行业，合计占比 80.5%；电信行业补贴力度为 0.2%，房地产行业补贴力度为 1.5%。

表 5-4　财政补贴平均规模统计：分行业　　　　　单位：万元

年度	传统行业							新兴行业					
	电信服务	能源	房地产	工业	金融	公用事业	平均	可选消费	材料	日常消费	信息技术	医疗保健	平均
2008	—	52 406	1 028	1 761	1 454	2 515	11 833	1 211	1 552	1 280	822	743	1 122
2009	—	2 639	1 302	2 686	3 042	1 970	2 328	1 214	1 944	1 395	1 458	844	1 371

续表

| 年度 | 传统行业 | | | | | | | 新兴行业 | | | | | |
---	电信服务	能源	房地产	工业	金融	公用事业	平均	可选消费	材料	日常消费	信息技术	医疗保健	平均
2010	138	3 569	1 512	2 372	3 825	3 234	2 442	1 626	2 634	1 981	1 350	1 078	1 734
2011	4 058	4 410	2 312	2 582	3 772	4 538	3 612	2 076	2 823	2 407	1 993	1 657	2 191
2012	4 349	11 772	2 177	3 222	1 857	3 810	4 531	3 017	3 976	2 615	2 153	1 661	2 684
2013	8 135	11 994	1 376	3 117	4 137	3 007	5 294	3 733	3 447	2 892	2 129	1 936	2 827
2014	9 495	15 947	1 894	3 687	3 561	3 432	6 336	4 476	3 689	3 088	2 265	1 841	3 072
2015	10 480	20 894	1 961	4 359	5 609	4 388	7 949	5 107	4 909	3 401	2 828	2 006	3 650
2016	7 839	19 680	1 786	3 812	9 871	3 629	7 770	5 468	3 420	3 878	3 166	2 601	3 707

如表 5-4 所示，就平均补贴规模而言，2008 年传统行业受中石化、中石油所在的能源行业影响，平均补贴规模为 11 833 万元，剔除能源行业的影响，传统行业平均补贴金额为 1 690 万元，新兴行业平均补贴金额为 1 122 万元。自 2009 年开始，传统行业补贴平均额不断提高。到 2016 年末，传统行业平均补贴规模为 7 770 万元，约为新兴行业平均补贴金额的 2 倍。从具体行业看，2008 年补贴前五大行业分别为能源、公用事业、工业、材料和金融，补贴金额分别为 52 406 万元、2 515 万元、1 761 万元、1 552 万元和 1 454 万元；到 2016 年，补贴前五大行业分别是能源、金融、电信服务、可选消费和日常消费，补贴金额分别为 19 680 万元、9 871 万元、7 839 万元、5 468 万元和 3 878 万元。从趋势上看，可选消费、信息技术、日常消费和医疗保健等新兴行业平均补贴金额虽小，但增速明显，复合增长率高达 14%；电信服务、工业、金融和能源行业在个别年度出现下降，但整体上保持增长态势，房地产行业平均补贴规模呈不断下降趋势。

（四）分地区统计分析

刘溶沧和夏杰长（1998）等学者在比较我国地区间经济发展差距时，把我国行政区域划分为东部、中部和西部地区。在此基础上，为了能够更加直观分析各区域的补贴情况，本文借鉴刘利芳（2018）的做法，将我国的行政区域进一步划分为 7 类。其中，东北综合经济区包括黑龙江、吉林和辽宁；环渤海经济圈包括北京、天津、河北和山东；珠三角经济区包括福建、广东和海南；长三角经济区包括上海、江苏和浙江；中部6省综合经济区包括山西、河南、安徽、江西、湖北和湖南；大西南综合经济区包括西藏、四川、重庆、云南、贵州和广西；大西北综合经济区包括内蒙古、宁夏、陕西、青海、甘肃和新疆。在此基础之上，为了方便比较，本文根据区域位置、经济状况等将环渤海经济圈、珠三角经济区和长三角经济区划分为经济发达区域，其他区域划分为经济欠发达区域。

　　根据表5-5的统计数据，从财政收入角度看，长三角经济区、环渤海经济圈和珠三角经济区经济发达，人口众多，地区财政收入水平高，财政收入占比约56%；中部6省综合经济区、东北综合经济区、大西南综合经济区和大西北综合经济区经济相对落后，财政收入水平低，财政收入占比将近44%。从财政补贴角度看，长三角经济区、环渤海经济圈和珠三角经济区经济发达，聚集的上市公司数量较多，财政补贴规模较大，补贴金额占所有地区的70%；中部6省综合经济区、东北综合经济区、大西南综合经济区和大西北综合经济区上市公司数量较少，补贴规模相对较小，补贴规模占所有地区的30%。剔除发展水平相对较好的中部6省，经济欠发达地区的补贴规模占所有地区的16%。

表5-5　中国财政收入和补贴占比情况：分地区　　　　　　单位:%

年度	经济发达地区						经济欠发达地区							
	环渤海经济圈		珠三角经济区		长三角经济区		中部6省综合经济区		东北综合经济区		大西南综合经济区		大西北综合经济区	
	收入	补贴	收入	补贴	收入	补贴	收入	补贴	收入	补贴	收入	补贴	收入	补贴
2008	19	64	15	12	25	9	15	7	8	2	11	4	7	3
2009	19	32	15	23	24	13	15	13	8	4	11	7	8	7
2010	18	29	15	23	24	12	16	14	8	7	12	9	8	6
2011	18	32	14	21	22	13	16	16	9	5	12	7	8	5
2012	18	33	14	20	21	14	17	14	9	5	13	10	8	5
2013	18	34	14	20	21	16	17	14	9	5	13	7	8	5
2014	18	36	14	22	21	16	18	13	9	3	13	7	8	5
2015	19	35	15	20	22	17	18	12	9	4	13	7	8	6
2016	19	30	16	24	23	19	18	12	9	3	12	6	8	6

　　根据表5-6的统计数据，从平均补贴规模看，受中石化和中石油极端

值的影响，经济发达地区 2008 年平均补贴规模显著高于经济欠发达地区。剔除极端值的影响，两者的差距并不十分明显。但从 2013 年开始，两者的差距不断扩大。从区域内部来看，环渤海经济圈平均补贴规模显著高于珠三角经济区和长三角经济区，这是因为环渤海地区是中央企业的聚集地，这里共有 76 家中央企业；珠三角经济区受工业、信息技术、可选消费和医疗保健等行业发展，补贴规模不断提升，位居第二位。在经济欠发达地区，大西北综合经济区近年来补贴规模提升较快，主要得益于中央政府的政策支持。其中，获得补贴企业中民企占到了一半，主要补贴行业为可选消费。

表 5-6　财政补贴平均规模统计：分地区　　　　　单位：亿元

年度	经济发达地区				经济欠发达地区				
	环渤海经济圈	珠三角经济区	长三角经济区	平均	中部6省综合经济区	东北综合经济区	大西南综合经济区	大西北综合经济区	平均
2008	7 160	1 146	1 822	3 376	1 160	797	821	926	926
2009	2 930	1 553	1 424	1 969	1 532	1 279	1 125	1 610	1 386
2010	3 015	1 841	1 960	2 272	1 792	2 645	2 123	1 707	2 067
2011	4 125	1 977	2 027	2 710	2 575	2 193	2 141	1 955	2 216
2012	4 763	2 328	2 593	3 228	3 005	2 958	4 070	2 543	3 144
2013	5 106	2 361	2 926	3 464	2 871	2 589	2 894	2 547	2 725
2014	6 532	2 978	3 684	4 398	3 139	2 163	3 044	2 828	2 793
2015	8 682	3 378	4 243	5 434	3 638	2 864	3 681	4 567	3 688
2016	6 181	3 836	4 612	4 877	3 509	2 821	3 109	4 104	3 385

根据表 5-7 和表 5-8 的统计数据，从内部结构来看，2015 年经济发达地区侧重对能源、工业等传统行业及部分新兴行业进行补贴。2015 年经济发达地区对传统行业和新兴行业的补贴规模分别为 438.9 亿元和 414.4 亿元。在经济欠发达地区，侧重对材料、可选消费和信息技术行业等新兴行业进行补贴，2015 年新兴行业补贴金额共计 239.6 亿元，传统行业为 96.9 亿元。2016 年经济发达地区对新兴行业的补贴力度加大，传统行业补贴力度基本上保持不变。数据显示，经济发达地区传统行业和新兴行业补贴金额分别为 441.3 亿元和 473.4 亿元，可选消费和信息技术等新兴行业补贴金额不断增长。在经济欠发达地区，对传统行业的补贴有所增加，但补贴

主要集中在新兴行业。

表 5-7　2015 年财政补贴规模统计：分地区和分行业　　单位：亿元

行业		经济发达地区				经济欠发达地区				
		环渤海经济圈	珠三角经济区	长三角经济区	小计	中部6省综合经济区	东北综合经济区	大西南综合经济区	大西北综合经济区	小计
传统行业	电信服务	2.9	—	—	2.9	—	—	0.2	—	0.2
	能源	119.8	2.2	0.0	122.1	6.3	0.4	0.1	4.8	11.6
	房地产	2.8	8.8	1.8	13.4	2.4	0.3	3.4	0.2	6.2
	工业	117.5	83.2	47.8	248.5	29.4	5.5	9.1	16.2	60.1
	金融	1.7	10.4	13.5	25.6	1.3	0.8	0.6	2.5	5.2
	公用事业	18.5	5.2	2.7	26.4	5.1	4.4	3.2	1.0	13.6
新兴行业	可选消费	42.4	63.5	67.0	172.9	27.3	6.9	12.2	3.5	49.8
	材料	54.7	24.9	13.1	92.7	37.3	15.5	39.0	30.1	121.8
	日常消费	9.6	6.6	12.5	28.8	9.6	1.5	5.0	10.5	26.7
	信息技术	35.4	25.2	29.4	90.1	17.6	2.7	2.3	3.2	25.9
	医疗保健	6.2	11.4	12.3	30.0	4.0	4.7	5.7	0.9	15.4

表 5-8　2016 年财政补贴规模统计：分地区和分行业　　单位：亿元

行业		经济发达地区				经济欠发达地区				
		环渤海经济圈	珠三角经济区	长三角经济区	小计	中部6省综合经济区	东北综合经济区	大西南综合经济区	大西北综合经济区	小计
传统行业	电信服务	2.2	—	—	2.2	—	—	0.2	—	0.2
	能源	119.7	2.8	0.1	122.6	7.6	0.5	2.9	4.2	15.1
	房地产	3.4	10.8	2.8	16.9	0.2	0.1	1.1	0.3	1.7
	工业	84.7	99.4	46.4	230.5	29.2	7.0	11.4	16.9	64.5
	金融	1.6	24.0	22.4	48.0	1.9	2.2	2.2	6.9	13.2
	公用事业	13.3	6.0	1.8	21.0	3.4	5.6	2.5	1.2	12.7

续表

行业		经济发达地区				经济欠发达地区				
		环渤海经济圈	珠三角经济区	长三角经济区	小计	中部6省综合经济区	东北综合经济区	大西南综合经济区	大西北综合经济区	小计
新兴行业	可选消费	46.2	71.0	82.0	199.2	26.9	9.2	19.1	2.7	57.7
	材料	39.7	28.6	15.7	83.9	33.7	5.5	15.4	22.5	77.2
	日常消费	11.7	7.8	16.2	35.7	10.8	1.1	5.8	13.4	31.0
	信息技术	45.9	35.8	34.6	116.4	23.3	2.1	3.2	2.0	30.5
	医疗保健	8.8	14.4	14.9	38.2	7.1	6.9	9.7	1.1	24.8

（五）分企业性质统计分析

一些学者研究表明，企业性质是影响财政补贴的主要原因之一。刘浩（2002）和孔东民（2014）等研究发现，国企相对于民企更容易获得财政补贴。长期以来，相对于国有企业而言，民营企业在资源获取等方面处于劣势地位。本文按照 wind 的分类标准，将上市公司的企业性质分为中央国有企业、地方国有企业、公众企业、集体企业、民营企业、外资企业和其他企业。表 5-9 的统计结果显示，从数量上看，地方国有企业获得的补贴最多，民营企业获得的补贴增长迅速。从补贴规模来看，中央国有企业和地方国有企业享受的财政补贴规模远高于民营企业。从趋势上看，国有企业和民营企业之间的补贴规模差距不断缩小，中央国有企业补贴规模不断下降，民营企业补贴规模不断上升，地方国有企业补贴规模变动较小。

表 5-9　财政补贴规模统计：分企业性质　　　单位：个；亿元

年度	数量规模	中央国有企业	地方国有企业	民营企业	公众企业	集体企业	外资企业	其他企业
2008 年	数量	226	411	385	60	11	27	16
	规模	210.00	61.47	31.51	11.07	0.93	1.88	1.68
2009 年	数量	246	454	417	65	12	31	22
	规模	88.45	79.08	42.33	17.87	1.93	2.67	2.50

续表

年度	数量规模	中央国有企业	地方国有企业	民营企业	公众企业	集体企业	外资企业	其他企业
2010 年	数量	245	467	431	68	12	30	23
	规模	96.99	106.32	73.92	25.16	1.39	4.76	2.18
2011 年	数量	249	484	436	71	13	34	25
	规模	129.91	142.94	105.43	30.30	2.23	5.66	3.07
2012 年	数量	253	492	444	70	12	35	25
	规模	192.58	188.48	111.77	34.62	1.81	7.69	24.16
2013 年	数量	258	494	460	72	13	36	23
	规模	178.73	216.40	106.93	36.83	2.71	7.81	4.80
2014 年	数量	259	503	460	74	13	32	23
	规模	248.21	236.35	112.59	43.05	2.51	7.57	13.97
2015 年	数量	262	511	475	76	12	36	23
	规模	346.95	317.14	144.91	59.83	2.58	13.02	14.68
2016 年	数量	265	505	483	76	13	36	22
	规模	306.04	294.84	146.91	74.74	6.71	20.28	9.20

如表 5-10 和表 5-11 所示，从分地区和分企业性质来看，以 2015 年为例，中央国有企业和地方国有企业在经济发达地区补贴金额明显高于经济欠发达地区，其中环渤海经济圈中央企业补贴金额最高，达到 290.1 亿元；长三角经济区的地方国有企业补贴金额最高，达到 88.9 亿元。从民营企业角度看，经济发达地区补贴金额显著高于经济欠发达地区。2016 年，经济发达地区对中央国有企业的补贴有所下降，对地方国有企业的补贴有所上升，而经济欠发达地区正好相反。民营企业的补贴规模较上年情况变动较小，在经济发达地区和经济欠发达地区差异明显。

表 5-10　2015 年财政补贴情况统计：分地区和分企业性质　　单位：亿元

企业性质	经济发达地区				经济欠发达地区				
	环渤海经济圈	长三角经济区	珠三角经济区	小计	中部6省综合经济区	东北综合经济区	大西南综合经济区	大西北综合经济区	小计
中央国有企业	290.1	41.4	23.6	355.1	25.2	9.2	13.6	8.9	56.9

续表

企业性质	经济发达地区				经济欠发达地区				
	环渤海经济圈	长三角经济区	珠三角经济区	小计	中部6省综合经济区	东北综合经济区	大西南综合经济区	大西北综合经济区	小计
地方国有企业	65.0	88.9	66.2	220.1	54.3	19.2	43.5	32.6	149.5
民营企业	52.6	91.8	69.1	213.4	47.2	10.8	21.5	21.3	100.7
公众企业	1.6	13.4	30.5	45.5	7.4	2.3	1.2	7.7	18.6
集体企业	1.4	0.2	0.1	1.6	0.4	0.7	0.1	0.1	1.3
外资企业	0.2	4.0	10.0	14.2	4.9	0.1	0.7	0.3	6.0
其他企业	0.8	2.0	0.5	3.3	1.0	0.2	0.3	2.0	3.5

表 5-11　2016 年财政补贴情况统计：分地区和分企业性质　单位：亿元

企业性质	经济发达地区				经济欠发达地区				
	环渤海经济圈	长三角经济区	珠三角经济区	小计	中部6省综合经济区	东北综合经济区	大西南综合经济区	大西北综合经济区	小计
中央国有企业	238.0	46.1	27.0	311.2	28.8	9.8	16.6	13.4	68.7
地方国有企业	78.4	100.5	70.2	249.1	51.0	11.7	27.1	23.6	113.4
民营企业	50.3	125.3	83.7	259.3	50.3	15.4	25.8	18.5	110.0
公众企业	1.8	18.6	40.9	61.3	6.1	2.5	2.8	12.2	23.7
集体企业	5.7	0.2	0.1	6.1	0.5	0.3	0.1	0.1	1.0
外资企业	2.1	8.0	14.5	24.6	5.3	0.0	0.7	0.3	6.3
其他企业	0.6	1.9	0.6	3.2	2.0	0.3	0.3	3.0	5.5

　　如表 5-12 和表 5-13 所示，从分行业和企业性质角度看，中央国有企业补贴多分布在传统行业，2015 年和 2016 年政府分别投入补贴 298.2 亿元和 258.7 亿元；地方国有企业补贴多分布在新兴行业，2015 年和 2016

年政府分别投入补贴265.2亿元和243.1亿元；此外，政府对民营企业的补贴也多分布在新兴行业，2015年和2016年分别投入222.9亿元和257.2亿元。从具体行业看，政府重点扶持能源和工业行业的中央国有企业，可选消费和材料行业的地方国有企业，以及工业、信息技术和医疗保健行业的民营企业。

表5-12 2015年财政补贴情况统计：分行业和分企业性质 单位：亿元

行业		中央国有企业	地方国有企业	民营企业	公众企业	集体企业	外资企业	其他企业
传统行业	电信服务	2.9	—	0.2	—	—	—	—
	能源	116.1	10.8	6.8	—	—	0.0	—
	房地产	0.8	4.3	9.0	4.9	0.0	0.6	0.0
	工业	146.0	72.6	72.2	12.0	0.2	3.4	2.1
	金融	5.7	5.7	2.6	15.2	0.1	0.0	1.5
	公用事业	26.6	11.1	0.5	1.6	—	—	0.1
	小计	298.2	104.5	91.3	33.7	0.4	4.1	3.8
新兴行业	可选消费	32.8	99.0	68.9	12.2	1.1	8.7	0.0
	材料	48.7	116.4	44.6	1.6	0.3	1.5	1.4
	日常消费	0.6	20.7	23.0	7.0	1.0	3.0	0.2
	信息技术	28.2	16.6	60.0	8.1	0.1	2.6	0.3
	医疗保健	3.4	12.4	26.5	1.6	0.0	0.3	1.1
	小计	113.7	265.2	222.9	30.5	2.5	16.1	3.1

表5-13 2016年财政补贴情况统计：分行业和分企业性质 单位：亿元

行业		中央国有企业	地方国有企业	民营企业	公众企业	集体企业	外资企业	其他企业
传统行业	电信服务	2.14	—	0.21	—	—	—	—
	能源	117.79	12.74	6.77	0.31	—	0.15	—
	房地产	1.34	7.04	4.27	5.16	0.05	0.55	0.16
	工业	110.30	70.95	93.48	14.02	0.34	3.74	2.23
	金融	8.83	14.36	6.56	28.71	0.04	—	2.69
	公用事业	18.26	14.27	0.78	0.28	—	—	0.16
	小计	258.7	119.4	112.1	48.5	0.4	4.4	5.2

续表

行业		中央国有企业	地方国有企业	民营企业	公众企业	集体企业	外资企业	其他企业
新兴行业	可选消费	40.71	101.63	81.52	12.64	5.33	14.86	0.29
	材料	42.40	66.84	46.01	2.34	0.38	1.67	1.43
	日常消费	0.71	30.56	19.26	11.53	0.80	3.60	0.25
	信息技术	32.23	29.23	72.13	8.20	0.14	4.36	0.62
	医疗保健	5.14	14.87	38.28	1.81	0.01	1.96	0.86
小计		121.2	243.1	257.2	36.5	6.7	26.5	3.5

（六）分企业特征统计分析

一些学者认为，财政补贴与企业特征有关。本文分别从公司规模、负债水平和政府补贴前净利润三方面，对受财政补贴的企业进行统计。

1. 按资产规模分类

本文将上市公司按照资产规模分成 6 类，分别为 20 亿元以下、20亿~50 亿元、50 亿~100 亿元、100 亿~500 亿元、500 亿~1 000 亿元及 1 000 亿元以上。如图 5-2 所示，从数量上看，资产规模为 50 亿元以下的公司获得补贴数量最多，其中 20 亿~50 亿元区间获得补贴的公司数量不断增加，在 2015 年首次超越 20 亿元以下的公司，成为获得补贴数量最多的类别。50 亿~100 亿元区间和 100 亿~500 亿元区间获得补贴的公司数量不断增加，分别从 2008 年的 137 家和 113 家，增长到 2016 年的 521 家和 538 家，分别增长 2.8 倍和 3.8 倍。如表 5-14所示，从资产规模上看，100 亿~500 亿元区间和 1 000 亿元以上区间的公司获得的补贴规模较大，其中 2008—2016 年，100 亿~500 亿元区间的上市公司累计获得补贴 52 019 亿元，1 000 亿元以上区间的上市公司累计获得补贴 451 767 亿元，两者合计占比 56%。从平均值来看，资产规模越大，获得补贴的金额越高，1 000 亿元以上的公司获得补贴的规模是 20 亿元以下公司的 73 倍。

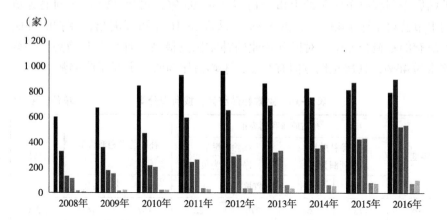

（家）

图 5-2　2008—2016 年财政补贴数量统计：按资产规模分类

表 5-14　财政补贴平均规模统计：按资产规模分类　　　　单位：亿元

年度	20 亿元以下	20 亿~ 50 亿元	50 亿~ 100 亿元	100 亿~ 500 亿元	500 亿~ 1 000 亿元	1 000 亿 元以上
2008	472	955	2 235	3 868	12 178	143 673
2009	519	1 141	1 874	4 320	16 163	21 522
2010	652	1 327	2 362	5 172	15 883	23 077
2011	695	1 516	2 895	5 211	19 440	28 081
2012	821	1 680	3 189	6 898	18 566	41 163
2013	747	1 608	3 069	5 502	18 855	42 265
2014	724	1 466	2 848	6 307	14 943	50 834
2015	811	1 474	3 371	7 512	12 704	58 562
2016	707	1 521	3 167	7 229	9 561	42 590
平均值	683	1 410	2 779	5 780	15 366	50 196

2. 按财政补贴前净利润分类

由表 5-15 的统计数据可以发现，2008—2016 年，在净利润为正的情况下，补贴前净利润依然为正的上市公司累计 13 439 家，占比 70%；扣除补贴后净利润由正转负的上市公司累计 4 293 家，占比 22%；净利润为负的上市公司累计 1 431 家，占比 8%。从表 5-16 中可以看出，在扣除补贴后所有的亏损企业中，对民营企业的补贴比重最高，且呈上升趋势，平均比重为 46%；其次是地方国有企业，平均占比 30%，并呈下降趋势。

表 5-15 财政补贴统计：按利润分类 单位：家;%

| 年度 | 补贴前净利润为正 | | | | 补贴前净利润为负 | | 合计 |
| | 扣除补贴后净利润为正 | | 扣除补贴后净利润为负 | | | | |
	数量	占比	数量	占比	数量	占比	
2008	773	64	270	22	167	14	1 210
2009	1 014	72	290	20	111	8	1 415
2010	1 337	75	358	20	93	5	1 788
2011	1 548	74	438	21	115	5	2 101
2012	1 562	68	558	24	161	7	2 281
2013	1 579	68	568	25	164	7	2 311
2014	1 682	69	582	24	175	7	2 439
2015	1 845	69	593	22	255	9	2 693
2016	2 099	72	636	22	190	6	2 925
合计/平均值	13 439	70	4 293	22	1431	8	19 163

表 5-16 补贴前净利润为负的数量统计 单位：家

企业性质	2008 年	2009 年	2010 年	2011 年	2012 年	2013 年	2014 年	2015 年	2016 年
中央国有企业	88	85	82	91	108	108	125	118	118
地方国有企业	187	159	156	153	194	196	187	214	187
民营企业	137	134	183	280	371	386	387	447	442
公众企业	1	4	11	8	13	15	23	37	37
集体企业	2	3	1	0	2	0	2	1	4
外资企业	10	8	10	14	18	18	20	22	25
其他企业	12	8	8	7	13	9	13	9	13
总计	437	401	451	553	719	732	757	848	826

3. 从资产负债率情况看

资产负债率反映了企业资产的来源构成。一些学者研究发现，资产负债水平影响企业能否获得财政补贴。通常而言，企业负债水平越高，越有可能发生资不抵债的风险，政府往往不会选择这类企业进行补贴。表 5-17 的统计结果显示，从补贴数量来看，政府偏好补贴资产负债率低于 50% 的企业，截至 2016 年年末，65.6% 的受补贴企业资产负债率低于 50%；从补贴金额来看，受补贴数量的影响，资产负债率低于 70% 的企业受补贴金额较多。由表 5-18 可知，从平均补贴金额来看，政府偏向补贴资产负债率在 70% 至 100% 的企业。

表 5-17 补贴数量统计：按资产负债率分类 单位：家；亿元

年度		小于 50%	50%~70%	70%~80%	80%~100%	100% 以上	合计
2008	数量	589	425	119	55	22	1 210
	规模	217.5	58.8	29.2	19.2	1.5	326.2
2009	数量	716	451	155	67	27	1 416
	规模	86.2	80.6	52.9	35.9	1.8	257.4
2010	数量	1 042	485	151	86	24	1 788
	规模	140.6	129.3	50.7	47.6	4.1	372.3
2011	数量	1 270	536	170	101	24	2 101
	规模	197.4	188.9	73.0	64.9	1.8	526.0
2012	数量	1 400	575	192	102	12	2 281
	规模	261.7	261.1	117.6	74.0	6.4	720.8
2013	数量	1 380	609	187	128	7	2 311
	规模	263.4	288.1	119.9	61.2	4.2	736.9
2014	数量	1 492	607	206	125	9	2 439
	规模	330.2	348.5	140.2	64.6	2.0	885.5
2015	数量	1 712	656	196	121	8	2 693
	规模	496.1	475.0	145.0	72.9	0.8	1 189.8
2016	数量	1 920	681	195	124	5	2 925
	规模	568.5	446.3	136.7	88.7	3.2	1 243.3

表 5-18　补贴平均规模统计：按资产负债率分类　　　　单位：万元

年度	小于 50%	50%~70%	70%~80%	80%~100%	100%以上
2008	3 692.7	1 383.6	2 454.2	3 490.6	677.8
2009	1 203.5	1 788.1	3 413.1	5 360.5	671.3
2010	1 349.6	2 666.3	3 355.7	5 538.2	1 709.0
2011	1 554.4	3 524.1	4 294.2	6 424.5	763.7
2012	1 869.2	4 540.9	6 123.9	7 257.7	5 328.9
2013	1 908.8	4 730.3	6 413.9	4 781.1	6 044.6
2014	2 213.0	5 741.8	6 803.6	5 170.0	2 255.4
2015	2 897.8	7 240.8	7 399.1	6 023.7	1 026.6
2016	2 960.7	6 553.5	7 009.0	7 152.0	6 381.0
平均	2 183.3	4 241.0	5 251.9	5 688.7	2 762.0

（七）小结

根据统计数据，本文发现我国上市公司财政补贴现状如下。

（1）无论从补贴数量还是补贴规模来看，上市公司获得财政补贴规模都十分庞大，并呈增长态势，补贴范围几乎覆盖所有上市公司。同时，各上市公司获得补贴规模差异明显，存在重点扶持的企业。

（2）财政补贴科目众多，用途多样，补贴性质难以区分。本文尝试将财政补贴按照用途分成 8 类，分类结果显示，现阶段我国用于产业扶持和企业一般性生产扶持的补贴规模较大，用于研发创新、地区招商引资、税收贡献奖励、辅导上市、承担社会责任等的补贴规模不断提升。

（3）财政补贴在不同行业、不同地区间具有较大差异。分行业看，新兴行业补贴数量和补贴规模不断增加，但平均补贴规模仍然较小；分地区看，经济发达的环渤海经济圈、长三角经济区和珠三角经济区补贴规模较大，经济欠发达地区补贴规模较小。结合分行业和分地区来看，经济发达地区侧重对能源、工业等传统行业进行补贴，经济欠发达地区侧重对新兴行业进行补贴。

（4）财政补贴受企业性质的影响，政府对国有企业的补贴规模更大，中央国有企业和地方国有企业享受的补贴占比将近 60%。同时，随着民营企业的发展壮大以及对宏观经济贡献的增加，政府对民营企业的补贴规模在不断增加。

（5）资产规模、企业盈利以及负债水平等公司特征也是影响补贴规模的重要因素。从资产规模来看，资产规模与补贴获得成反比，与补贴获得规模成正比；从盈利水平来看，对民营亏损企业的补贴呈上升趋势；从资产负债角度看，资产负债率与补贴获得成反比，与补贴获得规模成正比。

四、理论分析与研究假设

通过系统的文献梳理和对补贴现状特征的分析，本文认为政府发放财政补贴的理论依据主要包括预算软约束理论、地方政府竞争理论、公共财政理论、外部效应理论及成本效益理论。

（一）预算软约束理论

预算软约束是指当一个经济体遇到财务困境时，需要借助外部力量救助得以继续生存的现象。科尔奈（1980）将社会主义国家对其国有企业进行追加投资、减税、补贴等以防止其破产的现象归纳为预算软约束。科尔奈认为，政府帮扶亏损企业，短期内可能有效，但从长期看，会使企业滋生依赖政府的恶习，从而丧失自生能力。同时，科尔奈指出导致预算软约束问题的根源在于社会主义国家普遍存在着"父爱主义"，国家和国有企业的关系更像是父子，国家对国有企业的爱和责任，导致国有企业获得的关注度和补贴力度显著高于民营企业。随后，国内学者也进一步研究了预算软约束的问题，陆铭、陈钊（1997）和林毅夫、谭国富（2001）等研究发现，社会主义国家对国有企业承担政策性负担进行补贴，这些政策性负担主要包括承担就业和促进产业发展，并认为只要政策性负担存在，企业就会不停地向国家索要补贴和优惠。

值得注意的是，还有一些学者进一步从我国资本市场发展与国有企业改革的关系入手对预算软约束问题进行了探究。曾庆生和陈信元（2006）等学者认为，与成熟的资本市场不同，我国证券市场的建立、产生服务于国有企业改革与解困，现有的上市公司中，绝大多数由原来的国有企业或地方控制实体重组改制而来，国有股权在上市公司中占有很大比例，一些上市公司直接被政府所控制，政府可以很好地将其意图内部化。当地方政府面临就业压力时，会有动机地将就业负担转移到国有企业中，或者不允许国企裁员。同时，为缓解企业压力，保证企业正常生产经营，政府会通过补贴、减税等措施扶持企业发展。

因此，本文提出以下假设：

假设1：企业性质影响财政补贴的获得，国有企业更有可能获得财政补贴。

（二）地方政府竞争理论

以财政分权为代表的经济体制改革带来了地方政府在财权和事权上的相对独立。自1994年分税制财政体制改革以来，地方政府逐渐成为独立的经济发展主体，各级政府和地方官员考虑更多的不是公共利益，而是如何实现地方政府和官员自身的效用最大化。一方面，中央政府希望尽可能多地集中税源，加强对地方政府的控制，同时又希望地方政府承担起促进就业、发展经济等责任；另一方面，地方政府希望尽可能地保存实力以支持地方发展。马斯格雷夫（1959）在《公共财政理论》中提出了中央政府与地方政府的职能划分，他认为中央政府的职能包括促进经济稳定与收入再分配，地方政府作为补充力量发挥辅助作用；对于资源配置职能，中央政府和地方政府都应承担。这样，地方政府就有扩大"保留在自己口袋中的份额"的动机，而这种动机主要来自两个方面：一是与中央政府讨价还价和向中央政府争夺资源的能力；二是与其他地方政府对税基的争夺能力。另外，一些国内学者也研究表明，相对于将与企业相关的利润和税收留给地方政府的包干制而言，分税制改革通过分享税基的方式使得地方政府税收收入有所下降，但责任并未减轻，为了完成上级政府的政绩考核要求，地方政府不遗余力地保护那些可以创造税收、就业和促进产业发展的企业。

因此，本文提出以下假设：

假设2：企业对地方贡献与获得财政补贴呈正相关，这些贡献主要包括增加税收、提供就业和促进产业发展。

还有一些学者从官员晋升激励角度对这一问题进行研究，由于地方政府官员的职位升迁往往取决于中央政府，而地方经济发展水平与官员的政治升迁形成了一种绑定状态，地区经济发展水平、招商引资、就业水平以及产业发展等将成为地方政府首要考虑的因素。周黎安（2007）和李佐军（2015）从晋升激励角度出发，认为以GDP、工业增加值以及就业等经济指标为主要内容的考核制度使地方政府有了竞争的外部压力，为了获得上级的肯定，在各地方政府之间形成了激烈的竞争。王凤翔和陈柳钦（2005）认为，由于经济体制改革，地方政府具有了相当大的经济剩余分享权和控制权，为了能够在资源争夺中占据优势，促进地区发展，地方政府往往以补贴来扶持竞争性较弱的企业。盛敏（2005）研究发现，一些地方政府以上市公司数量作为官员考核标准，如果上市公司被退市，很可能影响官员的政绩，为此政府会对亏损类上市公司进行补贴。朱松和陈运森（2009）研究发现，当上市公司经营状况不佳时，政府往往会帮助它们进行盈余管理。邵敏和包群（2011）研究发现，在我国以经济增长作为主要指标的地方官员晋升"锦标赛"制度下，地方政府更倾向于选择市场竞争力较弱的企业作为补贴对象。魏芳（2017）研究发现，政府提供财政补贴时可能选择那些提供大量就业机会、涉及国计民生的高社会收益的企业，而未必是具有较强市场竞争力的企业。

因此，本文提出以下假设：

假设3：企业竞争力影响财政补贴，即企业竞争力与获得财政补贴成反比。

（三）公共财政理论

公共财政理论认为，政府不应承担在市场竞争体制下对微观主体的直接投资和资金供给义务，而是要侧重于宏观经济调节和保障基础教育、科研、国防等社会公共物品的投入①。公共财政具有非营利性，公共财政的投入范围局限于市场失效的情况下，任何具有正常盈利水平的经济活动，政府都不应投入。从这一方面看，公共财政理论产生和发展的主要目的在于解决"市场失灵"问题。由于市场失灵现象时有发生，公共财政理论认为，完全依赖市场并不能解决问题，必须依靠政府的力量来弥补，这时政府需要着眼于全社会角度，积极采用财政手段直接干预到经济活动中去，增加财政支出数量，提高公共产品和服务的供给水平，从而实现市场资源的有效配置。

作为财政支出的重要方式之一，财政补贴在经济中发挥着重要作用。美国经济学家理查德·A. 马斯格雷夫和佩吉·B. 马斯格雷夫认为，财政支出的功能就是财政补贴，任何产品都介于纯私人产品和纯公共产品之间，或多或少需要接受财政补贴。张馨（1999）在《公共财政论纲》一书中指出，并非所有市场失效都应由政府及其财政弥补，因为这种弥补需要消耗资源，而这种成本最终是由市场承担。同时，他认为以补贴或贴息方式投入到那些能够产生经营性收费的公共基础设施项目上，并尽可能地吸引私人投资进入到这些项目，只有这样才能符合公共财政的本质要求，才

---

① 朱明熙. 尊重历史 实事求是：与张馨、高培勇同志商榷［J］. 财政研究，2004（9）：41-43.

能对经济增长产生帮助。

由于公共物品具有典型的非排他性和非竞争性，社会效应大于企业收益，通过财政补贴发展公共事业，这既是一种维持公共事业顺利开展的有效手段，又是政府运用财政支出合理配置社会资源的方式。林致远（2002）指出，政府可根据具体情况，采用税收、补贴、管制、建立国有企业公共生产等政策措施解决市场失灵。政府可以对居民和企业的污染环境行为进行必要限制；也可以将治理环境的任务交由特定的私人企业，政府给予这些企业补贴、税收优惠等补偿；还可以专门设立国有企业，专门从事环境保护①。

因此，本文提出以下假设：

假设4：处于公共事业行业的企业与获得财政补贴呈正相关。

（四）外部效应理论

外部效应理论最早由英国经济学家马歇尔提出，是指某些微观主体的活动影响了其他微观主体，却没有为之承担成本费用或没有得到应有补偿的现象。外部效应可以分为正外部效应和负外部效应。正外部效应是指微观主体的私人活动使他人受益，而受益者无须付出代价，由此导致私人收益小于社会收益；负外部效应是指微观主体的私人活动使他人受损，而造成损失的主体却没有为此承担成本。由于微观主体追求自身利益最大化，外部效应的存在将导致市场配置资源失灵，在此情况下，需要政府进行干预。一些学者研究认为，企业作为研发创新的主体，对于推动国家自主创新建设起着重要作用（安同良、王文翌等，2012）。然而研发活动具有典型的正外部效应，知识外溢使得企业无法独享创新的全部收益（刘楠、杜跃平，2018），甚至增强竞争对手的实力，从而影响企业研发的积极性。财政补贴是支持企业研发创新的重要手段（马嘉楠、周振华，2018），有利于弥补外部效应所带来的影响，进而促进企业研发（朱平芳、徐伟明，2003；陈钰芬等，2012）。关于财政补贴对于研发创新影响的假设，本文将在成本效益理论中一并提出。此外，本文发现企业的研发活动对获得财政补贴具有重要影响。安同良等（2009）研究认为，由于存在信息不对称的问题，政府公共政策的重点在于选择具有研发抱负的企业，根据企业前期的研发投入给予财政补贴和税收扶持。同时，在具体实践中，我国政府往往根据申请企业上年的

---

① 林致远. 建立公共财政与推进国有企业改革 ［J］. 中国财政，2002（8）：54-55.

研发支出予以资助。

因此，本文提出以下假设：

假设5：企业上年度研发投入影响财政补贴，即上年度研发投入与获得财政补贴呈正相关。

（五）成本效益理论

成本效益理论由19世纪法国经济学家朱乐斯·帕帕特提出，1940年经美国经济学家尼古拉斯·卡尔德和约翰·希克斯加以提炼，形成了成本效益分析的理论基础。该理论认为任何事物都有投入和产出，政府在进行决策和项目分析时，不仅要考虑项目成本，同时还应考虑经济效益和社会效应。基于成本效益理论，效益大于成本的预期是政府活动的出发点。尽管衡量政府的效益和成本较为困难，但从本质上而言，任何政府都希望能够达到效益大于成本的目的。在市场经济条件下，由于公共物品、外部性、垄断等现象的存在，仅仅依赖市场机制无法实现资源的优化配置，市场失灵常常出现。为此，需要政府通过各种手段矫正市场失灵。在此过程中，由于资源有限，地方政府使用财政资金向微观主体发放财政补贴，必将减少用于其他项目的开支，进而产生机会成本和收益风险。但同时，任何投资行为收益和风险并存，从财政活动的最终目的来看，财政支出的主要目标就是通过资源的再分配，解决市场失灵问题，满足社会公共需要，优化产业结构，进而促进经济社会发展。倘若财政补贴资金应用合理有效，既可以增加企业的资金，带动企业发展，促进企业经济效益提升；同时，又可以增加税收和就业，提升企业的社会效应，从而对地区的经济社会发展起到重要的作用。近年来，虽然一直有学者质疑财政补贴的效果，但主要集中在补贴的经济效益方面，绝大多数学者比较认同财政补贴的社会效应。

因此，本文提出以下假设：

假设6：政府发放财政补贴不利于企业经济效益的提升。

假设7：政府发放财政补贴有利于企业社会效应的提升。

（六）小结

综上，本文认为政府发放财政补贴的理论主要包括预算软约束理论、地方政府竞争理论、公共财政理论、外部效应理论及成本效益理论。

第一，根据预算软约束理论以及我国资本市场的特点，国有上市公司承担着大量的政策性负担，如果连续发生亏损，则有可能被退市，地方政府为保护这些重要的上市公司，常常通过补贴参与上市公司的盈余管理。同时，国企领导的双重身份，导致政府与企业有着千丝万缕的联系，出于这种政治关联，政府会给予国有上市公司大量的财政补贴。第二，根据地方政府竞争理论，地方政府为实现提高本地区经济发展水平、增加就业和税收等经济社会发展目标，在招商引资、促进地方企业发展方面给予了企业大量补贴；此外，一些政府官员出于政治升迁等目标，同样乐意补贴那些可以创造大量税收和就业的企业。第三，公共财政理论认为，财政补贴是为解决市场失灵而存在的，因此对于提供公共物品的企业来说，提供一定数量的财政补贴，有利于弥补生产成本，维持企业生产经营。第四，根据外部效应理论，研发活动具有典型的正外部效应，知识外溢使得企业无法完全独享研发所带来的收益，甚至可能增强竞争对手的实力，从而降低企业研发的积极性。而财政补贴是支持企业研发创新的重要手段，有利于将外部性内在化，进而促进企业研发。第五，任何行为主体在进行活动时，都会具体考虑活动的成本效益，以便对投入和产出形成一个科学的估计。在财政收入和支出水平一定的情况下，财政补贴无疑将增加政府的机会成本和负担。因此，只有补贴具有效益，能够满足政府相应的动机，政府才会对微观主体进行补贴。

五、财政补贴影响因素实证研究

（一）变量定义与模型设计

1. 变量定义

根据理论分析和假设，同时参考唐清泉和罗党论（2007）、邵敏和包群（2011）等一些学者的通用做法，选择以下变量解释财政补贴的影响因素。

根据预算软约束理论，由于我国资本市场建立之初就是为了帮助国有企业"脱贫"，现有的上市公司中很大一部分比例为国有企业，政府可以很好地将稳定就业、促进产业发展等目标内部化。同时，为了避免因承担政策性负担而发生亏损，政府通常给予国有上市企业大量的财政补贴。因此，本文通过设置哑变量的方式将企业性质作为财政补贴的影响因素之一纳入模型中。

根据地方政府竞争理论，分税制改革促进了地方政府增加财政收入的积极性。作为地方政府财政收入的主要来源，税收对地方经济社会的发展和官员政绩具有重要影响。作为本地区优质企业的代表，上市公司不仅能够衡量地区经济发展水平，更是税收收入的来源。为保护税源，政府往往通过奖励、补贴等方式扶持上市公司发展。企业所得税费用在一定程度上能够反映上市公司的实际税负水平，因此，本文选择企业所得税费用衡量上市公司对地方经济发展的贡献具有合理性。企业的竞争力也是影响财政补贴的重要因素。为了能够帮助企业在资源争夺中占据优势，进而促进地区发展，一些地方政府往往利用补贴手段扶持企业。因此，本文分别从企业的市场份额、盈利能力、公司规模和负债水平等方面选择企业竞争力的替代变量，进行实证研究。其中，分别采用企业收入占行业收入比重、扣除财政补贴净利润的对数值、资产对数值和资产负债率作为市场份额、企业盈利能力、公司规模和负债水平的替代变量。此外，就业水平、产业发展等因素关系到官员的升迁和政绩考核，因此，就业和产业发展也是影响上市公司获得财政补贴的重要因素。本文分别选择企业职工人数和是否属于新兴行业作为就业和产业发展的替代变量。

根据公共财政理论，由于公共物品具有典型的非排他性和非竞争性，社会效应大于企业效益，通过财政补贴的方式发展公共事业，既可以满足市场对公共物品的需要，又利于实现企业的效益。因此，本文认为提供公共物品是影响企业获得财政补贴的因素之一。借鉴邵敏和包群的做法，本文将是否属于公共行业作为能否提供公共物品的衡量标准，公共行业主要包括电力、热力、燃气及水的生产和供应业。

根据外部效应理论，财政补贴是促进企业研发创新的重要手段。但同时，根据现有政策，我国政府往往根据申请企业上年的研发支出予以补贴，企业上年度的研发投入影响着当年的研发补贴。安同良等学者发现，研发补贴具有选择性，通过扶持具有研发抱负和研发投入较高的企业，有利于提高补贴的效率。沈鹏远和邹海峰（2018）研究发现，企业过去研发投入越大，越有可能获得财政补贴。因此，本文选择企业上年度研发投入作为财政补贴的影响因素纳入实证模型中。

李静和陈晓（2001）等研究发现，财政补贴与所在地区经济发展水平、财政富裕程度等因素密切相关。因此，本文将地区因素作为控制变量进行实证研究。

根据上述分析，本文对各变量的选择如表5-19所示。

表 5-19　变量定义

变量		变量名称	变量代码	变量定义	预期符号
因变量	能否获得补贴	补贴获得	*Progs*	有补贴＝1，无补贴＝0	
	获得补贴规模	补贴金额	*Subsidy*	Ln（本年度财政补贴）	
自变量	社会责任	税收	*Tax*	Ln（上年所得税费用）	＋
		就业	*Staff*	Ln（上年企业职工人数）	＋
		公共物品	*Goods*	公共行业＝1，其他＝0	＋
		产业发展	*Industry*	新兴行业＝1，其他行业＝0	＋
		研发创新	*R&D*	Ln（上年研发支出）	＋
		企业性质	*Type*	国有企业＝1，民营企业＝0	＋
	企业特征	市场份额	*Market*	上年收入/上年行业总收入	－
		盈利能力	*Befores*	Ln（｜上年净利润−上年补助｜）	－
		公司规模	*Size*	Ln（上年总资产）	－
		负债水平	*Leverage*	上年资产负债率	＋
控制变量	地区差异	地区因素	*Local*	经济发达地区＝1， 经济欠发达地区＝0	＋

2. 模型设计

根据上述分析，本文分别构建了 Probit 和多重线性回归模型来检验假设。其中，模型（1）和模型（2）分别基于能否获得财政补贴和获得财政补贴规模两个角度建立模型。

$$Progs = \alpha + \beta_1 Tax + \beta_2 Staff + \beta_3 Goods + \beta_4 Industry + \beta_5 R\&D + \beta_6 Type$$
$$+ \beta_7 Market + \beta_8 Befores + \beta_9 Size + \beta_{10} Leverage + \beta_{11} Local + \varepsilon$$

$$(1)$$

$$Subsidy = \alpha + \beta_1 Tax + \beta_2 Staff + \beta_3 Goods + \beta_4 Industry + \beta_5 R\&D + \beta_6 Type$$
$$+ \beta_7 Market + \beta_8 Befores + \beta_9 Size + \beta_{10} Leverage + \beta_{11} Local + \varepsilon$$

$$(2)$$

式中，α 为截距项，β 为系数，ε 为误差项。

3. 样本选择与数据来源

本文的研究样本为 2008 年 12 月 31 日前在我国上海、深圳证券交易所上市的公司，并根据以下方式对样本进行了选择和处理：

（1）保证所有样本均为 2008 年 12 月 31 日之前上市；

（2）剔除金融类（48 家上市公司）、退市以及暂停上市（72 家）的公司；

（3）剔除未披露数据和数据异常的公司；

（4）剔除集体企业、公众企业、外资企业及其他企业（157 家）。

其中，涉及的补贴和财务数据均来自上市公司年报、wind 数据库及同花顺数据库。

（二）变量描述性分析

离散型变量的描述性统计如表 5-20 所示。

表 5-20 离散型变量描述性统计

	情况	未获得补贴样本	获得补贴样本
Industry	0	522	3 942
	1	312	5 936
Goods	0	794	9 358
	1	40	520
Local	0	318	516
	1	4 106	5 772
Type	0	402	3 814
	1	432	6 064
合计		6 926	35 922

从离散型变量的统计结果看，10 712 个样本中共有 9 878 个样本获得财政补贴，占比 92%；834 个样本未获得财政补贴，占比 8%。从行业角度看，传统行业共 4 464 个样本，获得补贴的样本占比 88%；新兴行业共 6 248 个样本，获得补贴的样本占比 95%，补贴比例略高于传统行业。从提供公共产品角度看，似乎是否提供公共物品对获得财政补贴没有较大影响。提供公共物品的样本共计 560 个，其中获得补贴的样本占比 93%；未提供公共物品的样本共 10 152 个，其中获得补贴的样本占比 92%。从所属地区角度看，经济欠发达地区样本共 834 个，获得补贴的样本占比 62%；

经济发达地区样本共 9 878 个，获得补贴的样本占比 58%，补贴比例低于经济欠发达地区。从企业性质角度看，民营企业样本共计 4 216 个，获得补贴的样本占比 90%；国有企业样本共 6 496 个，获得补贴的样本占比 93%，补贴比例略高于民营企业。

数值型变量的描述性统计如表 5-21 所示。

表 5-21　数值型变量描述性统计

	样本量	均值	标准差	最小值	最大值
subsidy	10 712	6. 348	2. 497	0. 000	9. 691
tax	10 712	7. 189	2. 878	0. 000	10. 824
staff	10 712	7. 731	1. 286	5. 081	10. 074
R&D	10 712	5. 098	4. 149	0. 000	10. 589
Market	10 712	0. 290	0. 439	0. 006	1. 668
Befores	10 712	9. 359	1. 631	6. 168	12. 248
Size	10 712	0. 961	1. 384	0. 052	5. 455
Leverege	10 712	0. 513	0. 198	0. 158	0. 848

为了剔除极端值的影响，本文对数据进行了 5% 的缩尾处理。由数值型变量统计结果发现，从补贴金额来看，样本企业的财政补贴金额差异明显，最大值为 9. 69 万元，最小值为 0 元；国有企业平均补贴 6. 62 万元，民营企业平均补贴 5. 94 万元。从对政府的税收贡献看，样本企业缴纳的所得税费用高于补贴金额，平均值为 7. 24 万元，对政府的税收贡献明显；其中，国有企业税收贡献平均值为 7. 55 万元，民营企业税收贡献平均值为 6. 65 万元，国有企业的税收贡献略高于民营企业。从企业职工人数角度看，样本企业平均吸纳就业 7. 73 人，其中国有企业吸纳就业 8. 01 人，民营企业吸纳就业 7. 32 人，国有企业吸纳就业人数显著高于民营企业。从研发投入角度看，平均每家企业上年度研发投入 5. 10 万元。其中，国有企业研发投入为 5. 00 万元，民营企业研发投入为 5. 26 万元，民营企业研发投入略高于国有企业。从市场份额角度来看，样本企业市场份额平均为 0. 29%，其中国有企业平均市场份额为 0. 39%，民营企业平均市场份额为 0. 17%，国有企业市场份额高于民营企业。从盈利能力角度来看，样本企业补贴前净利润平均为 9. 36 万元，其中国有企业补贴前净利润平均为 9. 64 万元，民营企业补贴前净利润平均为 8. 94 万元，国有企业盈利略高

于民营企业。从企业规模来看，资产平均规模为 0.96 亿元，其中国有企业资产规模平均为 1.41 亿元，民营企业资产规模平均为 0.48 亿元，国有企业资产规模大于民营企业。从负债水平来看，样本企业资产负债率平均值为 51%，其中国有企业资产负债率为 53%，民营企业资产负债率为 48%，民营企业负债水平略低于国有企业。

（三）实证结果与分析

模型（1）实证结果如表 5-22 所示。

表 5-22　模型（1）实证结果

项目	变量	全样本		经济发达地区		经济欠发达地区	
		Coef.	P>|t|	Coef.	P>|t|	Coef.	P>|t|
社会责任	税收	0.043	0.000	0.048	0.000	0.029	0.018
	就业	0.368	0.000	0.350	0.000	0.441	0.000
	公共物品	0.445	0.000	不显著		0.595	0.000
	产业发展	0.284	0.000	0.254	0.000	0.295	0.000
	研发创新	0.126	0.000	0.139	0.000	0.107	0.000
企业特征	企业性质	0.042	0.362	0.087	0.150	−0.013	0.862
	市场份额	−0.305	0.000	−0.114	0.192	−0.618	0.001
	盈利能力	0.038	0.037	0.046	0.065	0.026	0.329
	公司规模	−0.140	0.000	−0.174	0.000	−0.087	0.125
	负债水平	0.188	0.078	0.374	0.008	−0.068	0.677
地区因素		0.028	0.547				
常数项		−2.367	0.000	−2.443	0.000	−2.497	0.000

由模型（1）实证结果可知，从全样本数据角度来看，企业在上年度承担社会责任与财政补贴的获得成正比，提供税收、就业和公共物品、处于新兴行业以及具有研发投入的上市公司更有可能获得补贴，符合前文所作的假设。其中，提供公共物品对获得补贴影响最大，税收贡献对补贴的影响最小。分地区而言，在财政补贴的影响因素中，经济发达地区更注重上市公司在税收和研发创新方面的贡献，经济欠发达地区更注重就业、提供公共物品和新兴产业发展的贡献。

在企业特征方面，企业性质对财政补贴的影响较小，且未通过计量检验，说明企业性质对能否获得补贴并无影响；市场份额和公司规模与财政补贴的获得成反比，企业市场份额与公司规模越大，获得补贴的可能性越小，进一步说明补贴起到了"帮扶弱者"的作用；企业盈利能力与获得财政补贴呈正相关，盈利能力越强，获得补贴的可能性越高；企业负债水平与获得财政补贴呈正相关，负债水平越高，越有可能获得补贴。分地区而言，在经济发达地区，企业盈利能力和负债水平与财政补贴的获得成正比，公司规模与财政补贴的获得成反比；在经济欠发达地区，市场份额与财政补贴的获得成反比，其他变量未通过计量检验。

模型（2）实证结果如表 5-23 所示。

表 5-23　模型（2）实证结果

项目	变量	全样本		经济发达地区		经济欠发达地区	
		Coef.	P>|t|	Coef.	P>|t|	Coef.	P>|t|
社会责任	税收	0.006	0.000	0.008	0.000	0.003	0.031
	就业	0.058	0.000	0.051	0.000	0.072	0.000
	公共物品	0.087	0.000			0.106	0.000
	产业发展	0.038	0.000	0.031	0.000	0.042	0.000
	研发创新	0.012	0.000	0.014	0.000	0.010	0.000
企业特征	企业性质	0.012	0.022	0.016	0.021	0.007	0.383
	市场份额	-0.049	0.000	-0.028	0.002	-0.086	0.000
	盈利能力	0.003	0.177	0.001	0.653	0.004	0.154
	公司规模	-0.019	0.000	-0.019	0.000	-0.021	0.000
	负债水平	0.006	0.676	0.045	0.011	-0.054	0.006
地区因素		0.002	0.629				
常数项		0.334	0.000	0.361	0.000	0.282	0.000

由模型（2）实证结果可知，从全样本数据角度看，企业承担社会责任与补贴金额呈正相关，提供税收、就业和公共物品以及处于新兴产业和增加研发投入的企业更有可能获得大额补贴。其中，提供公共物品对补贴数额的影响最大，税收贡献对补贴数额的影响最小。分地区而言，经济发达地区政府发放补贴更看重上市公司的税收贡献和研发创新；经济欠发达地区政府发放补贴更注重就业、能否提供公共物品及是否属于新兴产业方面的贡献。

从企业特征来看，企业性质与财政补贴金额呈正相关，在经济发达地区，国有企业更有可能获得金额较大的补贴；市场份额和公司规模与补贴金额成反比，市场份额和公司规模越大，获得的财政补贴金额越小；企业盈利能力和负债水平对财政补贴金额影响较小，且未通过计量检验。

（四）小结

综上，由模型（1）和模型（2）实证结果可以发现以下结论：

（1）在承担社会责任方面，无论从能否获得补贴还是从获得多少补贴看，承担社会责任能够帮助上市公司获得补贴，且补贴金额随着责任的增加而增加。分地区来看，经济发达地区更注重企业在税收和研发创新方面的贡献，经济欠发达地区则注重就业、能否提供公共物品及是否属于新兴行业方面。

（2）从企业特征角度来看，企业性质对能否获得补贴影响较小，但对获得多少补贴影响较大，国有企业更有可能获得大额补贴，在经济发达地区这种关系更加显著；从市场份额和公司规模角度看，政府倾向补贴市场份额和公司规模较小的企业，同时补贴金额随着企业市场份额和公司规模的增加而减少。从企业盈利能力和负债水平角度看，盈利能力和负债水平与补贴获得与否成正比，即企业盈利能力越好，负债水平越高，越有可能获得补贴。但企业盈利能力和负债水平对获得多少补贴影响较小，且未通过计量检验。

（3）结合财政补贴动机来看，在经济动机方面，政府通过资金转移目的在于促进产业发展。因此，企业处于政府所支持的行业，将有利于获得补贴，模型（1）和模型（2）的实证结果表明，处于新兴行业符合政府的经济动机，有利于获得补贴。

在政治动机方面，为了政绩考核和官员升迁，避免上市公司发生亏损而退市，进而影响到地区税收、就业水平，一些地方政府通过补贴参与上市公司盈余管理，这类企业往往不具有竞争力。同时，国有企业领导的特殊身份，更有利于政府将政策性目标内在化。模型（1）和模型（2）的实证结果表明，企业的市场份额和公司规模越小，资产负债率越高，越有可能获得补贴；国有企业因符合政府的政治动机，更有可能获得大额补贴。

在社会动机方面，为了实现提高本地区经济发展水平、增加就业和税收等社会发展目标，政府希望上市公司主动承担纳税、就业、研发投入等社会责任，为此提供大量的补贴。模型（1）和模型（2）的实证结果表明，企业承担缴纳税收、吸纳就业、增加研发投入等社会责任，符合政府的社会动机，有利于增加企业获得财政补贴的可能性。

六、财政补贴经济效益和社会效应实证研究

（一）变量定义与模型设计

根据理论分析和文献综述，财政补贴的动机主要包括推动产业升级、增加就业和税收、提供公共物品、促进研发创新以及公益捐赠等。但由于一些指标难以衡量和量化，学者们对于财政补贴经济效益和社会效应的实证研究主要集中在企业绩效、就业和税收、提供公共物品以及研发创新方面。

1. 变量定义

根据成本效益理论，任何行为主体在进行活动时，都会具体考虑活动的成本效益，以便对投入和产出形成一个合理的估计。在政府资源一定的情况下，财政补贴无疑将增加政府的机会成本和负担。因此，出于成本与效益的考虑，补贴的应用效果将成为政府发放补贴的主要关注点。通过文献综述不难发现，财政补贴的效果不仅包含经济效益，同时还包含社会效应。

（1）经济效益。资金是企业赖以生存和发展的基础。财政补贴作为"免费午餐"，能够为企业带来资金，提升企业的经营水平、竞争能力和资本实力，帮助企业快速成长。因此，本文选择企业盈利能力、成长能力及市场份额作为衡量财政补贴经济效益的指标。其中，关于盈利能力指标的选择上，一些学者选择总资产收益率（唐清泉、罗党论，2007）、净资产收益率和销售净利率等指标（孔东民、李天赏，2013），但本文认为毛利率指标能够最为直接反映企业的盈利能力，避免人为的干扰，故选择毛利率指标作为盈利能力的替代变量；由于净资产增长率反映了企业资本的扩张速度，故本文选择净资产增长率作为衡量企业成长能力的替代变量；考虑到数据的可获得性，本文选择收入占行业总收入的比重作为衡量市场份额的替代变量。

政府是经济发展的受益者，为了促进地区经济发展，常常利用财税政策引导企业投资，推动产业优化升级。一些学者研究表明，为促进市场主体发展，包括我国在内的绝大多数国家都采用税收优惠和财政补贴手段纠

正市场失灵，培育和发展产业。新兴行业代表着未来经济发展方向，是经济发展的重要驱动力。因此，本文将企业是否属于新兴行业纳入控制变量中，以衡量财政补贴对行业发展的影响。

此外，财政补贴的去向体现了政府的发展意志，获得财政补贴能够帮助企业获得更多的外部融资，有利于提升企业的偿债能力和竞争实力。因此，本文将企业负债水平作为控制变量纳入模型中。其中，借鉴唐清泉、邵敏等学者的做法，采用资产负债率作为衡量企业负债水平的替代变量。

（2）社会效应。就业问题直接关系到社会的稳定和人民的幸福。解决就业问题，促进就业水平提高是地方政府的重要职责，不少政府甚至把就业纳入政府考核的首要目标。一些政府将补贴规模与企业创造就业水平捆绑在一起，重点扶持那些创造大量就业机会企业。同时，由于地方政府很大一笔收入来自税收，对上市公司进行补贴，有利于增加政府税收，对于政府提供公共物品和满足居民福利意义重大（唐清泉、罗党论，2007）。

随着人们对公共物品需求的增加，公共物品对人的影响越来越大。由于公共物品具有非排他性和非竞争性的特点，私人企业没有动力提供公共物品。如果政府通过补贴的方式支持这类企业提供公共物品，就可以弥补这些企业的经营成本，使企业变得有利可图，从而既可以调动企业生产的积极性，又能保证公共物品的供给。

企业研发活动存在不确定性、外部性，技术研发成果也具有准公共物品的特征。在研发过程中，企业独自承担风险，而当研发成果超过专利保护期之后就容易被其他企业模仿，技术知识溢出效应导致研发活动的私人收益低于社会收益（王俊，2010）。Nadri 和 Merchant（1997）以美国制造业为研究样本，发现同行业中受补贴的企业会增加企业研发投入，没有得到补贴的企业会减少研发投入。如果单纯依靠市场配置资源，就会削弱企业的研发动力，导致研发投入和创新资源供给不足的现象。政府对研发活动的补贴可以有效解决外部性带来的市场失灵，除了缓解企业的资本约束和分担企业研发投入风险，还能缩小企业研发活动中私人收益与社会收益之间的差距，最终达到引导和激励企业进行研发投资、促进企业技术创新的目的。

因此，本文分别从能否提供就业和公共物品、对地区的税收贡献和研发创新方面衡量财政补贴的社会效应。除此之外，基于公司规模差异，将资产规模作为控制变量纳入实证研究中。

根据上述分析，本文对各变量的选择如表5-24所示。

表 5-24　经济效益和社会效应变量定义

衡量方面		变量代码	取值
因变量	经济效益 盈利能力	Profit	毛利率
	成长能力	Grows	本年度净资产/上年度净资产
	市场份额	Market	企业收入/行业收入
	社会效应 税收	Tax	Ln（所得税费用）
	就业	Staff	Ln（企业职工人数）
	公共物品	Goods	公共行业=1，其他=0
	研发支出	R&D	Ln（研发支出）
自变量	获得与否	Progs	有补贴=1，无补贴=0
	获得规模	Subsidy	Ln（财政补贴金额）
控制变量	资产规模	Asset	Ln（资产规模）
	负债水平	Leverage	负债/资产
	产业发展	Industry	新兴行业=1，其他=0

2. 模型设计

根据上述分析，本文分别利用 Probit 模型和多重线性回归模型来检验假设。

$$Performance = \alpha + \beta_1 Subsidy(Progs) + \beta_2 Asset + \beta_3 Leverage + \beta_4 Industry + \varepsilon \quad (3)$$

式中，$Performance$ 指财政补贴经济效益和社会效应指标，α 为截距项，β_i 指各自变量相关系数，ε 为误差项。

（二）变量描述性分析

本节分别从获得补贴当期和滞后 1 期两个角度对各指标进行描述性统计，并对数据做了 5% 的缩尾处理。具体结果如表 5-25 所示。

表 5-25　经济效益和社会效应描述性分析

	样本量	均值 本期	滞后1期	标准差 本期	滞后1期	最小值 本期	滞后1期	最大值 本期	滞后1期
Subsidy	10 712	6.223	6.138	2.537	2.562	—	—	9.624	9.561
Tax	10 712	7.268	7.342	2.891	2.897	—	—	10.912	10.994

续表

	样本量	均值		标准差		最小值		最大值	
		本期	滞后1期	本期	滞后1期	本期	滞后1期	本期	滞后1期
Staff	10 712	7.761	7.801	1.282	1.273	5.147	5.198	10.099	10.115
R&D	10 712	5.271	5.577	4.166	4.128	—	—	10.727	10.835
Market	10 712	0.287	0.282	0.436	0.429	0.006	0.006	1.657	1.632
Asset	10 712	1.051	1.122	1.528	1.614	0.055	0.059	6.082	6.403
Leverage	10 712	0.510	0.509	0.198	0.199	0.157	0.199	0.847	0.844
Profit	10 712	0.242	0.242	0.154	0.155	0.029	0.030	0.599	0.600
Grows	10 712	0.141	0.144	0.245	0.250	-0.158	-0.153	0.888	0.912

　　根据表5-25的结果可以发现，从平均值角度来看，滞后1期的补贴金额略低于当期的补贴金额；滞后1期的税收、就业、研发投入、资产规模和净资产增速较本年有所增加，市场份额、负债水平有所下降，毛利率维持不变。从最小值角度来看，相比本年度，滞后1期的就业、资产规模、负债水平、毛利率和净资产增速均有所增加。从最大值角度来看，补贴金额、市场份额和负债水平在滞后1期较本年有所下降，税收、就业、研发投入、资产规模、毛利率和净资产增长率有所增长。

（三）实证结果与分析

　　经济效益和社会效应实证结果如表5-26所示。

表5-26　经济效益和社会效应实证结果

项目	变量	补贴获得				补贴规模			
		当期		滞后1期		当期		滞后1期	
		Coef.	P>|t|	Coef.	P>|t|	Coef.	P>|t|	Coef.	P>|t|
经济效益	盈利能力	-0.046	0.000	-0.047	0.000	-0.007	0.000	-0.007	0.000
	成长能力	0.016	0.054	-0.014	0.000	0.004	0.000	-0.003	0.007
	市场份额	-0.066	0.000	-0.062	0.000	-0.005	0.000	-0.005	0.000
社会效应	税收贡献	1.307	0.000	1.132	0.000	0.183	0.000	0.016	0.000
	就业	1.200	0.000	1.072	0.000	0.188	0.000	0.178	0.000
	公共物品	0.380	0.000	0.371	0.000	0.040	0.000	0.043	0.000
	研发投入	4.019	0.000	4.045	0.000	0.707	0.000	0.692	0.000

1. 经济效益

在盈利能力方面，财政补贴不利于提高企业的盈利能力。从能否获得补贴来看，获得财政补贴与企业当期毛利率和滞后1期毛利率成反比，即获得财政补贴不利于提高企业当前和滞后1期的毛利率水平；从补贴规模角度来看，补贴规模与企业盈利能力呈负相关，即获得补贴规模越大，越不利于提升企业盈利能力。

在成长能力方面，财政补贴不利于提高企业的成长能力。无论从补贴获得还是补贴金额来看，财政补贴与企业当期的净资产增长率呈正相关，与下一期的净资产增长率呈负相关，即财政补贴有利于提高企业当期的净资产增长率，不利于提高企业下期的净资产增长率。

在市场份额方面，财政补贴不利于提升企业的市场份额。无论从补贴获得还是补贴金额来看，财政补贴与企业市场份额成反比，即获得补贴和补贴规模较大都不利于提升企业市场份额。

2. 社会效应

在税收贡献方面，财政补贴与企业所得税对数值成正比，即获得财政补贴和财政补贴获得金额越大，越有利于促进企业缴纳税费。

在增加就业方面，财政补贴与企业职工人数的对数值成正比，即获得财政补贴和财政补贴获得金额越大，越有利于企业提供就业岗位，吸纳劳动力。

在提供公共物品方面，财政补贴与公共物品提供成正比，获得财政补贴与财政补贴获得金额越大，越有利于企业提供公共物品供给。

在研发投入方面，财政补贴与企业研发投入成正比，获得财政补贴有利于促进企业研发投入。同时，获得财政补贴的规模越大，研发投入越高。

（四）小结

综上，本文认为，财政补贴的社会效应要高于财政补贴的经济效益，这一研究结论也进一步证实了唐清泉和罗党论（2007）的研究观点，即财政补贴在维护社会目标方面发挥着重要作用，但不利于提高企业的经济效益。

结合财政补贴动机来看，在经济动机方面，政府通过补贴资金转移，扶持企业提升经济效益，进而促进相关产业的发展。由模型（1）和模型

（2）的实证结果可知，是否处于新兴行业是影响财政补贴能否获得的重要因素。但这并不意味着获得财政补贴能够提高企业的经济效益，进而满足政府的经济动机。由模型（3）的实证结果可知，补贴并不能帮助企业提升经济效益，反而会导致企业经济效益下降，即政府通过补贴的方式来实现经济动机的效果并不理想。

在政治动机方面，地方政府和官员为完成政绩考核要求，通过给予竞争力较弱的上市公司或是国有企业补贴，以防止它们退市。由模型（1）和模型（2）的实证结果可知，企业竞争力的替代变量和企业性质影响企业获得财政补贴。由模型（3）的实证结果可知，企业的盈利能力、市场份额和资产规模与获得财政补贴成反比，进一步说明财政补贴有可能仅仅起到"输血"功能，可能未帮助企业实现"造血"功能，即政府和官员通过补贴的方式可以实现政治动机，但不利于企业的发展。

在社会动机方面，政府发放财政补贴的目的在于通过经济流入引导企业承担社会责任，从模型（1）和模型（2）的实证结果来看，企业承担社会责任，更有可能获得财政补贴。由模型（3）的实证结果可知，财政补贴对企业主动承担社会责任起到促进作用，即政府通过补贴的方式有利于实现社会动机。

七、研究结论与政策建议

（一）研究结论

本文的研究结论如下所示：

（1）根据理论研究和文献归纳，本文认为政府实施财政补贴政策的动机主要包括促进产业发展的经济动机，增加税收、就业、企业研发等的社会动机，以及实现官员政治升迁等的政治动机。

（2）根据补贴现状分析结果，本文发现财政补贴科目众多，用途多样，补贴性质难以区分。同时，财政补贴在不同行业、不同地区以及不同性质的企业等方面具有较大差异。此外，资产规模、企业盈利以及负债水平等公司特征也是影响补贴规模的重要因素。

（3）在财政补贴影响因素方面，本文发现承担社会责任能够帮助上市公司获得补贴，且获得补贴数额随着承担社会责任的增加而增加。从企业特征来看，企业性质对能否获得补贴影响较小，但对获得多少补贴影响显著，国有企业更有可能获得大额补贴，在经济发达地区这种关系更加显著；从市场份额和资产规模角度来看，补贴倾向给予市场份额和资产规模较小的企业，同时补贴金额随着企业市场份额和资产规模的增加而减少，说明政府发放补贴的出发点在于帮扶市场竞争力较弱的企业。企业盈利能力、负债水平与获得财政补贴成正比，但对获得多少补贴影响较小。

（4）在经济效益方面，补贴不利于企业经济效益的提升。具体而言，财政补贴与企业当期成长能力成正比，与滞后 1 期成长能力成反比，即财政补贴作为企业利润的组成部分，能够显著提高企业当期的利润水平，扩大企业当期资产规模，但不利于扩大企业下年度资产规模；财政补贴与企业当期和下一期的盈利能力和市场份额成反比，即不利于提高企业的盈利能力和市场份额。

（5）在社会效应方面，补贴有利于提升企业的社会效应。从对本期和滞后 1 期的影响来看，都十分显著，即财政补贴能够促进企业缴纳税收、提供就业及增加公共物品供给和研发投入。

（二）主要问题

1. 补贴用途不明确，补贴发放具有随意性

本文在统计时，发现财政补贴来源广泛，用途不明确，补贴发放具有很大的随意性。从补贴来源来看，既有中央政府直接下发的财政补贴，又有各地方政府根据自身情况发放的补贴，同时还有来自各个协会的补贴。从补贴用途来看，我国财政补贴的用途十分广泛，缺乏统一的衡量标准，难以进行分类统计。从补贴投向来看，对于特定地区、特定产业和国有企业的补贴投入较大。从地区层面来看，近 10 年我国政府将财政补贴主要投向于经济发达地区的上市公司，对经济欠发达地区的上市公司补贴较少，补贴的帮扶作用并不显著。从行业角度来看，以能源、工业和房地产为代表的传统行业补贴金额较大，新兴行业虽然受补贴的数量不断增加，但平均规模仍然较小。从企业性质来看，补贴更多地投向国有企业，民营企业补贴较少。

2. 信息披露不健全，缺乏有效监管措施

构建透明有效的信息披露机制是预防和杜绝企业浪费、低效和违法行为的重要措施，同时也是纠正补贴失灵的有效方式。从实践中来看，大量财政补贴在使用过程中存在的浪费、低效以及违法行为都与信息披露和监

管措施缺失有关。例如，新能源汽车行业作为国家财政重点扶持发展的行业，却发生了大面积的"骗补"事件。还有一些企业存在着挪用科技补贴资金购买房地产等违规现象。站在政府角度而言，这些现象发生的背后反映出财政补贴信息披露不健全、缺乏有效监管措施等问题。从补贴发放前来看，政府在发放补贴前缺乏对补贴对象实际经营情况的调查和了解，同时由于评审过程的全封闭，补贴标准难以衡量，很容易导致暗箱操作和寻租现象。在补贴资金使用过程中，未能通过各种方式进行监督和管理，以至于出现补贴资金挪用现象。本文在整理上市公司财政补贴数据时发现，企业在披露财政补贴信息时存在披露不及时、披露内容不详细等问题，外部信息使用者无法通过公开途径获得详细的补贴信息，不利于进行监督。

3. 补贴作用减弱，绩效评价机制有待完善

从财政补贴的作用看，财政补贴的积极作用有限。由本文的实证结果发现，财政补贴有利于刺激企业主动承担社会责任。但同时，补贴将会对企业的经济效益产生不良影响。从绩效评价角度看，财政补贴绩效评价是提高补贴资金使用效率的重要手段，对于优化资源配置、促进政府职能转变等具有重要的现实意义。然而，我国政府通常注重补贴前的决策，即是否补贴和补贴多少金额，对补贴的使用情况及效果缺乏足够的关注。结合企业层面来看，由于补贴具有无偿性，诱惑力十足，加之缺乏监管和评价机制，容易产生暗箱操作、造假和寻租现象，补贴未能帮扶到真正需要的企业，进而产生不利的影响。

（三）政策建议

1. 划清政府与市场的关系，合理利用财政补贴方式

政府与市场的关系是经济发展中无法回避的问题，正确处理政府与市场在资源配置中的关系，有利于实现资源的优化配置。党的十八大以来，我国政府提出既要建立有效的市场，让市场在资源配置中起决定性作用，又要建立有为的政府，充分发挥政府的宏观调控作用。只有这样才能充分发挥政府和市场各自的优势，促进经济健康发展。财政补贴作为财政支出的重要环节，涉及面广，影响深远，关系到政府宏观调控的效果。因此，要充分发挥财政补贴的作用，防止补贴缺位的发生，积极投向与财政职能相关的领域，弥补市场配置资源失灵问题。与此同时，要防止财政补贴越位现象，特别是在竞争性行业中，政府应更多地起辅助作用，而把资源配

置的权力交由市场来完成。

2. 强化信息披露, 完善监管措施

强化财政补贴的信息披露, 建立适当的信息披露机制。只有信息披露充分, 才能防止暗箱操作、寻租行为的发生, 提高财政补贴的使用效率。从目前来看, 外部信息使用者通过公开渠道获得财政补贴详细数据的难度很大, 上市公司仅在会计报表附注中披露获得财政补贴金额, 补贴性质、来源以及用途披露不详。因此, 有必要建立健全补贴披露制度。完善财政补贴监管措施, 要进一步加强财政补贴申请审核力度, 严格把控补贴申请流程, 确保项目的真实可靠, 防止各种骗补现象发生。要加强对财政补贴资金应用的监督, 项目申请前, 要把控补贴资金的用途是否合理可行; 应用过程中, 要防止企业将补贴资金挪用; 项目完成后, 要建立补贴资金绩效考核机制。同时, 还应定期对补贴的申报流程、申报依据、补贴数额以及使用情况进行披露, 方便社会监督。

3. 建立财政补贴绩效考评机制

建立行之有效的财政补贴绩效考评机制, 有利于更好地提高财政补贴使用效率和政府公共服务水平。首先, 要明确评价主体是谁的问题。从我国财政补贴发放主体来看, 既涉及财政部、科技部、商务部等多个中央部委, 同时也涉及地方政府, 还包括各个行业协会。可以说, 财政补贴来源众多也是造成补贴资金使用效率低下的原因之一。因此, 要建立一个多元化主体的评价体系。其次, 明确财政补贴的评价方面。政府要建立一个多角度、不同维度的评价体系, 既要兼顾当前发展, 又要考虑未来利益; 既要实现经济效益, 也要考虑社会效应; 既要包括可量化的经济指标, 同时还应拥有定性指标。

参考文献

[1] FORD R, SUYKER W. Industrial subsidies in the OECD economies [J]. OECD Economic Studies, 1990, 15: 37-81.

[2] 林毅夫. 自生能力与国企改革 [J]. 领导决策信息, 2001 (34): 19.

[3] 吴涛, 杨少刚. 产业调整与升级中的财税政策 [J]. 国际税收, 2002 (8): 53-56.

[4] 陆国庆, 王舟, 张春宇. 中国战略性新兴产业政府创新补贴的绩效研究 [J]. 经济研究, 2014 (7).

［5］柳光强，杨芷晴，曹普桥．产业发展视角下税收优惠与财政补贴激励效果比较研究：基于信息技术、新能源产业上市公司经营业绩的面板数据分析［J］．财贸经济，2015，36（8）：38-47.

［6］汤保全."市场失灵"与政府财政职能［J］．四川财政，1994（12）：4-6.

［7］王凤翔，陈柳钦．地方政府为本地竞争性企业提供财政补贴的理性思考［J］．经济研究参考，2006（33）：18-23.

［8］BO，CARLSSON. Industrial subsidies in sweden：macro‐economic effects and an internation. al comparison［J］．Journal of industrial economics，1983，32（1）：1-23.

［9］WREN C，WATERSON M. The direct employment effects of financial assistance to industry［J］．2000.

［10］SHLEIFER A，VISHNY R W. Politicians and firms［J］．Quarterly journal of economics，1994（109）：995‐1025.

［11］BEERS C V，ANDRÉDE MOOR. Public Subsidies and policy failures［J］．books，2015.

［12］ECKAUS R S. China's exports，subsidies to state‐owned enterprises and the WTO［J］．China economic review，2006，17（1）：1-13.

［13］刘溶沧，夏杰长．论促进地区经济协调发展的财政政策［J］．财贸经济，1998（4）：22-30.

［14］柳学信．市场化背景下我国城市公用事业财政补贴机制重构［J］．财经问题研究，2014（2）：108-116.

［15］TASSEY G. Policy Issues for R&D investment in a knowledge‐based economy［J］．Journal of technology transfer，2004，29（2）：153-185.

［16］柳剑平，郑绪涛，喻美辞．税收、补贴与R&D溢出效应分析［J］．数量经济技术经济研究，2005，22（12）：81-90.

［17］解维敏，唐清泉，陆姗姗．政府R&D资助，企业R&D支出与自主创新：来自中国上市公司的经验证据［J］．金融研究，2009（6）：86-99.

［18］朱云欢，张明喜．我国财政补贴对企业研发影响的经验分析［J］．经济经纬，2010（5）：77-81.

［19］顾瑞兰．促进我国新能源汽车产业发展的财税政策研究［D］．北京：财政部财政科学研究所，2013.

［20］唐清泉，罗党论．政府补贴动机及其效果的实证研究：来自中国上市公司的经验证据［J］．金融研究，2007（6a）：149-163.

［21］罗党论，唐清泉．政治关系、社会资本与政策资源获取：来自中国民营上市公司的经验证据［J］．世界经济，2009（7）：84-96.

［22］周霞，高诚．基于可持续发展视角的财税补贴绩效研究［J］．当代财经，2012（9）：34-44.

［23］申香华．成长空间、盈亏状况与营利性组织财政补贴绩效：基于2003—2006年

河南省和江苏省上市公司的比较研究 [J]. 财贸经济, 2010 (9): 64-69.

[24] 王珺. 增长取向的适应性调整: 对地方政府行为演变的一种理论解释 [J]. 管理世界, 2004 (8): 53-60.

[25] 周黎安. 中国地方官员的晋升锦标赛模式研究 [J]. 经济研究, 2007 (7): 36-50.

[26] 白重恩. 官员为何爱帮企业 [J]. 资本市场, 2015 (9): 16-16.

[27] 陈晓, 李静. 地方政府财政行为在提升上市公司业绩中的作用探析 [J]. 会计研究, 2001 (12): 20-28.

[28] 刘浩. 政府补助的会计制度变迁路径研究 [J]. 当代经济科学, 2002, 24 (2): 80-84.

[29] 陈冬华. 地方政府、公司治理与补贴收入: 来自我国证券市场的经验证据 [J]. 财经研究, 2003, 29 (9): 15-21.

[30] 孔东民, 刘莎莎, 王亚男. 市场竞争、产权与政府补贴 [J]. 经济研究, 2013 (2): 55-67.

[31] 黄蓉, 赵黎鸣. 政府补助: 保壳还是培优 [J]. 暨南学报 (哲学社会科学版), 2011, 33 (1): 66-73.

[32] 陆国庆, 王舟, 张春宇. 中国战略性新兴产业政府创新补贴的绩效研究 [J]. 经济研究, 2014 (7): 44-55.

[33] 魏芳. 企业财政补贴效益研究综述与展望 [J]. 财会通讯, 2017 (24): 119-125, 131.

[34] CAI H, TREISMAN D. Does competition for capital discipline governments? decentralization, globalization, and public policy [J]. American economic review, 2005, 95 (3): 817-830.

[35] 苑德宇, 李德刚, 宋小宁. 产业集聚、企业年龄与政府补贴 [J]. 财贸经济, 2018 (9).

[36] 许罡, 朱卫东, 孙慧倩. 政府补助的政策效应研究: 基于上市公司投资视角的检验 [J]. 经济学动态, 2014 (6): 87-95.

[37] 邵敏, 包群. 地方政府补贴企业行为分析: 扶持强者还是保护弱者? [J]. 世界经济文汇, 2011 (1).

[38] 吕久琴. 政府补助影响因素的行业和企业特征 [J]. 上海管理科学, 2010 (4): 104-110.

[39] 邹彩芬, 许家林, 王雅鹏. 政府财税补贴政策对农业上市公司绩效影响实证分析 [J]. 产业经济研究, 2006 (3): 53-59.

[40] 高铁梅. 财税政策激励、高新技术产业发展与产业结构调整 [J]. 经济研究, 2012 (5): 58-70.

[41] 贾敬全, 殷李松. 财政支出对产业结构的诱导效应研究 [J]. 财政研究, 2018 (3).

[42] LEE J W. Government interventions and productivity growth [J]. Journal of economic

growth, 1996, 1（3）：391-414.

[43] 杨晔，王鹏，李怡虹，等.财政补贴对企业研发投入和绩效的影响研究——来自中国创业板上市公司的经验证据 [J].财经论丛，2015（1）：24-31.

[44] WALLSTEN S J. The effects of government-Industry R&D programs on private R&D：the case of the small business innovation research program [J].The RAND journal of economics, 2000, 31（1）：82-100.

[45] 魏志华，吴育辉，李常青，等.财政补贴，谁是"赢家"——基于新能源概念类上市公司的实证研究 [J].财贸经济，2015（10）：73-86.

[46] 魏志华，吴育辉，曾爱民.寻租、财政补贴与公司成长性——来自新能源概念类上市公司的实证证据 [J].经济管理，2015（1）：1-11.

[47] 李扬.财政补贴经济分析 [M].上海：上海三联书店，1990.

[48] BEASON R, WEINSTEIN D E. Growth, economies of scale, and targeting in Japan（1955-1990）[J].Review of economics & statistics, 1996, 78（2）：286-295.

[49] BERGSTROM F. Capital subsidies and the performance of firms [J].Small business economics, 2000, 14（3）：183-193.

[50] TZELEPIS D, SKURAS D. The effects of regional capital subsidies on firm performance：an em-pirical study [J].Journal of small business and enterprise development, 2004, 11（1）：121-129.

[51] Harris R I D. The employment creation effects of factor subsidies：some estimates for Northern Ireland manufacturing industry, 1955–1983 [J].Journal of regional science, 2010, 31（1）：49-64.

[52] OKUBO TO, PICARD P M, THISSE J F. The spatial selection of heterogeneous firms and regional productivity gap [J].Statistical Research, 2013, 82（2）：230-237.

[53] 余明桂，回雅甫，潘红波.政治联系、寻租与地方政府财政补贴有效性 [J].经济研究，2010（3）.

[54] 巫强，刘蓓.政府研发补贴方式对战略性新兴产业创新的影响机制研究 [J].产业经济研究，2014（6）：41-49.

[55] 于赛渊.财政补贴对企业社会经济效益影响的实证 [J].统计与决策，2017（20）：182-185.

[56] 马嘉楠，周振华.地方政府财政科技补贴、企业创新投入与区域创新活力 [J].上海经济研究，2018（2）：53-60.

[57] 杨其静，杨继东.政治联系、市场力量与工资差异：基于政府补贴的视角 [J].中国人民大学学报，2010，24（2）：69-77.

[58] 李津燕.地方政府行为与市场秩序构建 [D].武汉：武汉大学，2005.

[59] 魏志华，赵悦如，吴育辉.财政补贴："馅饼"还是"陷阱"？：基于融资约束VS. 过度投资视角的实证研究 [J].财政研究，2015（12）：18-29.

课题六：税收立法与税制改革中的部分重要问题

【摘要】自党的十八届三中全会提出"落实税收法定原则"以来，我国的税收立法进程不断加快。与此同时，我国的税制改革也在不断深化。在我国税收立法和税制改革过程中，一些对国家经济社会发展产生重要影响的问题逐渐浮现出来。为充分发挥税收对经济社会发展的促进作用，国家税收法律研究基地（北京市哲学社会科学研究基地）围绕自身的主要研究方向和工作任务，以经济社会发展中的重要税收问题为主题，在青年学子中开展了专业研究工作。本部分内容就是其中的部分研究成果，包括减税降费、数字经济税收、房地产税、社会保障费改税、税源管理及加计扣除税收优惠政策六项主题。这些主题的研究不仅对推动税收领域的学术研究有着重要的作用，而且有利于青年人才的培养。

【关键词】税收立法；税制改革；重要问题

一、推进减税降费对应对疫情的重要作用

张思聪[①]

（一）绪论

从 2019 年年末起，一场始料未及的重大突发疫情——新型冠状病毒肺炎，由近及远，悄无声息地开始肆虐武汉、湖北，并快速蔓延至全国。2020 年 1 月 23 日，武汉决定"封城"，将全市所有道路封闭，与此同时，市内交通全部停运。这场百年不遇、影响颇深的疫情猛地将全国人民从喜迎新春的喜悦中抽离出来。疫情形势严峻并且涉及范围甚广，对我国经

---

① 张思聪，首都经济贸易大学财政税务学院 2020 级博士研究生。

济、人民生活等各方面都产生了不容小觑的影响。特别是由于疫情原因，几乎所有企业都不能按时复工复产，大量企业的停工停业导致我国经济发展受到较为严重的影响。

从总供给角度看，疫情控制期间流动人口受到地区封闭管理、公共交通停运的影响，导致众多行业面临劳动力短缺，短期内产量显著下降。农村地区封路封村导致农民下地劳作、农资运销道路受阻，严重影响农民生产活动的正常开展。此外，抗疫前线所需的口罩、酒精、消毒液等防护物资一时间由于供给不足成为紧缺商品，供求关系变化导致市场价格产生较大起伏。在交通运输受限和对疫情发展预期未明的背景下，部分居民开始大量采购生活必需品，导致生活必需品的短期供给不足和价格波动的情况被进一步加剧。同样，骤减的人员国际流动也会对商品和服务的进口贸易产生影响。

从总需求来看，消费、出口、投资等经济活动受新冠肺炎疫情暴发的冲击较为严重。疫情暴发的时点正赶上人口大量流动的春节长假，而全国多数省份为响应疫情防控要求避免人口聚集和大规模人员流动，采取了封闭式管理、非必需公共场所一律关闭等隔离措施，致使消费需求直线下降，极大地冲击了以往同期消费密度高的旅游、住宿、餐饮以及影院等聚集性消费活动。尽管疫情总会过去，受到影响的行业在疫情过后也能够在未来快速回暖，但想完全弥补疫情带来的损失的难度也不容小觑。为了将疫情波及的范围尽可能控制住，春节过后企业选择了延迟复工、居家办公的方法以响应政府号召，但劳动力密集型行业的生产活动难以在节后顺利进行。企业停工减产主要受农民工返城、工厂复工延迟的影响，基建投资基本停滞。此外，疫情对我国商品的出口贸易也产生了一定负面影响。

疫情的结束只是时间问题，疫情结束后的经济发展才是应当关注的重点所在。疫情对长期的生产要素供给和生产率的影响不会很大，因此不会对我国经济的潜在增长能力产生太大影响。政府更应将激励居民扩大线上消费与制定相应措施鼓励符合条件的企业复工复产同时进行，努力将疫情对宏观经济形成的冲击降到最低。

（二）减税降费的必要性

从供给侧角度看，减税降费增强了市场主体扩大投资的能力。以制造业为例，其提供的税收占全部税收总额的30%左右，提供的增值税占增值税总额的60%。物流业规模扩张和结构转换与制造业规模扩张和结构调整是密不可分的，下调增值税税率对于处在规模扩张期大量购进机器设备和新建改扩建物流设施的物流企业来说，可谓是最为直接的减税途径。由此不难看出，降低税率对实体经济上下游企业的发展都形成了激励机制。

从需求侧角度看，减税降费为消费扩张和消费升级创造了条件。近年来，消费对经济增长的贡献率已超过投资，2019 年的数据显示，从对国内生产总值增长的贡献率上看，最终消费支出达到 57.8%，资本形成总额占31.2%，货物和服务净出口占 11.0%①。2020 年开年以来，我国消费市场出现了罕见的负增长。国家统计局发布的数据显示，2020 年前两个月社会消费品零售总额同比下降 20.5%②。为了消除疫情对消费的不利影响，大力刺激消费和提升消费信心，把被抑制、被冻结的消费释放出来，一些地方和部门相继出台多项政策措施促进消费，如发放电子消费券，市场效应和社会效果十分可观。消费是拉动中国经济增长的第一动力，也是推动经济社会秩序恢复的重要手段。增值税改革降低税率相应使得消费者购买货物和劳务的税收负担得到一定缓解，实际购买力得以提升。

（三） 突发疫情对财税政策的考验

此次新冠肺炎疫情的暴发是谁都不曾预料到的，在如此突然的疫情背景下，我国的税制改革也面临考验。税收政策应如何在经济低迷和财政吃紧的背景下权衡"减税降费"与促进经济复苏的重心所在，是后疫情时代需要思考的首要问题。新出台的税收政策既要考虑到短期内为纳税人减负的问题，更要为疫情结束后的经济复苏阶段预留出一定空间，万不可只重当下、不顾未来。

1. 我国财政现状

表 6-1　2020 年我国上半年财政收支情况

	2020-02	2020-03	2020-04	2020-05	2020-06
累计一般公共预算收入（亿元）	35 232	45 984	62 133	77 672	96 176
同比增速（%）	-9.9	-14.3	-14.5	-13.6	-10.8

① 资料来源：国家统计局 . 中华人民共和国 2019 年国民经济和社会发展统计公报 ［EB/OL］. http：//www.stats.gov.cn/tjsj/zxfb/202002/t20200228_ 1728913. html.

② 资料来源：国家统计局 .1—2 月份国民经济经受住了新冠肺炎疫情冲击 ［EB/OL］. http：//www.stats.gov.cn/tjsj/zxfb/202003/t20200316_ 1732232. html.

续表

	2020-02	2020-03	2020-04	2020-05	2020-06
累计税收收入（亿元）	31 175	39 029	53 081	66 810	81 990
同比增速（%）	-11.2	-16.4	-16.7	-14.9	-11.3
累计一般公共预算支出（亿元）	32 350	55 284	73 596	90 281	116 411
同比增速（%）	-2.9	-5.7	-2.7	-2.9	-5.8
医疗卫生与计划生育累计支出（亿元）	2 716	4 976	6 421	7 800	10 070
同比增速（%）	22.7	4.8	7.2	7.5	-0.2

资料来源：中经网全国宏观月度库。

根据表6-1中的数据，我国一般公共预算收入与支出在疫情暴发之后出现了不同程度的下降。1—6月累计，全国一般公共预算收入96 176亿元，累计同比降幅10%左右，在4月达到最高值14.5%；全国税收收入81 990亿元，累计同比降幅11%至17%，在4月达到最高值16.7%。1—6月累计，全国一般公共预算支出116 411亿元，累计同比降幅在3%至6%。在多项支出同比均有所下降的情况下，卫生健康累计支出10 070亿元，累计同比增速在2月达到最高值22.7%。

由此不难看出，我国目前财政方面面临一定的压力，财政支出金额一直处在较高水平的同时，我国的财政收入由于疫情的直接与间接影响，出现了较大幅度的降低。造成全国财政收入下降的因素是多个方面相累加的。一是受新冠肺炎疫情影响企业无法复工复产，直接导致税基大幅缩小；二是为支持疫情防控保供、为企业排忧解难和推进复工复产提供的多项减免税、缓税等措施，直接导致税收收入减少；三是巩固前期减税降费成效，增值税翘尾减收效果持续释放。全国财政支出在未来疫情的中后期阶段可能会只增不减，要为保证抗疫前线工作人员的福利与待遇、各地困难群众的基本生活以及经济复苏的基础保驾护航。如何实现收入与支出相平衡，对我们未来的税收政策提出了一定考验，在减税降费大方向不变的同时，也要考虑如何保障税收收入不再持续下跌甚至要有所增长，以保证全年的财政支出不受较大影响。

2. 突发疫情对财税政策的短期要求

短期内，要将已出台的各项财税支持政策落实落细，及时让纳税人享受政策红利。目前，已打出财税政策"组合拳"，包括资金支持、财政贴息、减税降费、缓缴税款等，产生了积极效果。政策落实要与时间赛跑，让这些政策更好、更快发挥作用，让企业充分享受政策红利，特别是落实好减税降费政策，让企业更好地轻装上阵。有关部门应密切关注各行业税负变化，及时研究解决企业反映的突出问题，持续发挥减税降费政策效应。目前，各级财政投入已超千亿元，在继续加大疫情防控经费保障力度的同时，要注重资金效益是否得到充分发挥。

3. 突发疫情对财税政策的长期要求

一方面，要使未来财税政策根据疫情防控和经济发展需要具有较强的针对性。我国地域辽阔，不同地区疫情防控工作必定存在差异性。因此，要因地制宜、因时制宜，不断优化完善疫情防控举措，以更好地提供差异化税收服务。对于疫情重灾区湖北省，考虑到其受到的冲击更为严重，也将耗费更多时间恢复生产，相比其他地区来讲可适当加大这些地区的减免税政策优惠力度，可适度延长优惠政策适用期限，鼓励湖北省各相关企业进行投资生产、技术创新，加快推进湖北地区复工复产、经济平稳运行的进度，维护经济正常运行和社会稳定。

另一方面，要加快深化预算管理改革。我国财政紧平衡预计将持续存在一段时间，形势越严峻，绩效管理的必要性越高。从收入端看，为增强发展后劲和缓解疫情冲击，我国实施了一系列制度性和阶段性减税降费政策，需要通过收入预算绩效管理确保政策实施。本次疫情覆盖范围广、影响大。在此情况下，减税额在经济下行压力加大的背景下快速增加。为此，要加强预算管理，缓解收支矛盾，依靠用好资金应对支出需求扩张。

（四）疫情之下减税降费政策的作用

1. 我国出台的相关政策

2020年2月24日，国新办举行统筹疫情防控和经济社会发展工作发布会。会上，财政部部长助理欧文汉表示，应对疫情，积极的财政政策要更加积极有为，财政部将继续研究出台阶段性、有针对性的减税降费政策，重点支持一些行业复工复产，帮助中小微企业渡过难关。

自新冠肺炎疫情暴发以来，我国已先后出台了21项税费优惠政策，其中主要包括五个方面：一是对疫情防控重点保障物资生产企业给予税费优惠，新购置设备允许一次性税前扣除，全额退还其2020年后新增留抵税额；对运输疫情防控重点保障物资免征增值税。二是对受疫情影响较大的行业企业给予税费减免、延长亏损结转年限；对纳税人提供公共交通运输服务、生活服务，以及为居民提供必需生活物资快递收派服务取得的收入，免征增值税；免征航空公司应缴纳的民航发展基金。三是加大鼓励社会捐赠的税收优惠力度，企业和个人通过公益性社会组织等捐赠用于应对疫情的现金和物品，或直接向医院捐赠用于应对疫情的物品，允许在缴纳所得税前全额扣除，且免征增值税、消费税、城建税及教育附加。四是对防疫补助收入免征个人所得税，对参加疫情防治工作的医务人员和防疫工作者，按照政府规定标准取得的临时性工作补助和奖金，以及单位发给个人用于预防的药品、医疗用品和防护用品等实物，免征个人所得税。五是加大个体工商户和小微企业税收优惠力度，对湖北省增值税小规模纳税人适用 3% 征收率的应税销售收入，免征增值税；其他地区增值税小规模纳税人适用 3% 征收率的应税销售收入，减按 1% 征收率征收增值税。

2. 疫情之下减税降费政策的短期作用

这些政策的出台，旨在为疫情本身的防控和疫情带来的经济下行状况的恢复提供保障。首先，减税降费政策可以确保物资供应充足。打赢疫情防控阻击战的必要条件是保障医疗物资的供应，对生产、运输、进口疫情防控重点保障物资实行税收减免意义非凡，使得众多防疫物资生产企业可以节约税收成本，使其生产医疗防疫物资做到低成本、高效率，以便能够为抗疫前线的工作人员提供及时且充足的物资补给和供应。

其次，减税降费政策可以降低企业短期税收成本。减税降费作为供给端财政政策，能更有效帮助降低企业成本，特别是给予中小企业更多自主权。中小微企业在我国市场中占据绝大多数，而中小微企业规模、资金量相对较小，其本就不具有较强抵抗风险的能力，再加之受此次疫情影响，可谓是雪上加霜，大部分企业在停工停产期间，丧失资金来源，生产经营面临困难。疫情背景下的减税降费政策力度够足，截至 2020 年上半年，新出台的支持疫情防控和经济社会发展的政策措施新增减税降费 8 941 亿元①。从而达到企业及时享受到政策优势的目的，缓解企业复工复产的压力，切实减轻企业的税收负担，为企业经营节约税收成本，保留企业经营实力使得企业能够轻装上阵，激发企业尽快恢复正常经营运转的活力，为后续经济复苏提供原动力。

---

① 资料来源：财政部发布财政政策执行情况"半年报"——上半年全国新增减税降费 1.5 万亿元［EB/OL］. http://www.gov.cn/xinwen/2020-08/07/content_ 5532946.htm.

最后，减税降费政策能够降低企业短期劳动力成本。在每个企业的支出项目中，员工工资都是数额可观的一笔，受疫情影响，部分企业出现经营困难、利润下降等问题，而出于降低企业人工成本的考虑，有一些企业会选择裁员，故可能在短期内造成失业增加，对经济和社会稳定产生不利影响。

3. 疫情之下减税降费政策的长期作用

首先，减税降费政策可以推动经济增长。近年来消费对经济增长的影响程度越发显著，从图 6-1 可以看出，在国家推出应对疫情的多重减税降费政策之后，国内消费品零售总额增速逐步由 2020 年 2 月份 20.5% 的负增长开始缓步恢复，同时带动国内经济开始逐渐回暖，截至 2020 年第三季度末，我国 GDP 增速已从 2020 年第一季度 -6.8% 的负增长上升至 0.7% 的正向增长[1]。

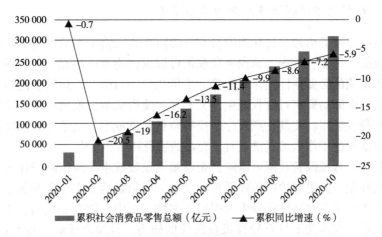

图 6-1　2020 年前 10 月国内社会消费品零售总额（累计）统计

资料来源：中经网分省宏观月度库。

其次，减税降费政策可以为长期财政涵养税源。出台优惠政策能够给市场以过渡期，以稳定经济、稳定生产进而稳定收入、稳定消费，从而带动整个市场活力恢复。从图 6-2 中可以看出，在减税降费政策大量出台后，税收收入从 2020 年 4 月起开始增加，并保持较为稳定的增长。与此同时，也慎重考虑了优惠政策的适用时限选择，根据经济整体恢复的状况随

---

① 资料来源：中经网分省宏观月度库（https://db-cei-cn-s.webvpn.cueb.edu.cn/）。

时进行调整，当经济恢复至较好的情况时，可以及时调整优惠政策的力度或期限，控制税收优惠的效力，防止税收收入出现不必要的流失。

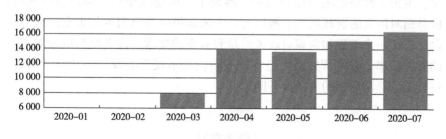

图6-2 2020年前7月税收收入情况

资料来源：中经网全国宏观月度库。

最后，减税降费政策能够为长期就业市场积累活力。春季对于高校毕业生来讲是对职位需求较强的时段，税收优惠政策在帮助企业减少损失的同时，也将促进经济回暖作为了长期目标，以保证企业招聘岗位的数量。从图6-3可以看出，截至2020年10月，城镇新增就业人数已从1月份的69万人增长至1009万人，从而稳定了社会整体就业水平，对拉动内需起到了良好的助推作用。

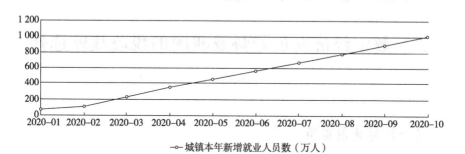

图6-3 2020年前10月城镇新增就业人数

资料来源：中经网全国宏观月度库。

（五）结语

在新冠肺炎疫情的大背景下，统筹推进疫情防控和经济社会发展，推进复工复产、"援企稳岗"，对于"保市场""稳就业"都具有积极作用。总体来看，减税降费政策减轻了企业税负，降低了企业损失，缓解了企业的生存压力，推动了全面的复工复产。与此同时，由于中小企业在稳定市场和保障就业方面的积极作用，减税降费政策也从侧面保障和改善了民生，维护了经济稳定与社会发展，推动了全面建成小康社会目标的实现。但是面对巨大的财政收支平衡压力，未来减税降费政策的加力空间较为有限，这样一来就更加强调对政策质量和效率的要求，改善财政政策对资源的配置效率。在疫情后期的经济恢复阶段，不仅要实现经济总量的增长，更要关注经济增长的质量提升问题。

参考文献

[1] 庞凤喜. 经济下行叠加严峻疫情 财税政策尤需注重提质增效 [J]. 财政科学，2020 (3)：5-14.

[2] 李明，张璠璠，赵剑治. 疫情后我国积极财政政策的走向和财税体制改革任务 [J]. 管理世界，2020，36 (4)：26-34.

[3] 李媛媛. 浅谈减税降费政策实施的意义及面临的问题 [J]. 广西质量监督导报，2020 (2)：8，13.

[4] 应对疫情，减税降费要发挥更大作用 [EB/OL]. http：//shandong. hexun. com/2020-02-18/200327625. html.

[5] 减税降费精准助力复工复产 [EB/OL]. http：//www. chinatax. gov. cn/chinatax/n810219/n810780/c5148576/content. html.

二、数字经济发展趋势及我国的税收战略选择

程鹏[①]

（一）问题的提出

数字经济指以使用数字化的知识和信息作为关键生产要素、以现代化信息网络作为重要载体、以信息通信技术的有效使用作为效率提升和经济结构优化的重要推动力的一系列经济活动。《数字中国建设发展（2018年）》报告指出，中国的数字经济规模已经达到了 31.3 万亿元人民币，占 GDP 的 34.8%，仅次于美国，总量居世界第二。2020 年以来，受疫情影响，企业在线化趋势更加明显，数字经济也在此期间得到较高水平发

---

① 程鹏，首都经济贸易大学财政税务学院 2020 级硕士研究生。

展。在全球疫情影响下，全球经济疲软，单边主义和逆全球化趋势明显，数字经济已经成为我国和世界走出经济衰退、实现经济转型发展的重要驱动力。

企业作为市场的主体，数字经济相关企业竞争力水平能够较直观地反映数字经济发展的情况。北京大学张维迎教授认为国家的竞争力很大程度上取决于该国的企业竞争力。《福布斯》杂志在 2019 年 10 月根据企业的销售额、利润、资产、市值发布了"全球数字经济 100 强榜"，其中，中国数字企业有 14 家，仅次于美国的 38 家。但是除了规模竞争力，我国数字经济企业在效率竞争力、创新竞争力、成长竞争力等多个方面都存在着较大的差距和进步空间①。

当下我国经济正处于由高速增长向高质量转变的转型期，经济增长速度放缓。在 2020 年 8 月 24 日召开的经济社会领域专家座谈会上，林毅夫指出"十四五"期间如果能够继续发挥"后来者优势"和"新产业革命"的换道超车优势，不断促进有效市场和有为政府的结合，中国经济在"十四五"乃至 2030 年依然具有 8% 左右的增长潜力。数字经济作为全球经济转型发展的重要驱动力，不仅会与传统产业结合出现新的增长点，也会带动新兴产业以及工业时代 4.0 的发展。此外，数字经济发展催生了大量的新兴商业模式，宏观经济结构也发生改变。

当下我国数字经济企业面对的困难和挑战主要有：具有"先入优势"的平台会占据市场绝大多数份额的马太效应，传统企业数字化转型时出现的"不会转，不敢转"的困难，以及需要核心技术研发投入的公司因为短期经济效益投入不足导致丧失了长期的企业核心竞争力。财税政策作为政府宏观调控的有力举措，我国在财政支出方面已经制定了包括数字经济基础设施建设在内的新基建计划。2020 年 9 月 4 日在北京举办的中国国际服务贸易交易会聚焦数字经济的未来，国务院发布了《关于深化北京市新一轮服务业扩大开放综合试点建设国家服务业扩大开放综合示范区工作方案的批复》。但是在税收制度上，现有税制还不适应我国当下的数字经济发展，缺少有针对性促进数字经济发展要求的税收制度。应当采用适当的税收优惠政策提高数字经济企业竞争力，为数字经济发展提供更完善条件，抓住"新产业革命"的机会，发挥"后来者优势"，实现换道超车和跨越式发展。

---

① 徐丽梅. 全球数字经济企业竞争力评价研究 [J]. 上海经济, 2020 (3)：77-90.

（二）数字经济的发展趋势和我国现状

从 20 世纪 90 年代开始，以因特网为标志、广泛渗透于高科技领域的数字革命浪潮，带来了比工业革命更快、更深刻的社会变革，成为支撑世界经济发展的重要动力之一。2020 年的《政府工作报告》中提出了"打造数字经济新优势"的要求，大力发展数字经济。数字经济是指以计算机技术、互联网技术为必要且关键生产资料的商品与服务的生产活动。数据与计算机技术分离，成为可独立存在、有价值、可交换的生产数据，数据复制和传输成本几乎为零，因而会产生更大的规模效应。数字经济中的数据与传统经济中的资料相比，质、量和作用都有所不同。随着传感器和扫描技术的普遍应用，质的颗粒度和时效性提高，在量的方面，数据体量增大，数据的变化使得企业管理重点由内外管控转向更好洞察外部客户的需求与服务。世界经济论坛指出，资料正在取代资本成为的主要生产要素，数字经济正在成为第四次工业革命的主要标志，观察数字经济发展，可以看出一国未来经济发展的情况以及在未来世界格局中的位置。

从总量上看，我国数字经济规模不断增长，在 GDP 中的比重不断上升，且增速加快（见图 6-4）。我国数字经济规模从 2002 年的 1.2 万亿元人民币上升至 2019 年的 35.8 万亿元人民币，在 GDP 中的比重从 2002 年的 10.3%上升至 2019 年的 36.2%。有研究认为，截至 2016 年，数字经济领域就业人数达到 1.71 亿人，新增就业岗位 552 万人，占当年新增岗位的 40.9%，拉动就业明显。[①] 当下，我国数字经济规模仅次于美国处于第二位，但在比重上与发达国家存在较大差距，美国、德国、日本、韩国等国的数字经济占 GDP 的比重已经接近或超过 50%。但在另一方面，相比于发达国家数字经济 4%左右（美国 4.73%，英国 4.01%，日本 4.14%）的增长率，我国数字经济依然保持 14.38%（2019 年）的高速增长势头，由此可以看出我国数字经济有很大的发展潜力。

数字经济作为一种知识型经济，与整体经济发展水平相关度明显。基于国家之间的横向对比以及我国部分省份之间的数据对比，可以看出数字经济在该地区 GDP 中所占比重与人均 GDP 高度相关（如图 6-5 和表 6-2 所示）。总体来说，发达国家和地区具备较为完善的信息技术和科研储备，可以更为容易地应用新的信息技术。从国内来看，2017 年我国的一些省份（直辖市）数字经济占 GDP 比重已经接近 50%，如北京（49.7%）和上海

---

① 刘禹君. 促进数字经济发展的税收政策研究 [J]. 商业研究, 2019 (10): 86-90, 135.

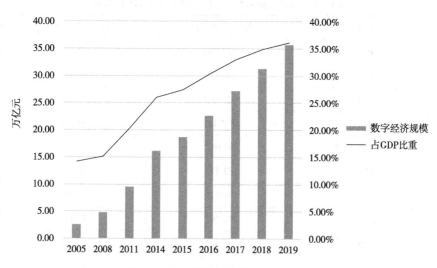

图 6-4　数字经济规模及占 GDP 比重

资料来源：中国信息通信研究院；国家统计局。

（48.9%）已经达到了部分发达国家水平，同时北京和上海的人均 GDP 已超过 2 万美元。总体而言，地区经济越发达，数字经济的技术和科研储备越健全，数字经济越容易发展，同时发展起来的数字经济也为经济发展增添新动能。未来，随着新基建计划的落实，以及我国现有人均 GDP 较低省份的数字经济基础设施建设的完成，数字技术创新将加速向传统产业渗透，数字经济对于经济欠发达省份的经济拉动作用也将更加明显。

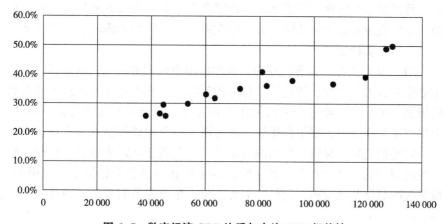

图 6-5　数字经济 GDP 比重与人均 GDP 相关性

表 6-2　部分省份人均 GDP 和数字经济 GDP 比重

省份	人均 GDP（元）	数字经济 GDP 比重
北京	128 994	49.7%
上海	126 634	48.9%
天津	118 944	38.9%
江苏	107 150	36.5%
浙江	92 057	37.8%
福建	82 577	36.0%
广东	80 932	40.8%
山东	72 807	35.0%
重庆	63 442	31.7%
湖北	60 199	33.0%
辽宁	53 527	29.9%
河北	45 387	25.5%
四川	44 651	29.4%
安徽	43 424	26.2%
广西	38 102	25.5%

资料来源：中国信息通信研究院，2017 年数据。

　　根据毕马威与阿里研究院发布的《2018 全球数字经济发展指数》报告，我国数字经济在数字消费者、数字产业生态和科研方面位于前列，在数字基础设施和数字公共服务方面存在差距。数字经济相较于传统经济具备以下三个新特征①。

　　（1）平台支撑。企业前期为获取和搭建系统投资巨大，在运营后，由于数据具有可复制性、排他性、易传输等特点，平台的先发优势和马太效应极强，平台型企业有利于增强使用者黏性，充分发掘数据价值。因而，会出现平台企业为占据平台优势，在前期实行免费或补贴占领市场，在实现一定规模之后仍保持旺盛的融资需求，对创投企业需求强烈。同时，平台的出现推动了整个社会的数字化，为个体和小微企业提供了可负担的、世界级的数字基础设施，使得之前无法与大企业竞争的单个小微企业可以

————————————

　　① 阿里研究院，毕马威. 迎接全球数字经济新浪潮 2018 全球数字经济发展指数［R］. 上海：数字经济论坛，2018-09-18.

利用平台技术与大企业同台竞争。

（2）数据驱动。数据是数字经济的最主要特征。数据的使用和采集更加便利和快速使得传统企业得以将管理重点从内外管控转向更好地满足客户需求和提供服务。通过数据挖掘，传统企业可以更好地和消费者沟通，更快地把消费者的意见反映到产品和供应链上，使得服务更加精细化，更好地提升传统企业的优势。

（3）普惠共享。随着互联网的渗透性不断增强，不同行业都与互联网有密切联系，出现社会融合。由于数字经济基础设施的不断完善，更多个体可以采用很低的成本轻松获得需要的计算、存储和网络资源。

（三）我国数字经济产业结构和存在的问题

1. 数字经济产业结构和竞争力水平

从结构上看，数字经济分为数字产业化和产业数字化两大部分。数字产业化，也称为数字经济基础部分，即信息产业，包括电子信息制造业、电信业和信息技术服务业；产业数字化，指的是数字经济融合的部分，即传统行业由于应用数字技术所带来的生产效率的提高。2018 年我国数字经济规模达到 31.3 万亿元，其中产业数字化规模为 24.9 万亿元，占比 79.51%。数字产业化部分规模为 6.4 万亿元，占比为 20.49%（见图 6-6）。这表明我国数字技术已经不局限在原有行业，而是开始向各行业渗透融合，为传统产业提供新动能。

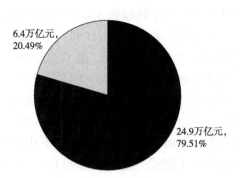

图6-6　2018 年我国数字经济产业结构

资料来源：中商产业研究院。

综上，数字经济企业是指该企业所处的行业与数字技术高度融合，能够把数字技术与企业的经营相结合、提升竞争力的企业，既包括数字产业化企业，也包括产业数字化企业。我国的数字经济企业可以归纳为：半导体产业企业、电信业务企业、技术服务类企业、电商平台型企业、新媒体平台型企业、正在进行数字化转型的传统企业、消费电子产品企业等。这些数字经济企业正面临全新的机遇和挑战。

企业竞争力是指企业在竞争的市场条件下，通过培养自身的资源和能力，获得外部资源，加以综合利用，能够比其他企业更有效地向市场提供产品和服务，取得盈利和自身发展的综合素质。企业竞争力是企业生产和发展的长期决定因素，很大程度上决定了一个企业的经营实力和经营状况。分析我国数字经济企业的企业竞争力及其在国际上竞争的优势与不足，可以较好地分析我国数字经济的发展状况。

2. 我国数字经济企业现状和存在困境

（1）平台化企业发展壮大。根据《2018 全球数字经济发展指数》，我国数字经济的数字消费者和数字产业生态在国际上处于领先地位。消费者已经习惯于使用互联网和智能服务终端进行购物。与美国的"高频创新，数字全球化"数字化经济发展道路不同，中国作为发展中国家，部分行业落后，很多需求无法被传统行业满足。但中国市场的消费者数量庞大，消费需求和消费能力差异大，因而互联网公司可以满足不同类型消费者的需求，解决传统行业无法解决的痛点，使得长尾市场的定制化需求得以实现，如电子商务领域和在线支付领域都在短时间内实现了跨越式的发展。中国的数字化道路使中国经济从"劳动力红利"走向"数字消费者红利"。

当下我国数字经济的大型平台企业，如百度、阿里巴巴、京东、腾讯、字节跳动等，都已经融入普通民众的生活。根据《福布斯》公布的2019 年全球数字经济企业 100 强榜，美国有 49 家企业上榜，排名第一；中国大陆有 16 家企业上榜，位居次席。阿里巴巴集团、腾讯控股、京东、百度、网易分别排名第 10、14、44、49、90 位。其中阿里巴巴集团、京东为电子商务企业。阿里商业模式为电子商务的 C2C 或 B2C 模式，且 B2C 比重不断加大。京东为较为典型的 B2C 的平台型企业，并不断拓宽如物流服务等产业。腾讯主要为电信业务，百度和网易提供计算机服务。随着我国数字经济的旺盛发展，平台型企业为小微企业提供了很好的平台，平台型企业为小企业竞争提供流量、数据和技术支撑，极大地促进了就业和消费。例如，"淘宝""天猫"上的个人卖家和小微企业，"抖音"上的"直播带货""直播打赏""广告服务"等，以及美团、大众点评等O2O商业模式企业将消费者与本地化商家更好地联结，促进消费，滴滴打车将私家车与打车需求相连接。中国拥有广阔的数字消费市场，广大的数字化消费者都为数字经济平台企业提供了很好的生长土壤。可以说，在数字经济企业的影响下，中国人"衣食住行"的消费习惯都被改变，数字化生活普及度高。

当前，中国的数字经济平台型企业已经出现了7 500亿美元市值的阿里巴巴和5.04万亿港元市值的腾讯（2020年9月），平台型企业的规模竞争力已经位居世界前列。平台型企业当下应当考虑在保证自身竞争的同时，促进自身平台发展，刺激平台上的小微企业。通过提高平台的技术支持力度，适当降低小微企业的平台佣金、服务费等，刺激就业，激活中国数字经济的"毛细血管"。同时，平台企业也在努力拓宽自身的数字科研能力，为社会提供数字公共服务职能。如阿里巴巴的杭州"智慧城市"的试验，百度对于"大数据""人工智能"方向的投入等。此外，平台型企业有着显著的先发优势和马太效应，在经济形势更为明朗的条件下，可以开展全球布局，在国际竞争中占据先机。拼多多、字节跳动、美团等新兴平台，都是率先在中国消费市场上创新并取得成功的商业企业。中国企业的商业模式已经从互联网初期的C2C（Copy to China）转变为了IFC（Innovation From China），新的商业模式和平台的成功使得这些企业未来有机会成为世界级企业。

（2）传统企业数字化转型困难重重。数字化转型是指传统行业通过数字技术提供数字化的产品和服务，形成新的客户体验，满足客户需求的过程。数字化转型后，企业的管理工作重点将由内外管控转向更好地理解客户需求，用数据推动决策，重构组织结构和用户的体验。数字化转型不仅是单纯的IT技术、数字技术的应用，而是以此为手段对业务和组织结构的创新。① 数字化转型会使传统企业既在生产模式上也在产业链上有较大改进。

百丽公司曾经是女鞋的领导品牌，在数字化转型前其市场份额不断收缩，部分门店关闭，被认为是"一代鞋王，黯然落幕"。百丽在引入GL资本及其所带来的数字经济技术之前，门店的柜员花费很大精力去做数据、填表格、上报，但是烦琐的纸质表和数据导致大部分的管理都是滞后和无效的。在引入数字化设备和技术之后，其每季度1亿人的消费者购买量，

① 毛基业. 数字经济是数字技术与产业的融合 [EB/OL]. https：//emba. rmbs. ruc. edu. cn/news_ info. php？ID＝2240，2020-6-1.

12万名员工，2万家门店，门店的客户体验和购买转化数，进入门店人数，某产品的试穿数，试穿后的购买率，都成为最真实、最有价值的数据源。百丽可以通过这些数据刻画出消费者的偏好，发现产品自身问题并及时进行改进。如试穿后购买率不高说明鞋子舒适性欠佳，引入科技手段收集这些资料之后，把店员的精力解放出来，店员成为更好的"时尚顾问"，去满足客户的差异化需求。数字化技术的使用使得百丽可以优化供应链管理，更好的接受市场和消费者回馈。

"白色家电"行业的"美的"也是使用大数据进行数字化运营的典范，形成了从分析数据了解消费者需求开始进行研发，洞察用户进行改进然后生产的运营模式。在生产环节智能分析，在制造阶段提升产品质量控制。在投放市场后，通过市场的精准导购推荐给有需求的消费者，并通过用户画像进行智能营销。在售后阶段，提升客服和产品质量并再次回馈给研发部门。最终，形成一个由数字化技术支撑的封闭循环管理（见图6-7）。这种商业模式在市场得到了不错的回馈。由此可以看出，传统企业如果找到适合自身企业特点的数字化转型方式，就可以极大地提升自身的企业竞争力。

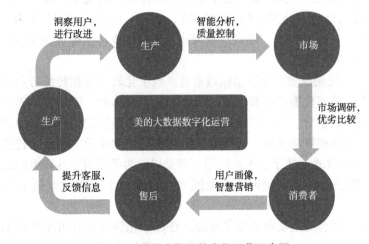

图6-7　美的大数据数字化运营示意图

相比于转型成功的两个案例，大部分传统企业特别是制造业企业数字化转型尤其艰难，和信息化的巨额投入相比，数字化取得的实际建设成效和经济效益并不突出，尤其对于组织系统、社会效应更为复杂的国有企业、乡镇企业等。有企业负责人认为，"不数字化转型是等死，数字化转型死得更快"。不敢转、不会转成为传统行业数字化转型的痛点。困扰企业的问题包括：产品竞争力问题、生产质量问题、内部管理和及时供应的问题。但数字化的巨大投入并没有直接解决这些痛点问题。制造业企业以及传统行业数字化转型是一项庞大且复杂的工作，不能盲目进行，需要找到符合本企业与数字经济可以结合的方面，要经过严谨的评估之后再实施。由于产业和行业不同，没有适合所有企业的具体的数字化转型方案，因而需要具体问题具体分析，要大胆创新，但又不能过于理想化。政府应当大力支持数字经济基础设施建设，企业要利用数字技术进行产品创新和管理创新，实现软硬技术的突破。此外，企业家精神和妥善的管理安排在传统行业数字化转型过程中也会发挥巨大的作用。

（3）数字产业化企业核心技术掌握不足。近期因美国的禁令导致华为手机芯片的断供，我国集成电路行业"缺芯少魂"的痛点再次浮现在眼前。随着芯片和操作系统的发展，核心技术无法掌握成为数字产业化的巨大隐患。以芯片产业为例，从设计到生产制造，产业链很长，在生产加工方面，很多芯片需要从境外进口，自给率水平很低，技术成熟度方面也有较大差距。宏碁集团的创办人施振荣先生提出的微笑理论指出，在产业链中，附加值更多体现在两端，即研发和营销，处于中间的制造环节附加值最低（见图6-8）。当下制造业供过于求，制造的利润率低，因而既要加强创新，也需要在营销方面付出更多精力。

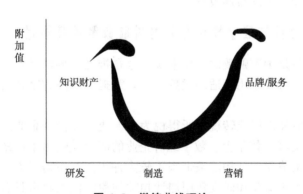

图 6-8　微笑曲线理论

在高昂的开发成本面前，为求生存，很多企业选择了放弃长期高水平的科技研发，进而造成无法保证长期的企业核心竞争力。如联想集团的"柳倪之争"，柳传志放弃了最初倪光南为主所提倡的高研发高技术投入的"技工贸"道路，"两条腿的走路方式"。为了联想发展更稳定，可以更快速占领市场，选择了以零售为主，加工制造计算机，放弃PC设计和其他技术能力的"贸工技"单腿走路的道路。这使得联想失去了原有的"技术基因"，在"微笑曲线"左端的利润空间被 PC 上游厂商占有之后，联想的净利润率被大大压缩，导致联想不得不掩盖自身的技术劣势，扩大品牌优势，只能采用规模效应，获得很低的利润率。与此相对比的是《华为基本法》中华为对于技术的偏执，"我们保证按销售额的 10% 拨付研发经费，有必要且可能时还将加大拨付的比例"①。

企业需要在保证自身生存的前提下，避免过于追求盲目、过快的发展速度。坚定地投入研发费用，保证企业本身的未来核心竞争力。发挥倪光南院士指出的我国软件业"内需市场大，劳动人才多"这两大优势，在半导体领域要敢于抓住国产替代机会，加大投入，解决被卡脖子的风险，在产业链的核心环节培养自身的核心竞争力。

（4）初创的小型高新技术企业的投融资需求大。与传统产业相比，数字经济的发展更需要资本的支持。数字经济基础产业大多属于资本密集型行业，如半导体产业，资本支出对行业发展起决定性作用。此外，从平台企业创立前期的平台设施和数据系统的建立，到后期在占领市场后对用户的补贴、开展新业务和优化自身业务，均需要持续投入资本，这使得许多互联网公司发展过程中一直烧钱，资本需求旺盛。许多小型高新技术企业在成立初期，由于数字经济的马太效应显著，新企业处于早期阶段，最后往往"赢者通吃"，这使得 PE、VC 对于投资早期企业的风险极高，因此需要分散风险，合理布局投资。

（四） 现行与数字经济有关的税收政策及其不足

税收不仅是国家财政的重要来源，也是推动市场经济发展的重要激励方式。因此，可以采用合适的优惠激励政策提高我国数字经济企业的企业竞争力。

我国税收体制以流转税和所得税为主，建立在传统企业的"制造—批发—零售"的经营体系上，数字经济企业的商业模式由生产链条改为网络协同式，对增值税的抵扣链条带来了较大冲击。在所得税方面，数字经济企业适用的税收减免和研发费用加计扣除的税收优惠政策具有广泛的适应性，但缺乏对不同类型的数字经济企业采取有针对性、适应性的税收优惠政策。

1. 我国当下与数字经济企业有关的财税优惠政策

（1）对于数字经济企业平台上符合规定的小微企业。年度应纳税所得

---

① 参见《华为基本法》1998 年 3 月审议版本研究与开发部分。

额不超过 100 万元的部分，减按 25% 计入应纳税所得额，按 20% 的税率缴纳企业所得税；对于年应纳税所得额超过 100 万元但不超过 300 万元的部分，减按 50% 计入应纳税所得额，按 20% 的税率缴纳企业所得税。

（2）对于促进企业研发、降低企业创新成本的税收政策。提升数字产业企业和产业数字化企业的核心技术能力的税收优惠有：

①对于国家需要重点扶持的高新技术企业，减按 15% 的税率征收企业所得税。

②对于认定的技术先进型企业减按 15% 的税率征收企业所得税。

③企业开展研发活动中实际发生的研发费用，未形成无形资产计入当期损益的，在规定据实扣除的基础上，按实际发生额的 75% 在税前加计扣除；形成无形资产的，按无形资产的 175% 在税前摊销。

④技术转让所得，年度不超过 500 万元的部分免征企业所得税，超过 500 万元的部分减半征收企业所得税。提供技术转让、技术开发和与之相关的技术咨询、技术服务的，免征增值税。

（3）对于政策支持创投企业投资的税收优惠政策有：《财政部国家税务总局关于创业投资企业和天使投资个人有关税收政策的通知》（财税〔2018〕55 号，以下简称"55 号文"）和《关于创业投资企业个人合伙人所得税政策问题的通知》（财税〔2019〕8 号，以下简称"8 号文"）。"55 号文"规定，法人合伙人可以按照对初创科技型企业投资额的 70% 抵扣法人合伙人从合伙创投企业分得的所得。"8 号文"规定，创投企业选择按单一投资基金核算的，其个人合伙人从该基金应分得的股权转让所得和股息红利所得，按照 20% 税率计算缴纳个人所得税。创投企业选择按年度所得整体核算的，其个人合伙人应从创投企业取得的所得，按照"经营所得"项目、5%～35% 的超额累进税率计算缴纳个人所得税。

2. 现行财税制度与数字经济的不适应

一是缺乏对数字产业基础设施建设的税收优惠政策。我国《企业所得税法》规定，国家重点扶持的公共基础设施项目投资经营所得，从项目取得第一笔生产经营收入所属年度起，第一年至第三年免征企业所得税，第四年至第六年减半征收企业所得税。但《公共基础设施项目企业所得税优惠目录》中并没有与数字经济基础设施建设项目相关的类别。

二是缺乏对传统企业数字化转型的激励政策。现有的企业所得税优惠政策多与小微企业和高新技术企业有关，许多传统企业无法通过小微企业和高新技术企业的认证。在引入数据和数字经济的新技术时，在财务上带来的巨大成本并不能依据恰当、合适的税收政策得以在税前扣除，税收优惠方面没有给传统企业的数字化转型带来便利。

三是对于核心技术开发需要更大的财政资金投入和税收优惠的支持力度不够。一方面，虽然现有的支持研发费用支出的税收优惠政策已有涉及部分高新技术企业，但并没有涉及所有的高科技行业。因此，可以扩大税收优惠的行业范围，如集成电路、生物制药等，并且对于一些传统行业进行自主创新投入也出台税前抵扣的税收优惠政策。另一方面，小型高科技企业的迅速发展，使得小企业有可能在研发创新上有所突破，原来多适用于大型高新技术企业的税收政策无法适用于小型企业，造成政策与实践的脱节。因此，可以制定专门针对小型高新技术企业的税收优惠政策，进一步促进高新技术的发展。

四是对于创投企业的税收优惠政策可用性差。"55号文"中法人合伙人对初创科技型企业的70%抵扣法分得的所得，但是优惠条件对于"创投企业"和"初创科技型企业"的限定过于苛刻，适用范围有限。"8号文"规定，创投企业选择按单一投资基金核算的，其个人合伙人从该基金应分得的股权转让所得和股息红利所得，按照20%税率计算缴纳个人所得税。在计算应纳税所得额时，按年度股权转让收入扣除对应股权原值和转让环节合理费用后的余额计算，不能扣除包括投资基金管理人的管理费和业绩报酬在内的其他支出，其亏损也不能跨期结转。因而创投企业只能多选用年度所得整体核算，适用5%~35%的超额累进税率计算缴纳个人所得税。

（五）发展我国数字经济的税收战略

第一，落实新基建计划，加大对于数字经济基础设施的投资力度，为数字经济发展奠定基础。在《公共基础设施项目企业所得税优惠目录》中添加数字经济基础设施建设项目，使得数字经济公共基础设施投资项目可以享受"三免三减半"的税收优惠政策。

第二，促进数字经济平台的小微企业发展。当下对于数字经济平台的监管方式建议前松后紧，前期采取审慎包容的态度，促进培育新业态，抓住先发优势；后期加强监管，创造公平的竞争环境。改进当下单一的高新技术企业或技术先进型企业认定后才能享受税收优惠的模式，采用以抵扣和减免为主的税收优惠政策。对于数字经济平台上的小微企业，只要利用了数字经济的工具或进行了与数字经济相关的服务和业务，就可以在所得税税前进行抵扣。对于经济发展水平较低的地区，在利用数字经济发展地方经济时，可以允许地方税务机关出台相应的税收利好政策，如税收减免、税收返还等，但是要合理，审批申报应严格。鼓励落后地区利用数字经济发展地方经济，吸引国内外资本，实现脱贫甚至"快道超车"。

第三，帮助传统企业数字化转型。税收政策应当帮助传统行业的企业进行数字化转型，通过特定的税收优惠政策解决部分财务运营成本。一方面，可采用设立"数字企业"认证标准，通过数字经济技术投入占本期支出的百分比或数字经济业务所得占本期收入的百分比等（根据行业不同，制度可有所调整），来确认是否作为"数字企业"，让使用数字技术的制造业可以享受到数字经济的税收优惠。另一方面，在传统企业数字化转型的过程中，还可以采用符合规定的数字化支出在其销售业务收入的一定比例下可以据实税前扣除。有研究认为，传统企业的数字化改革的巨额投入到取得数字化收益会有 2~10 年的时滞期。因此，如果企业转型期间发生亏损，可以适当延长企业亏损向后的结转期。

第四，对于企业核心技术开发采取更大规模的税收优惠。一方面，扩大税收优惠的行业范围，如集成电路、生物制药等。对于产业链已经成熟，发达国家具有先发优势，核心技术对我国"卡脖子"的芯片和操作系统等，可以采用更加积极的税收政策，激发企业活力。另一方面，我国对于科技研发的税收政策可以步子迈得稍微大一点，如考虑对于 VR/AR 行业、智能机器人、人机交互、自动驾驶等行业采用税收优惠政策，提高我国科技水平，抢占未来行业的先发优势。此外，鼓励对规模较小的中小型企业研发支出减免部分应纳税额，使得"大众创业，万众创新"的新风潮得到有力的税收政策推动。

第五，激发创业投资热情，鼓励创投企业长期投资。按照基金整体核算，取消当下创投企业的项目退出产生利润后即缴纳税款的模式，按基金整体是否盈利后再缴纳税款。扩大"55号文"中税收优惠的范围，鼓励创投企业投资有创新商业模式的企业，并长期投资。

第六，促进数字经济企业的人才培养，降低人才支出成本。数字经济本质上是知识型经济。一个数字经济企业的人才储备是企业最重要的资本之一。可以加大数字经济企业对于员工数字化培训的教育经费抵扣比例，对于企业引入国家重点需要的芯片、半导体行业人才的引入费用等进行全额扣除，减轻企业压力。在个人所得税方面，增加数字化培训费用的专项附加扣除，提高个人创新转让技术所得的税收优惠力度。提高数字人才的有效收入，为数字经济领域吸收人才。

第七，积极采取财政贷款贴息政策，促进成果转化。对于企业已获得投资且具有明确导向或产业化前景的，可以在经过实地调研和核定后采用财政贷款贴息政策方式进行支持，充分调动企业实施高新成果转化的积极性。

参考文献

[1] 彭有为，管永昊. 应对数字经济发展的税收政策研究 ［J］. 税收经济研究，2018 （3）：15-20，47.

[2] 刘禹君. 促进数字经济发展的税收政策研究 ［J］. 商业研究，2019 （10）：86-90，135.

[3] 蔡昌，赵艳艳. 促进数字经济发展的税收政策选择与治理对策 ［J］. 会计之友，2020 （9）：107-114.

[4] 柳平宇. 探究促进数字经济发展的税收政策选择与治理对策 ［J］. 经济视角，33-34.

[5] 杜庆昊. 优化数字经济提升营商环境 ［J］. 学习时报，2020 （5）：1-2.

[6] 徐丽梅. 全球数字经济企业竞争力评价研究 ［J］. 上海经济，2020 （3）：77-90.

[7] 北大融媒体中心. 专访林毅夫教授：利用双优势，高质量可持续地走好中国发展道路 ［EB/OL］. https://baijiahao.baidu.com/s? id = 1676405430115213108&wfr = spider&for = pc，2020-8-30.

[8] 阿里研究院，毕马威. 迎接全球数字经济新浪潮 2018 全球数字经济发展指数 ［R］. 上海：数字经济论坛，2018-09-18.

[9] 姜妍. 数字经济对税收影响的思考 ［J］. 企业科技与发展，2020 （5）：153-154.

[10] 王晓敏. 促进我国企业自主创新的税收政策研究 ［J］. 经济研究导刊，2020 （3）：56-57.

[11] 杰弗里·欧文斯. 税收在实现"中国梦"中的作用 ［J］. 国际税收，2017 （12）：34-35.

[12] 杨铮. 浅析数字经济发展趋势 ［R］. 天津：天津市电子学会，2020：7.

[13] 袁新韫. 剖析数字经济发展规律，投资布局第四次工业革命 ［N］. 21 世纪经济报道，2020-8-19 （007）.

[14] 周健工. 一位投资人关于投资的问答实录 ［J］. 国际融资，2020 （11）：53-56.

[15] 罗雨泽. 服贸会：历经磨难合作再出发 ［N］. 中国经济时报，2020-09-07 （001）.

[16] 沈静波. 积极财税安排提高企业竞争力 ［J］. 新会计，2010 （7）：60-61.

[17] 张宏健. 中美数字经济发展比较与对策建议 ［J］. 时代金融，2018 （12）：14，16.

[18] 品牌之殇 "联想" 背后是什么？［J］. 当代经理人，2009 （218）：34-36.

[19] 贺强. 完善股权创投基金税制，促进企业创新 ［J］. 国际融资，2020 （7）：54-55.

［20］张国锋．优化税收优惠政策激发创业投资激情［N］．证券时报，2019-6-28
（A07）．

［21］李豪杰．企业所得税优惠政策对通信设备制造企业创新的影响研究［D］．上海：
上海海关学院，2020.

［22］周越．我国激励研发的企业所得税税收优惠政策研究［D］．北京：首都经济贸
易大学，2016.

［23］毛基业．数字经济是数字技术与产业的融合［EB/OL］．https：//
emba. rmbs. ruc. edu. cn/news_ info. php？ID=2240，2020-6-1.

［24］高旭东．数字经济的复杂性多样性与发展战略［EB/OL］．https：//
t. cj. sina. com. cn/articles/view/2880405760/abaf810000100mjxc？from=tech，2020-
3-21.

［25］崔可明．现阶段对制造业企业数字化转型的几点思考［J］．数字通信世界，
2019（10）：229.

三、税收政策应助力实现
“让全体人民住有所居”的目标

曹芮萌①

近些年来，我国住房价格的快速增长且居高不下，已经成为人民实现美好生活愿望的现实障碍之一。针对这种状况，在2016年12月召开的中央经济工作会议上，以习近平同志为核心的党中央提出，要坚持“房子是用来住的、不是用来炒的”定位，综合运用金融、土地、财税、投资、立法等手段，加快研究建立符合国情、适应市场规律的基础性制度和长效机制，既抑制房地产泡沫，又防止出现大起大落。随后，习近平总书记又在中央财经领导小组第十四次会议上指出，“要准确把握住房的居住属性”。2017年10月，在党的十九大报告中，习近平总书记进一步提出：“坚持房子是用来住的、不是用来炒的定位，加快建立多主体供给、多渠道保障、租购并举的住房制度，让全体人民住有所居。”这不仅是党中央在对经济形势进行充分研判基础上做出的科学决策和战略部署，更是党中央关注民生、“立党为公、执政为民”理念的重要体现。作为调节市场的重要工具，税收政策无疑应当为“让全体人民住有所居”目标的实现发挥其应有的作用。

①　曹芮萌，中央财经大学会计学院2020级硕士研究生。

（一）税收政策是推动"住有所居"目标实现的良好手段

税收是政府获取财政收入的主要途径，也是政府调节市场、调控经济的重要手段。就房地产市场而言，税收政策一直是影响其供求状况和价格变化的关键因素。在房地产开发、销售环节征收的增值税、土地增值税等税种直接影响房地产供给的成本和价格；在住房保有环节征收的城镇土地使用税、房产税等税种则是影响房地产需求的重要因素。但是，面临着居高不下的房价，上述税收体系却难以充分发挥作用。这主要是因为：我国房价的快速增长主要源于投资性需求和投机性需求的快速增加，而我国现行的税收体系在住房的保有环节仅对个人经营性房产征税，对于个人非经营性住房一直实行免税政策。这使得人们持有住房几乎无须负担任何税收成本：无论一个人有多少套房，都不用缴纳任何税收。显然，这样的税收政策很难减少投资和投机性住房需求，因而很难发挥稳定房价的作用。

针对这种状况，党的十八届三中全会提出，要"加快房地产税立法，并适时推进改革"。这就为我国利用税收政策稳定房价提供了良好的契机。作为一种在住房保有环节、对住房的所有者征收的税，房地产税可以直接增加住房所有者持有房产的成本，且持有的住房越多，期限越长，税负越重。对投资性和投机性住房的持有者来说，其持有住房成本的增加，不仅可以"挤出"一部分投资性和投机性住房，增加住房的供给，而且会抑制投资性和投机性住房的新增需求——如果其长期持有多套住房，将会承担高额的税收成本而很难得到补偿——无论是对投资性和投机性住房的"挤出"作用，还是对新增需求的抑制，都会发挥稳定房价的作用。进一步而言，通过对征税范围、税率、征税环节等要素的精巧设计，房地产税可以精确地"瞄准"住房的投资和投机行为、"避开"住房刚性需求。这既可以避免"误伤"中低收入群体、有利于保障人民的基本住房需求，又有利于引导房地产市场的健康有序发展，因而是推动"住有所居"目标实现的一种良好手段。

由此，房地产税对住房需求的调节，加上增值税、土地增值税等税种对房地产供给的调节，形成了调节房地产市场的税收政策体系。从本质上看，税收政策是通过经济手段、以税收改变房地产市场主体的相对利益，从而引导人们在房地产市场的投资和消费行为，推动房地产市场健康发展的。与行政手段相比，税收政策这一经济手段更加符合市场经济的规律，其作用也相对温和。与金融政策等其他经济手段相比，税收政策的形式更加灵活、作用也更加稳定。因此，在我国构建住房管理长效机制、推动

"住有所居"目标实现的过程中，税收政策的作用不可或缺。

（二）通过税收优惠政策保证中低收入群体住房税负不增加

要实现"让全体人民住有所居"的目标，税收政策必须充分保障人民对住房的基本需求，特别是中低收入群体对住房的刚性需求。这既是使住房回归其"居住属性"、解决当前民生问题的当务之急，也是税收制度设计的内在要求——保障人民的基本生存条件是税收的基本原则之一。面临着快速上涨、居高不下的房价，对住房需求最为强烈的主要是中低收入群体，其中很多人没有足够的购房能力，还有一部分人甚至连房租都难以完全承受。这些人是最急需住房保障的群体。为此，一方面应继续实施对个人自住的、属于基本需求的住房的免税政策；另一方面应对出租住房的行为采取减免税等税收优惠政策，至少不增加其税负，以减轻无力购房者的房租压力。

一直以来，我国对个人非经营性住房都采取免税政策，无论是属于基本需求的住房，还是投资性和投机性住房。在未来的房地产税改革中，要保障人们的基本住房需求，就要对其免税范围进行精心的设计，使之"只对投资性和投机性住房征税、不对属于人民基本需求的住房征税"。为此，房地产税免税的范围应比较宽泛，免税方式应科学合理。其中，免税的范围不仅应包括人们已有的且现在其中居住的住房，而且应包括合理的改善性住房（例如，子女长大后新购住房）；免税方式的设计不仅要统筹考量"按家庭免征"和"按自然人免征"的优劣，还要综合比较"按套免征"和"按面积免征"的利弊——对其进行衡量和选择的标准是：哪一个方案能够更加充分地保障人民的基本住房需求。

除对属于基本需求的住房继续实施免税政策外，未来的房地产税改革应同时对出租的住房设置相应的优惠政策，保证其税负不增加。对于无力购房的租房者来说，房租的涨落直接影响其居住条件。这部分人往往是对住房有着刚性需求的低收入群体。因此，要保证其"住有所居"，就要对住房的出租行为采取较为优惠的税收政策。根据我国现行税法，对于个人出租住房的行为，不仅要征收4%的房产税，还要征收1.5%的增值税和10%的个人所得税。这一政策与企业经营性房地产的税负相比虽然已经有了很大优惠，但是，考虑到未来开征的房地产税属于增税措施，就需要统筹规划各个税种的优惠政策，保证出租住房的总体税负不增加甚至有所降低，以稳定住房租赁市场的价格，让低收入群体能够"租得起房"。

（三）实施对空置房征税政策，抑制住房市场价格过快增长

要实现全体人民"住有所居"的目标，除了对属于基本需求的住房继续采取免税政策外，还需要通过房地产税制的改革，对空置房实施征税政策，提高空置房的税收成本，以抑制房价的过快增长，让更多中低收入群体能逐渐"买得起房"。对空置房征税实际上是对投资性和投机性住房征税。当前，大量的房地产投资行为和投机行为，是导致我国房价持续快速增长的主要因素，也是房地产泡沫形成的原因之一。为了实现资产的保值增值，相当一部分人将房地产作为其持有资产的重要形式；也有相当一部分人通过"低价买入、高价卖出"的方式在短时间内获取高额利润。但是，这些投资性和投机性住房往往在相当长的时间内都没有人实际居住，从而形成大量的空置房。显然，投资和投机行为导致的大量住房空置的状况并未能发挥住房"居住"这一根本作用，反而导致了房价的虚高以及房地产市场泡沫的形成。正因如此，习近平总书记才特别强调"要准确把握住房的居住属性"。由此，我国未来的房地产税改革应以"对空置房征税"作为主线。

从税收政策作用原理来看，"对空置房征税"应着力提高持有住房的成本。对房产的投资者和投机者来说，征税导致的住房持有成本的增加会挤压其利润空间，使其投资房地产的收益率下降，这会使得其减少房产的持有行为，从而抑制房地产的投资和投机行为。在采用累进税率的情况下，征税的这一效果会更加明显。因此，对空置房征税，可以在很大程度上发挥稳定房价的作用。不仅如此，由于对出租住房采取优惠的税收政策，对空置房征税还会推动一部分住房由"投资、投机性质的持有"转化为"出租"，从而增加租房市场的供给。这对于稳定住房租赁市场的价格也有着重要的作用。

要提升空置房的持有成本，一个较为理想的做法是：在空置房的保有环节征收房地产税。为此，首先要对"空置房"进行准确而清晰的界定。由于自然人和住房的天然属性，一个自然人不可能同时在两套房子居住。因此，通过家庭拥有住房的"套"数高出家庭成员的"人"数的数额，可以大致识别出一个家庭的"空置房"数量。可以按照"每个自然人名下可以拥有一套免税住房"的标准设置房地产税的免征额。为防止纳税人通过购买超大面积、超豪华别墅等方式避税，还可以设置专门的反避税制度（例如，规定免税住房的面积上限等）。

其次，对空置房征税宜采用累进税率的形式。累进税率意味着，空置

房越多，税率越高，利用房地产投资或投机的盈利空间就越小，房地产税稳定房地产价格的作用也就能得到更为充分的发挥。这对于囤积有大量房地产的投资人或投机者来说，无疑是减少其投资和投机行为的一种有效手段。此外，在累进税率的结构设计中，较低级次的税率水平应尽可能低一些、适用范围也尽可能大一些，以减轻拥有少量空置房的中等收入群体的负担。

最后，对空置房征税应以住房的评估价值作为计税依据。由于投资或投机性住房所有者的目的并不是居住，而是期望通过较长时期的持有，实现保值增值或者获取高额利润，因此，这些住房往往具有较高的预期价值，而且其价值往往会随着期限的延长或快或慢地增加。从这个角度看，按照评估价值作为房地产税的计税依据，可以更好地发挥其稳定房价的作用。

综上所述，税收政策要助力"让全体人民住有所居"目标的实现，一项至关重要的改革措施就是开征房地产税。无论是保证中低收入群体的基本住房需求，还是降低投资和投机性住房持有成本、抑制房价过快增长，都要求在住房保有环节征税并对其税制进行精心设计。但是，由于开征房地产税是一项非常复杂的工程，需要进行大量的、深入的调研和充分的讨论与沟通过程，因此不可能一蹴而就。但是，从党的十八届三中全会做出的"加快房地产税立法，并适时推进改革"决策中，从习近平总书记"要准确把握住房的居住属性"的思想中，从党的十九大报告确立的"让全体人民住有所居"的目标中，我们相信，无论这一改革措施何时出台，其服务民生、实现人民美好生活愿望的目标都是坚定不变的。

四、人口老龄化与社会保障费改税问题研究

严秀春[①]

（一）绪论

1. 研究背景

从西方国家的人口结构变化来看，随着经济的发展，人口老龄化的程

---

① 严秀春，首都经济贸易大学财政税务学院 2020 级硕士研究生。

度越来越高。很多西方国家的社会保障税是第一大税种，随着经济的发展，社会保障税的收入越多，公民享受的社会福利水平也就越高。老年时期享受的社会福利多，使得西方国家选择少生或不生。这就是大多数西方国家都进入老龄化社会的原因。而我国与西方国家的先富后老不同，我国是未富先老，这与我国 20 世纪 70 年代的计划生育政策有关。计划生育政策使得我国人口出生率越来越低。同时，计划生育期间，我国的经济有了一定程度的发展，我国从经济文化比较落后的国家发展成如今在国际上极具影响力的国家。这对我国的生育观念有了一定的影响，由"多生"观念变为"少生""优生"的观念。由于这两方面的因素，在这期间，我国快速进入了老龄化社会。

老龄化社会给我国经济发展带来一系列的问题。首先，老龄人口增加拉低了劳动人口的平均年龄水平，降低了经济活力。其次，老龄人口的增加，加重了社会养老负担。老龄化使得养老金缺口增大，医疗保险负担加重。随着经济体制改革的深入，我国的失业率也在增加，这会使得失业保险支出增多，同时养老保险的缴纳数量减少。这是人口结构对社会保险的减少，但由于社会保障制度本身也存在一定的缺陷，这更加使得当前的社会保障制度难以应对老龄化社会所带来的问题。

很多学者认为，开征社会保险税有利于完善当前的社会保障制度，同时我国也可以借鉴西方国家的社会保障制度，制定出一套符合我国国情的社会保障制度，提高老龄人口的社会保障，降低青年劳动人口的社会养老负担，减轻国家财政压力，提高全民族的幸福感。

2. 研究意义

根据国际上人口老龄化的具体标准，当一个国家或地区 60 岁以上老年人口占人口总数的 10%，或 65 岁以上老年人口占人口总数的 7%，即意味着这个国家或地区的人口处于老龄化社会。国家统计年鉴数据显示，我国于 1999 年进入老龄化社会，并且老龄化人口比例将保持快速增长的趋势，到 21 世纪下半叶，人口老龄化问题将会成为我国必须解决的一个重大问题。在人口老龄化加剧的同时，我国的人口出生率从 2006 年以来一直处于下降的趋势，少子与老龄的趋势改变了社会家庭的结构模式，导致了老年人逐渐增多，青年劳动力逐渐减少的现象。这一现象也意味着现阶段老年扶养压力加大，但青年劳动力减少却直接影响了社会保障税的筹措水平。于是出现了创造社会财富的人减少而享受社会福利的人增多的社会现象，最后导致我国社会保险费用出现入不敷出，其中以养老金尤为突出。所以，将社会保障费改为社会保障税就显得很有必要。

尽管我国现阶段社会保障制度已经基本建立起来，但社会保障制度还存在一些问题，主要表现在没有完备的法律体系、征收管理效率低下、没有统一的征缴制度、养老金账户出现大规模亏空等方面。如果将社会保障费改为税，那么将会有效地规避这些问题，并带来一定的好处。第一，社会保险基金交由税务部门征收管理，可以提高效率。因为税务机关的业务能力水平普遍较高。第二，由费变为税，可以提高社会保险在民众心中的分量，《税收征管法》等法律法规中相关惩处措施会提高社会保险的实际参保率。第三，税收可实现全国性互剂，达到对社会保险基金的调剂，从而减轻财政负担的压力。总之，社会保障由费改为税是更好应对少子老龄化社会的有效办法，对于确保社会保障费用充足具有重要意义。

3. 研究内容

面对老龄化和少子化社会现状与未来发展趋势，我国的社会保障体系未来是否还能适应我国的国情，已成为学术界和实务界广泛关注的议题。如果现有的社会保障体系不符合我国的国情，那么我们应该对现有的社会保障体系进行改革，通过研究并借鉴国外的社会保障制度，构建适合我国国情的社会保障制度。

本文希望通过研究分析我国老龄化和少子化社会现状对养老金缺口的影响，以及养老金面临入不敷出的状况，讨论如何对我国的社会保障体系进行改革。

（二）我国老龄化和少子化社会现状及社会保障之间的关系

1. 我国人口结构分析

依照联合国规定的标准，当一个国家或地区 60 岁以上的人口占到总人口的 10%，或 65 岁以上的人口占到总人口的 7%，那么这个国家和地区就步入老龄化社会。从表 6-3 可知，我国从 1999 年开始进入老龄化社会。1999 年我国 65 岁及以上人口 8 679 万人，占总人口的 6.9%。2010 年我国 65 岁及以上人口 11 894 万人，占总人口的 8.87%。而 2018 年的时候 65 岁及以上人口 16 658 万人，占总人口的 11.94%。随着时间的推进，老年人口所占比例越来越高，我国老龄化程度越来越严重，并且老龄化速度越来越快。于明霞、邓宇（2016）根据我国人口增长规律预测，至 2050 年，60 岁以上的老年人将达到 4 亿人，约占总人口的 30%。我国将会面临着历史上规模最大、速度最快的老龄化过程。

根据国家统计局公布的数据，我国人口出生率总体上呈现下降的趋势，从 1999 年的 14.64% 下降到 2018 年的 10.94%，下降了 3.7 个百分点。0~14 岁人口从 2000 年的 29 012 万下降到 2018 年的 23 523 万，占总人口比例也从 22.9% 下降到 16.86%。未成年人口在不断减少，而老年人口在不断增加。因此，我国在进入老龄化社会的同时也面临着少子化的社会问题。而这些人口结构问题将会进一步影响社会保障的收支状况。

表 6-3　近 20 年我国各阶段人口以及所占比例

年份	年末总人口（万人）	0~14 岁人口（万人）	15~64 岁人口（万人）	65 岁及以上人口（万人）	总抚养比	少儿抚养比	老年抚养比
1999	125 786	31 950	85 157	8 679	47.4	37.5	10.2
2000	126 743	29 012	88 910	8 821	42.6	32.6	9.9
2001	127 627	28 716	89 849	9 062	42	32	10.1
2002	128 453	28 774	90 302	9 377	42.2	31.9	10.4
2003	129 227	28 559	90 976	9 692	42	31.4	10.7
2004	129 988	27 947	92 184	9 857	41	30.3	10.7
2005	130 756	26 504	94 197	10 055	38.8	28.1	10.7
2006	131 448	25 961	95 068	10 419	38.3	27.3	11
2007	132 129	25 660	95 833	10 636	37.9	26.8	11.1
2008	132 802	25 166	96 680	10 956	37.4	26	11.3
2009	133 450	24 659	97 484	11 307	36.9	25.3	11.6
2010	134 091	22 259	99 938	11 894	34.2	22.3	11.9
2011	134 735	22 164	100 283	12 288	34.4	22.1	12.3
2012	135 404	22 287	100 403	12 714	34.9	22.2	12.7
2013	136 072	22 329	100 582	13 161	35.3	22.2	13.1
2014	136 782	22 558	100 469	13 755	36.2	22.5	13.7
2015	137 462	22 715	100 361	14 386	37	22.6	14.3
2016	138 271	23 008	100 260	15 003	37.9	22.9	15
2017	139 008	23 348	99 829	15 831	39.2	23.4	15.9
2018	139 538	23 523	99 357	16 658	40.4	23.7	16.8

资料来源：国家统计局。

另外，我国人口的平均预期寿命也在增加，从 2000 年的 71.4 岁增加到 2015 年的 76.34 岁。且随着经济的增长和医疗条件的改善，我国人口的平均年龄将处于持续升高的状态。

2. 人口老龄化与我国经济现状

改革开放以来，我国经济处于快速发展阶段，但我国仍属于发展中国家。2018 年我国的国内生产总值为 919 281.1 亿元，世界排名第二位，但是我国的人均 GDP 则远落后于西方发达国家。我国东西部经济发展不平衡，城镇与农村经济发展也有较大差距。财富分配不均，低收入人口还占据很大比例。随着我国人口老龄化的加剧，我国成为一个未富先老的国家。与西方发达国家相比，发达国家是在经济发展到一定程度的时候才进入人口老龄化社会，而我国在财富积累还处于较低状态时就已经进入了人口老龄化社会。同时，人口老龄化也会影响我国的经济发展。在我国劳动力人口充裕的情况下，我国的经济快速发展；但当我国人口老龄化严重的时候，我国的经济发展将会受到劳动力的影响，经济发展的效率将会降低。经济发展进一步影响我国的社会保障费用的收入。

3. 我国社会保障费用收支现状

郑秉文（2019）在他所著的《中国养老金精算报告 2019—2050》一书中提出，在 2019 年的两会闭幕式上，李克强总理在政府工作报告中宣布城镇职工基本养老保险单位缴纳的部分可降低至 16%，对于缴费比例低于16% 的部分，从 2020 年起，缴费单位以每年增加 0.5 个百分点增加到16%。根据财政部公布的 2019 年中央调剂基金预算的数据资料，我国养老保险上缴 4 844.6 亿元，北京、上海、江苏、浙江、福建、山东和广东七个省份上缴总和为 2 823 亿元，拨款总额为 1 602.4 亿元，为天津、河北、山西、辽宁等 22 个收不抵支的省份贡献养老金为 1 220.6 亿元，云南、贵州和西藏 3 个省份也只是收支相抵。2016 年我国只有青海、吉林、内蒙古、河北、湖北和辽宁 6 个省份出现收不抵支的情况，而 2019 年收不抵支的省份已经增加到了 22 个。从养老金亏空的局势可以看出我国社会保障模式的情形已经相当严峻了。

郑秉文的《中国养老金精算报告 2019—2050》对我国养老金大口径当期结余和小口径当期结余分别进行了预测，其中大口径是指包括财政补助。如图 6-9 所示，大口径下的预测结果显示，从 2019 年到 2022 年我国养老金当期结余出现短暂的上升状况，但从 2023 年开始就呈现下降的趋势，到 2026 年左右当期结余降为 0。郑秉文等人也对我国养老金累计结余进行了预测。如图 6-10 所示，大口径下的城镇职工养老保险累计结余从 2019 年之后先呈现上涨的趋势，到 2027 年到达顶峰 69 874.6 亿元之后急剧下降，到 2035 年累计养老金为 0。

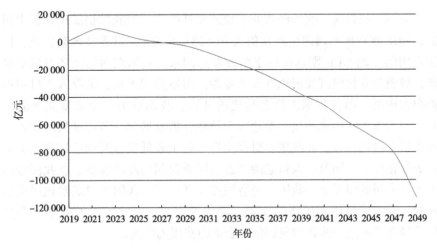

图 6-9　大口径下的养老金当期结余（2019—2049）

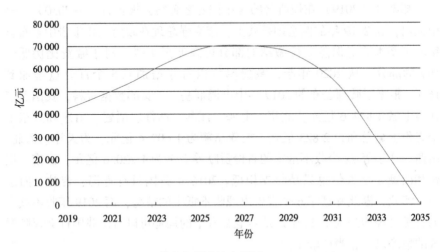

图 6-10　养老金累计结余预测（2019—2035）

4. 人口结构对社会保障费用的影响

国家统计局的数据显示，从 1999 年到 2018 年我国的老年抚养比一直处于上升状态，1999 年的老年抚养比为 10.2%，2018 年的老年抚养比为16.8%。老年抚养比的上升，不仅说明我国劳动力人口上缴的单位养老保险要抚养的老年人口数增加，我国人口老龄化不断加剧，同时也说明我国的社会保险覆盖范围狭窄。

不仅老年抚养比可以反映供养比例情况，还可以引用赡养率这一概念来反映社会整体的供养情况。在《中国养老金精算报告 2019—2050》中，作者引入了制度内参保人数、缴费人数和离退休人数得出"参保赡养率"和"缴费赡养率"两个概念。参保赡养率是指离退休人数与参保人数的比例，而缴费赡养率是指离退休人数与缴纳养老保险的人数的比例。预测的数据显示，从 2019 年到 2050 年，我国的缴费赡养率从 47% 提升到 96.3%，参保赡养率从 37.7% 提升到 81.8%。无论是缴费赡养率还是参保赡养率，我国的赡养率都处于上升趋势，说明我国养老负担压力将会越来越大。当前，我国的扶老形式相当于 2 个城镇职工扶养 1 个离退休人员，但到了2050 年的时候，我国的扶老形式将会变成大约 1 个城镇职工扶养 1 个离退休人员，可见我国的养老负担压力之大。

我国的社会在发展，经济水平、人口结构等也在不断变化，特别是我国人口老龄化的形势越来越严峻。杨宜勇、韩鑫彤（2018）提出，随着我国经济体制改革不断深化，社会保险制度的缺陷不断暴露，社会保险资金征缴不足而支出不断增加的矛盾日益突出，社会保障制度迫切需要改革。

（三）我国社会保障制度的不足

1. 社会保障相关法制不健全

当前我国的社会保障制度法律尚不健全。首先，我国没有严格的社会保障法律制度。虽然有《社会保险费征缴暂行条例》等相关的法律文件，但也只是限于条例和规定，其权威性不能与法律相比。其次，对违反相关法律法规的处罚没有明确规定，所以企业和职工的遵从度较低。根据《社会保险费征缴暂行条例》的相关规定，各省征缴限度不一样，没有统一的征缴模式，这会造成保费管理混乱。最后，地方政府自由裁量权较大，对于中央政策不明晰的地方，各地政府可自行制定政策。

2. 社会保险的缴费率不固定

我国各个地区社会保险的缴费基数和缴费比例都不一样。缴费基数一般为上一年该市的平均工资，各省的平均工资不一样，选择缴费基数的档次也不一样。不仅各省份的缴费基数和缴费比例不一样，就连同一个省内不同市之间也不一样。由于没有硬性的法律法规规定全国各地的社会保险缴费基数和缴费比例应该一致，所以有的地方可能会选择低缴费基数和低缴费率来缴纳社会保险费。这种制度虽然可以照顾到经济发展相对欠缺的地方，但也影响了社会稳定。

3. 覆盖面不全面

杨宜勇、韩鑫彤（2018）提出，我国现行的社会保障制度采用缴费制模式，强调权利义务对应性，谁缴费谁受益，但并未覆盖所有人，尤其是缺乏对收入略高于贫困线的低收入群体的保障。城市中除了城镇人口外，还有个体工商户、自由职业者等，这类人中大多数人还存在尚未缴纳社会保险的情况，所以我国社会保障制度的覆盖面还不全面。

4. 社保基金征收管理漏洞多

庞凤喜（2003）提出，我国社保基金的管理极不合理，社会保险政策由劳保部门制定，基金由经办机构征收并使用。这样，从政策制定到具体的征收、管理、使用和运营，都由同一部门执行，缺乏管理和制约机制，随意性强，安全性差，基金被挤占现象普遍存在。除此之外，在医疗保险方面，部分参保人、非参保人、医疗服务机构采取非法手段侵蚀医疗基金，而医疗保险管理机构由于信息不对称、权限不足等因素，难以进行有效管理。在失业保险方面，缺乏有效的方式甄别参保人员尤其是登记失业人员的实际就业状态，存在部分已经重新就业仍继续领取失业保险金的现象。在养老保险方面，不合规的提前退休以及退休人员死亡后由家属继续领取养老金等问题难以根治。

5. 缴费负担不平衡

从我国城市化的进程来看，我国一二线城市经济发展较快，能够吸引大批青年人就业，劳动力人口大于离退休人口，所以经济发达地区社会保险的缴纳程度较高。彭继旺提出，越是经济发达的地区，就业率越高，劳动力人口相对越年轻，社保负担越轻，越利于地区经济发展。

（四）社会保障由费改为税的必要性

1. 开征社会保障税的好处

（1）具有更严格规范的法律体系。相对于缴费而言，税收具有更严格规范的征收管理监督体系。我国税收的法律法规相对于缴费的法律法规更具有权威性。我国的税法具有法律法规库，收录的法律法规更全面，从相关税种的法律，再到实施条例，以及一些后续的调整更改都有收录，《税收征管法》也规定了对违反税法实施细则的情况的处罚方式。

（2）税务机关征收管理更具有效率。我国税务机构布点广泛，省、市、县（区）都设立了税务局，对于纳税人办理税务来说更方便快捷，每个税务局辖区管理也更有效率。税务人员都经过专业训练，在服务上能够保证高质量、高效率。全国各地具有统一的征收管理方式，在办理纳税服务时是一致的，减少了一些不必要的纠纷。

（3）有利于全国性互剂。我国每个地区社会保险的缴费基数和缴费率都不一样，每个地方自己征收自己管理，但是如果以税收形式来征缴社会保障费用，那么就可以实现各个地方自行征收但由财政部统一管理、统一发放，就可以实现更广范围的社会保险金的统筹和余缺调剂。

2. 我国开征社会保障税具备的条件

（1）开征社会保障税已经具备征管基础。在 2018 年制定的改革方案以前，我国社会保险的征收由各省确定，可以由税务机关征收，也可以由政府部门规定的社会保障相关部门征收。但是改革以后，从 2019 年 1 月 1 日起，社会保险由国家税务机关统一征收。社会保障费改税在征收管理上也具备一定的基础。由于税务局具有一套完整的征收体系，在征收渠道、办理相关业务以及对漏缴少缴等现象的处理上都有比较明晰、专业的处理方式。刘沫茹、刘婷（2010）提出，可以充分利用现有税务机关的组织机构、征管装备和人力资源，充分发挥税务机关人员素质、征管经验等方面的优势，大大提高社会保障基金的筹资效率，降低征收成本。

（2）公民的缴费意识不断增强。无论是在城镇还是在农村，我国公民对社会保险的缴纳有了更多的认识。城镇职工对自己的权责有了更清晰的认识，农村人口从行动上也表明了对我国社会保障制度的认可，农村人口积极缴纳养老保险和医疗保险。所以，从我国公民对社会保险的缴费意识来看，我国已经具备征收社会保障税的条件。

（五） 社会保障税的税制设计

1. 开征社会保障税应遵循的原则

（1）账目清晰，专款专用。收取的社会保障税的相关资金，只能用于与社会保障相关的项目。比如，只能用来发放养老金、工伤保险补偿金、生育保险金、失业保险金和报销医疗保险，但是不能用于支付低保金、灾区拨款、扶贫拨款等款项。虽然税收不具有无偿性，但教育费附加和地方教育附加具有费的性质，由税务局征收之后应当专用于发展地方性教育事业。所以，社会保障税也可专款专用。

（2）合理预算，收支平衡。受少子化和老龄化的影响，目前我国养老金已处于收不抵支的状态。随着人口老龄化的加剧，发放的养老金也将增加，那么对养老保险的征收税率应适当进行调整，通过收入来确定支出。

（3）国家统筹，统一制度。胡鞍钢（2001）认为，大多数实行社会保障制度的国家都采取国家级统筹，许多国家把分权式养老保险改革成国家级养老保险制度，实行国家统筹和国家标准。因此，实行统一制度是建立健全社会保障制度的基本条件。目前我国一些省份的社会保险有结余，但由于不能实现社会保险基金的全国性互剂，所以出现有的省份有结余，而有的省份有亏空的情况。社会保障税可以将有结余省份的社会保险基金挪用给有亏空的省份，从而减轻财政负担。

2. 社会保障税的框架设计

（1）纳税人。养老保险和医疗保险的纳税人包括城镇职工、个体工商户、自由职业者、农村居民、灵活就业人员等。随着改革的深化，我国社会保险的覆盖范围将进一步扩大。人力资源和社会保障部提出，我国社会保障制度将实现多层次、多方面发展，总目标是在2020年实现全覆盖。

（2）计税依据。我国当前养老金的计税依据是职工的工资总额，但是对于高收入者来说，他们的收入很小一部分来自工资，而大部分来自工资以外的其他收入，如股票、投资等。为了更好体现社会保障制度对社会再分配的调节作用，将养老金的计税依据从工资调整为个人所得更为妥当。

（3）税率。贾康（2001）提出，我国应该设立一个总的税率，把总的税率分解成两部分，一部分由企业缴纳，另一部分由职工自己缴纳。然后把缴纳的社会保险基金按比例分为养老保险基金、医疗保险基金、工伤保险基金、生育保险基金、失业保险基金。我国目前总的缴费率在40%～

50%之间，社保缴费率世界排名第一。虽然目前我国的缴费率很高，但在费改税初期，还不能将缴费率大幅下调，因为目前我国养老金亏空的部分由财政补贴，如果将缴费率下调的话，会使得养老保险基金亏空越来越大，使我国的财政负担越来越重。况且面对越来越严重的人口老龄化趋势，不能在转轨初期降低缴费率。对于具有固定职业的城镇职工来说，五险的分别缴纳合为一个总税率的缴纳。对于灵活就业人员来说，应该制定不同档次的养老保险和医疗保险缴费率，纳税人可以根据自身状况选择不同档次来缴纳。

（4）税收优惠。首先，应该设置一个起征点，对于工资低于平均水平的纳税人免征社会保障税。起征点的设置使得低收入者得到一定的社会保障。其次，对从事社会养老服务的机构进行各个税种的税收减免，以增强养老行业的活力。

参考文献

［1］ 高晓霞，钱再见．日本社会保障制度改革及其对我国的启示［J］．经济师，2003（11）：84-85.

［2］ 胡鞍钢．利国利民、长治久安的奠基石：关于建立全国统一基本社会保障制度、开征社会保障税的建议［J］．改革，2001（4）：13.

［3］ 湖北省地方税务局课题组，彭继旺，黄贻芳．费改税：我国社会保险筹资模式的理性选择：我国社会保险费改税的时机、条件与方案设计［J］．经济研究参考，2008（33）：25-31.

［4］ 侯晓燕．日本社会保障制度对我国的启示［J］．合作经济与科技，2014（17）：135-137.

［5］ 贾康，杨良初，王玲．实行费改税开征社会保险税的研究［J］．财政研究，2001（1）：25-34.

［6］ 刘沫茹，刘婷．关于建立我国社会保障税的立法思考［J］．经济研究导刊，2010（23）：132-133.

［7］ 林俏．德国社会保障法律制度及对中国的借鉴［J］．天津行政学院学报，2014，16（2）：107-111.

［8］ 庞凤喜．开征社会保险税相关问题研究［J］．税务研究，2003（5）：50-54.

［9］ 施锦芳．基于少子高龄化的日本社会保障制度研究［J］．辽宁大学学报（哲学社会科学版），2010，38（4）：122-129.

［10］ 沈建，张汉威．德国社会养老保障制度及其启示［J］．宏观经济管理，2008（6）：69-72.

［11］ 王刚．老龄化背景下开征社会保障税的研究［D］．昆明：云南财经大学，2017.

[12] 王玮. 税收学原理 [M]. 北京：清华大学出版社，2016：34.

[13] 于明霞，邓宇. 人口老龄化与我国养老保险制度的完善 [J]. 长春金融高等专科学校学报，2016（2）：48.

[14] 杨宜勇，韩鑫彤. 关于中国建立社会保障税的政策构想 [J]. 税务研究，2018（9）：61.

[15] 郑秉文. 中国养老金精算报告 2019—2050 [M]. 北京：中国劳动社会保障出版社，2019：3.

[16] 朱青. 关于我国开征社会保险税问题的探讨 [J]. 财政研究，2001（3）.

五、对税源管理的简要分析
——基于动态随机一般均衡的核心思想

余玲玲[①]

（一）绪论

随着大数据技术的快速发展，我国税务机关的税源管理水平已取得了长足的进步。其中，支撑着税源管理的税收信息化建设取得了显著成效，全国税务系统的办税流程实现了基本统一，税务总局也对全国范围内的数据进行了统一归集。但是就目前来看，仍然无法满足经济发展的需求，并且在税源管理过程中逐渐凸显的问题越来越多，于是，如何有效地进行税源管理也就成为大家较为关注的话题。

（二）从宏观经济学的视角认识税源管理

动态随机一般均衡模型是近 30 年来在宏观经济研究领域中非常流行的数理经济模型，是在不确定性条件下研究一般均衡问题的一种优化模型，出发点是严格依赖于一般均衡理论，利用动态优化方法对各经济主体在不确定环境下的决策行为进行刻画，从而得到微观经济主体在资源、技术以及信息约束等条件下的最优化行为方程。动态随机一般均衡模型综合了"动态演化"、"随机冲击"和"一般均衡分析"三种宏观经济学的分析方法。本文从这三种分析方法的核心思想来对税源管理展开论述。

1. 动态演化

动态是指各经济主体在进行一项经济决策时，需要考虑该行为会带来

---

① 余玲玲，中国社会科学院大学商学院 2020 级税务硕士研究生。

的当期影响，同时需要预测该行为会在将来造成的影响。将其与税源管理结合考虑，当一个纳税主体对某一项或者多项纳税行为进行筹划的时候，该纳税主体需要在对未来进行预期的前提下，动态地考量该行为会带来的后果，同时需要在其获得的盈利与付出的程度之间进行取舍。从博弈论的角度来看，同时忽略征纳双方在征纳税过程中所发生的成本，税收博弈可以说是一种零和博弈，因为在税收博弈中纳税人所失就是政府的所得，二者的得失之和为零。当征纳双方的博弈达到稳定状态，假如这时外界环境如税收政策发生变化，征纳双方又会位于非稳定状态，但是由于税收博弈行为的存在，双方的行为会逐渐趋于稳定。所以说从长期来看，征纳双方之间的博弈会由非均衡状态逐步趋向于均衡。因此，税收征管也是一种税收系统由非均衡状态向均衡状态变化的动态调整机制。

2. 随机冲击

随机是指在现实经济运行中存在许多不确定因素，因此在对经济问题进行分析时需要引入多种外生随机冲击变量。从税源管理的角度来看，这些外生冲击变量就相当于在税收征管过程中，由于发生非系统性风险而给征纳双方带来的额外税收成本增加。例如，A 公司是 B 公司的客户，由于 A 公司自身的经营战略出现问题，无法将对应的款项支付给 B 公司，造成 B 公司的资金周转出现了问题，进而造成 B 公司无法正常进行纳税。这一串连锁反应会导致税务机关需要花费更多的成本向 B 公司征税，同时 B 公司也会付出更多的成本以支付其未能如期缴纳税款的罚款及滞纳金。在这一个小案例中，A 公司经营战略出现问题，相对于 B 公司的纳税行为与税务机关的征税行为来说，属于征纳税过程当中的非系统性风险，其是因发生于个别个体的特有事件而造成的风险，是税务机关征税过程中的不确定因素之一。除此之外，在应对一些外部风险的过程中，政府支出的暂时性变化也属于随机冲击。综合来看，税源管理的动态过程是由征纳双方主体的行为决策和外生随机冲击共同决定的。

3. 一般均衡分析

动态随机一般均衡模型是在一般均衡的框架下考察各行为主体的决策，反映和刻画了经济系统长期均衡状态的特征。结合税源管理考虑，假如税务机关暂时性地削减消费税，那么消费者很可能会马上增加其对高消费品的购买力度，于是这种减税就会导致全社会消费额的直接暂时性增加，从长期来看，这可能又会使得未来消费水平下降到低于其在减税前所预计的水平，因而这种消费水平的上升与下降会在很大程度上产生抵消效应，且全社会的财富总量还是会保持不变。由于动态随机一般均衡模型一般是在李嘉图等价定理成立的框架下进行的，但是李嘉图等价定理是从政府财政收入的视角切入，其认为提高一次总付性税收来为增加政府支出融资，以及通过借债支撑暂时性减税，这两种方式对于刺激经济的效果是等价的。因此，在运用动态随机一般均衡模型对税收政策进行研究时，就必须放弃李嘉图等价的假设。①

把整个税收征收体系看成是一个独立的经济体，税务部门是这个经济体中的征收主体，纳税人则是纳税主体，中介公司处于第三方的地位。在这个经济体中，纳税人向税务部门纳税的同时也在享受着税务部门给其带来的福利及提供的服务。换句话说，就是税务部门相当于一个经济体系中的供给方，纳税人相当于一个经济体系中的需求方，那么征纳双方之间博弈的过程就相当于是供需双方在追求彼此之间达到平衡状态的过程。

（三）税源管理的现状

税源管理指的是税务部门进行的税前监控、税中征收、税后稽查并将所征收的税款转交的一系列行为。在确保国家税收收入能够及时足额缴纳国库的过程中，税务机关优化税源管理的流程则显得尤为重要，只有保证税源稳定，才能更好地达到防止税收流失、降低税收成本、提高征管效率并优化营商环境的目的。

1. 数据管税进程大幅推进

在大数据时代来临之前，税务部门在进行税源管理的过程中，重点关注的都是实物交易，对于金额的监控范围也仅仅围绕现金及银行转账汇款两个方向。但是随着大数据时代的快速发展，现在人们生活的重心逐步由线下转移到了线上，移动支付的快速发展促使了电子商务、社交平台及数字经济等方式的深度融合，这些变化都对税务部门进行税源管理带来了巨大影响。尤其是自疫情暴发以来，电商平台、直播购物的兴起，使得线上支付在很大程度上代替现金交易及银行转账，税务部门需要对线上产生的税源进行有效管理，解决信息不对称问题，才能防止税源大规模流失。因此，在"互联网+税务"背景下，区块链、大数据、云计算等新兴技术不断成熟完善，大幅推进了数据管税的进程。

---

① 陈畴镛，黄贝拉. 动态随机一般均衡模型的主要特征与发展方向［J］. 杭州电子科技大学学报（社会科学版），2015，11（4）：1-6.

2. 税收管理员职责广泛

目前，税务部门的税收管理员职责范围非常宽广，从 2005 年国家税务总局印发的《税收管理员制度（试行）》中规定的税收管理员职责范围来看，其不仅需要对纳税人进行日常管理、督促纳税人按时完成纳税申报、及时足额缴纳税款、建立纳税人档案，还要对纳税人的实际经营情况进行审查、为纳税人进行纳税评估并为纳税人提供税务咨询及办税辅导。由于税务部门的税收管理员人数有限，税收管理员需要统管起分管区域内的所有纳税人，且从全国范围来看，不同地区的税收管理员的工作压力也存在较大差异。

3. 税费统管的趋势明显

税务部门对税费进行统管的特点主要体现在对社保费的征收，正是由于这一征收制度，中国的社保虽然是以"费"的形式存在并征收，但是其却具有"准税收"的性质。由于社保费的税基与个人所得税相似，且征管核心流程也基本一致，税务机关可以在借助个税平台计算征收个税时附加征收社保费，这样能够减少核心程序的重复建设，精简人员，降低税务部门的边际成本。因此，社保费改为由税务部门开始征收后，实现了个人所得税税收及社保数据的比对，提高了社保费的征收效率，降低了遵从成本，有利于税务机关在对税源进行监管时发挥规模效益。由此可以看出，政府部门对于费和税的管理趋势是，各种税费逐步交由税务机关进行征管，即税务机关进行税费统管。

（四） 税源管理存在的问题

1. 涉税信息不对称

税源管理的主要目的就是要堵塞征管漏洞，以最大限度地减少税收流失，从而实现税收收入的最大化。但是在实际的税源管理中，大部分税收流失都是由于信息不对称造成的。主要体现在：第一，税务机关收集的纳税人信息不全，且以静态的登记信息、纳税申报信息、财务报表信息等为主，其他涉及企业主要经营业务的相关费用及资金流动等方面的重要信息则残缺不全，且企业的各项财务制度很难在短时间内趋于成熟；第二，税务机关能够获得的有关纳税人真实生产经营状况的信息渠道有限，同时其他政府部门的第三方数据与税务机关的数据还存在着大规模比对难、关联度不高等问题。由此可见，解决信息不对称问题任重道远。

2. 难以对纳税人进行精准性管理

在税收管理员"各事统管"的方式下，随着经济社会和税收工作逐步发展变化，税收管理员难以同时应对多个纳税人由于经营管理的优化带来的交易数据复杂化的问题，因此也就无法针对纳税人多样化的特性对其进行精准性管理和提供个性化服务，纳税人无法从中感受到自己作为纳税服务的买方应当享受的服务，会渐渐地对缴纳税款部分是否具有足够的价值产生怀疑，从而降低纳税遵从度。久而久之，税务部门则需要花费更多的成本去提升纳税人的纳税遵从度。

3. 税务机关对社保费的征管力度不强

税务机关对社保费的征管力度不强主要体现在以下三个方面：第一，企业不希望社保费交由税务机关征收，主要原因在于社保费的计税基础是员工的工资，而对于部分行业来说，员工工资普遍较高，于是当以员工工资为基数征收社保费时，会大大增加这些企业的用人成本；第二，社保费参保人的个人信息等资料都由社保部门统一管理，税务机关往往难以获取及时准确的相关信息，只能等到社保部门传来资料，税务机关才能准确了解，于是这种税务机关与社保部门之间的信息沟通不畅、配合不到位等问题，就会造成税务机关的相关资料登记有误，进而导致缴费基数数据失真等现象；第三，税务机关在对社保费进行征收后，其职能范围就存在模糊，一般来说，税务机关主要负责的是税款的征收，当发生纳税人不配合缴纳税款时，税务机关可以采取向纳税人收取滞纳金和罚款的形式规范其纳税行为，但是税务机关对于社保费只有征收权而没有管理权，当发生社保费未缴或迟缴情况时，税务机关无法对纳税人进行规范，从而会导致社保费的征管效率不高的问题发生。

（五）结论及政策建议

目前，我国的税收征管流程及方法较以前年度取得了很大进步，在税源管理方面也取得了很大成效。税务部门推行的多渠道办税大大简化了办税流程，提高了办税效率。但是从整体来看，仍存在涉税信息不对称、难以对纳税人进行精准性管理及税务机关对社保费的征管力度不强的问题。针对以上问题，笔者提出了下面三条政策建议。

1. 打通涉税信息共享与交换渠道

从宏观经济的视角来看，一项经济行为需要各部门的协调配合，因为各部门都需要参考其得到的信息，不同部门在不同环节所接触到的信息都是片面的，他们会在原有的信息基础上增加自己知道的一部分信息。因此，信息作为一种资源是在各个部门中间不断流通增值的，只有将这些信息的原始状态及其加工增值后的状态同步呈现时，才能够还原信息并使其达到最大利用度。

而在实际税源管理过程中，部门与部门之间的信息是相互分割的，其共享度低，容易形成信息孤岛。因此，税务部门应当充分利用大数据、区块链及云计算等新兴技术，建立统一的数据关联标准，提升数据的准确性，加强数据标准化及质量管理。

2. 优化分解税收管理员职责

税务部门应当适度分解税收管理员的工作职责，避免由于税收人员"手把手"协助纳税人办税而造成纳税人的过度依赖状况。应当由纳税人自主承担相关事项，厘清税源管理以及纳税服务的界限。税务机关应对各职能部门的职责范围进行统筹协调，加大税收管理员对于纳税人的专管力度，使税收管理员能够更好地针对不同纳税人生产经营的特点进行税源管理，提高管理效率。

3. 加快"费改税"进程

当前税务机关征收社保费的机制，通常会使纳税人感到社保费是一种"费的性质，税的运作"模式。但是对于税务机关来说，其无法对欠缴及迟缴社保费的参保人收取滞纳金及罚款，同时税务机关对于其所征收的社保费没有管理权，因此没有将社保费作为一种税来进行征管，这实际上就是征纳双方之间存在的一种不平衡。假如能够对社保费进行彻底的"费改税"，那么税务机关就能够拥有较为全面的企业信息及员工的个人收入情况，同时也能够足额征收社保金额，提高税务机关的征收效率，还能够增加税务机关征收的强制性，规范收入来源渠道。

参考文献

[1] 陈畴镛，黄贝拉. 动态随机一般均衡模型的主要特征与发展方向 [J]. 杭州电子科技大学学报（社会科学版），2015，11（4）：1-6.

［2］许红梅，李春涛．社保费征管与企业避税——来自《社会保险法》实施的准自然实验证据［J］．经济研究，2020，55（6），122-137.

［3］颜鹏．税务机关税源管理研究［D］．广州：广东财经大学，2019.

［4］李冰洁．遵从视角下的社会保险基金征管问题研究［D］昆明：云南财经大学，2020.

六、研发费用加计扣除对软件企业企业所得税税负的影响

单文君①

（一）研发费用加计扣除的相关概念及政策演化

1. 研发费用加计扣除的概念

研究开发项目费用加计扣除是一种企业所得税税基式优惠，即依照我国税收法律法规章程，在最终计算企业所得税时，用企业所得税应纳税所得额减去公司研究开发项目时投入的实际成本，再减去按确定比例加计扣除的研究开发成本，这种优惠方式将会影响公司的企业所得税税收负担。

《中华人民共和国企业所得税法》及其实施条例规定了对研发费用加计抵扣比率。也就是说，公司在探索新技术、开发新产品产生的相关成本，若不能形成相关的无形资产，则把研发过程中的实际成本和50%的抵扣额算进当期损益；如果能生产出无形资产，则在企业生产的无形资产的成本的基础上再加计50%，即按成本的150%进行摊销②。为了进一步鼓励我国科技产业的发展，中国税法规定，在2017年1月1日至2019年12月31日期间，以科学技术研发为中心的中小企业的研发费用的加计抵扣率从50%上升至75%。

2. 研发费用加计扣除政策变化历程

（1）国有、集体工业企业享有研发费用加计扣除政策（1996—2002年）。为了减轻公司税负，中国自1996年以来正式施行研发费用加计扣除

---

① 单文君，中国社会科学院大学商学院2020级税务专业硕士研究生。

② 赵泽明．研究开发费用加计扣除税收优惠政策解析——基于科技型中小企业［J］．工业经济论坛，2018（2）.

优惠政策。1996 年，为提升公司科技水准，国家税务总局和财政部共同发布了《关于促进企业技术进步有关财务税收问题的通知》，初次明确了公司在研发过程中所耗费的相关费用的税前加计扣除问题：集体或国有工业企业研究新技术、开发新产品所产生的各项相关研究开发费用，增幅相比上一年超过 10% 的，经过相关税务机关审批，企业所得税应纳税所得额除了能够扣除企业研发过程中发生的研发费用，还能够继续加计抵扣高达50% 的公司研发费用。之后，国家又发布了《国家税务总局关于促进企业技术进步有关税收问题的补充通知》，这改善了公司发生的研发费用加计扣除政策的使用情况。

（2）扩宽享有研发费用加计扣除政策的主体范围（2003—2007 年）。财政部与国家税务总局在 2003 年共同发布了《财政部 国家税务总局关于扩大企业技术开发费加计扣除政策适用范围的通知》，将能够享有加计扣除税收优惠政策的主体从"集体或国有工业企业"扩宽到"实施查账征收并且财务会计制度完善的所有工业企业"①，此举是为了提高公司经济效益，鼓励公司加大研发投入，保持公司公平竞争，进一步促进我国市场经济的高质量发展。2006 年发布的《财政部 国家税务总局关于企业技术创新有关企业所得税优惠政策的通知》进一步扩宽了可以享有研发费用加计扣除政策的主体范围，即从工业企业扩大到内外资企业、科研机构等。

为加快行政审批制度改革进程，发布了《中华人民共和国行政许可法》，在该项法律中，中国废除相关主管税务机关审批准则。国家税务总局于 2004 年发布了《国家税务总局关于做好已取消和下放管理的企业所得税审批项目后续管理工作的通知》，将主管机关审批研发费用加计扣除改成由公司纳税人主动呈报抵扣。

（3）研发费用加计扣除政策的系统化与体系化（2008—2012 年）。2008 年，中国颁布了《中华人民共和国企业所得税法》，首次以法律形式明确了企业研究开发费用加计扣除税收优惠政策。为了让企业所得税纳税人充分享有税收优惠政策，国家税务总局又在 2008 年发布《国家税务总局关于印发〈企业研究开发费用税前扣除管理办法（试行）〉的通知》（国税发〔2008〕116 号，以下简称"116 号文"），该制度明确界定研发费用加计扣除优惠政策的相关规定。而 2009 年颁布实施的《国家税务总局关于企业所得税若干税务事项衔接问题的通知》，则准确地解决了新税法与旧税法之间的过渡问题："若企业在研发过程中产生的相关费用及额

---

① 张静. 我国科技型中小企业税收优惠政策研究［D］. 厦门：厦门大学，2007.

外扣除已形成企业年度损失，可以通过未来年度收入进行补偿，但最长的补偿年限不得超过 5 年。"

（4）加计扣除范围扩宽与申报核算精简（2013 年至今）。中国于 2013 年决定扩展研发费用加计抵扣试点政策范围。2013 年 9 月，为继续刺激中国经济发展，减轻企业所得税税收负担，财政部与国家税务总局联合颁布施行了《财政部 国家税务总局关于研究开发费用税前加计扣除有关政策问题的通知》，将相关试点政策由在三个自主创新示范区与自主创新综合试验区施行扩宽到全国范围内实行。

为鼓励我国经济与科技创新的发展，进一步激励企业持续增加研究开发投入费用，科技部、国家税务总局和财政部于 2015 年 11 月共同发布了《财政部 国家税务总局 科技部关于完善研究开发费用税前加计扣除政策的通知》（财税〔2015〕119 号，以下简称"119 号文"），该通知扩宽了企业能够享有的研究开发活动范围以及研究开发费用的范围大小，并大大降低了研发成本加计扣除范围与科技型企业确认研发成本核算范围的差别，第一次确定了负面清单制度。同年，《国家税务总局关于企业研究开发费用税前加计扣除政策有关问题的公告》使得研发成本加计扣除流程获得简化，能够享有优惠政策的公司范围得到扩宽。

为了激励以技术为基础的中小企业继续增加研究开发费用投入金额，财政部、国家税务总局和科技部于 2017 年 5 月共同发布实施《国家税务总局关于全民所有制企业公司制改制企业所得税处理问题的公告》，把技术型中小企业的研发成本加计抵扣比率从 50% 上升至 75%。与此同时，国家税务总局还发布了"关于提高科技型中小企业研发费用税前扣除率问题的通知"，精确了研发成本加计扣除政策实施口径，并且确保该优惠政策的落实。此外，科技部、财政部和国家税务总局还联合发布了《科技型中小企业评价办法》，规范了中小企业技术评价准则和程序。为增加公司减免税，贯彻落实研究开发成本加计抵扣优惠政策，国家税务总局于 2017 年 11 月公布实施了《国家税务总局关于研发费用税前加计扣除归集范围有关问题的公告》（以下简称"40 号公告"），该公告继续强调重视研究和开发费用的核算领域，改善和精确某些研发成本口径。为了进一步减轻我国企业企业所得税负担，鼓励所有企业进行技术改进与科技创新，增加研究开发费用投入金额和改善企业经济发展环境，国务院常务会议于 2018 年 7 月 23 日决定，继续扩宽能够享有研究开发费用加计扣除政策的主体的范围，从以科技为基础的中小型企业扩大到所有企业，加计扣除比例仍然为 75%。

（二）研发费用加计扣除对企业所得税税负的影响

软件公司的研发投入对企业所得税税收负担有直接影响是毋庸置疑的，一般来说，研发投入越多，能够扣除的数额就越多，软件公司所得税税收负担就会越轻。同时，税收政策的变化可能会在影响企业研发费用的范围与准确度的基础上，对软件企业的企业所得税税负产生间接的影响。

1. 研发费用范围放宽的影响

"116号文"规定，研发费用包括人员费用、设备费用、无形资产等费用。在"116号文"的基础上，财税〔2013〕70号继续扩大研发费用扣除的范围，增加了研发成果的评估成本、新药开发过程中产生的临床试验费等其他费用。这两份文件要求的能够加计抵扣的研发费用的特征均为"直接或者专门用于研发活动"①。

2015年11月2日召开的国务院常务会议决定继续放宽可用于加计扣减的研究开发费用口径，颁布了"119号文"。此次新政策不仅取消了某些限制，而且新增加了一些特定费用（如外聘研发人员费、试制产品检验费、专家咨询费用）和其他费用（如会议费）②。这样一来，进一步扩宽研发费用加计扣除的范围时不会仅限于"专门"一词，公司可以抵扣更多的研发费用，进而改善公司的经济效益。然而新政策又规定，可加计扣除的企业在研究开发过程中所产生的实际费用的10%要大于其他相关费用的总额，这里10%的基数不包含其他相关费用。新政策对旧政策中未包括的其他相关费用进行限制，即不考虑其他相关费用金额，增加全额扣除，也就是发生的所有其他相关费用均全额加计扣除。如果条件相同，当可以扣除的研发费用总额的10%低于企业的其他相关费用时，旧政策与新政策相比，可以增加公司研发费用扣除，使公司减少缴纳企业所得税；但是，当公司在研究开发过程中可加计扣除的成本的10%大于等于企业其他相关费用时，可以扣除相同大小的研究开发费用。因此，新政策与旧政策对企业所得税造成的影响是相同的。

研发费用范围变化会影响软件企业研发投入额的大小，并会进一步影响软件企业研发费用加计扣除金额的多少，从而间接影响企业所得税税负的大小。因此，研发费用范围的扩宽，将会减轻软件公司的企业所得税负担。

---

① 李悦. TS公司研发费用会计问题研究［D］. 天津：天津商业大学，2016.
② 华翔闽. 新收入准则对我国软件企业的影响［J］. 国际商务财会，2018（2）.

2. 追溯享受优惠政策的影响

2016 年，中国增加了新的税收优惠激励措施。为减轻公司的企业所得税税收负担，依照"119 号文"要求，从 2016 年 1 月 1 日起，不管因何原因致使公司原本依照要求能够加计扣除的研发费用最后不能抵扣的，全部能享有小于等于三年的向前的追溯期，企业依照规定办理备案后就能享有加计扣除。该项税收优惠新政于 2016 年 1 月 1 日起正式施行，于此之前产生的研发费用不能享有该项新政。

2016 年出台的此项政策合理地保障了软件企业的合法权益，即使企业本年度没有及时扣除加计的研发费用，但是由于公司拥有三年的追溯期限，可以追溯享有研发费用加计扣除，从而减轻企业所得税税收负担。

3. 归集和核算管理简化的影响

在旧政策中，对企业研发费用的归集与核算的要求异常严格，即根据"116 号文"，企业为合理开展研究开发活动，不仅要为研发活动开设专门账户，还要必须准确填写各个可扣除的研究开发费用的数额，否则无法享有研发费用加计扣除政策的优惠。但是在现实生活中，很多企业没有能力建立完整的归集与核算系统，导致他们难以清晰地归集企业所发生的研发费用，由此可能会引起争议，还可能会给税务人员带来困扰，最终使企业难以充分享受此项税收优惠政策，影响企业的发展①。为改善这一情况，新政策"119 号文"针对旧政策的这一漏洞做出调整，由"专账"过渡到"辅助账"。辅助账处理起来方便迅速，而且能够充分弥补专账中划分不清的研发费用的缺陷，进而对专账进行补充记录。对于企业来说，不仅可以全面了解到企业研发费用的全面性与真实性，简化企业的会计工作，提高企业工作效率；而且可以确保企业研发投入得到准确的归集与核算，在一定程度上保障公司的合法权益，减轻企业所得税税收负担。

（三）充分享有研发费用加计扣除政策的建议

1. 加强配套体系建设

虽然加计扣除的税收优惠措施大大促进了中国软件企业的创新发展，但在实际实施过程中，缺少一套完整的配套措施，难以形成一个完整顺畅

---

① 吴慧芬. 研发费用加计扣除政策对企业所得税的影响分析［J］. 现代商贸工业，2018（3）.

的支持链。比如，由于政府缺少对加计扣除相关政策的宣传和引导，很多中小型软件企业不能完全了解加计扣除的相关优惠政策，或者虽然知道这个政策，但是对具体的参与流程、范围等不了解，浪费了优惠政策，这既不利于国家对科研成果的统计和推广，也不利于我国科技事业的发展。因此，政府应加大对相关软件企业的减税免税申报工作的相关培训和推广，并且加强科技部门和税务部门与企业的沟通交流。政府还应该针对目前软件企业的实际状态，进一步核查信息的完整性和真实性，并且规定合理的定期归集及分配制度，保证公司研发费用加计扣除的准确性，更深层次地保护中国软件公司的利益。

2. 精简研发费用加计扣除优惠政策

目前，由于我国对企业研发活动缺乏标准化界定，公司归集与核算研究开发费用在一定程度上变得更加艰难；同时，企业在申报成为能够享有研发费用加计扣除企业或者申报研究成果时提交的材料冗长，手续复杂，使得企业不积极申报甚至不愿申报。可以说，中国研发费用加计扣除政策的烦琐，在某种程度上打击了中国公司研究新技术、开发新产品的热情。因此，为了促进我国科学技术的进步，鼓励企业加大研发投入，相关政府主管部门应该采取相应措施进一步简化研发费用加计扣除政策，如简化申报流程、精简申报材料、精确研发活动范围等。

3. 加强部门间协同工作机制

研究开发费用加计扣除税收优惠政策的实施不仅与税务部门相关，而且与科技部门、财政部门紧密相连。因此，为了贯彻落实该政策，财政、科技与税务部门应该建立密切协作的工作机制，各部门之间应该加强沟通交流与工作衔接，在税务部门实施研发费用加计扣除政策时，其他部门必须要努力支持，如科技部门需在税务部门确认科学技术研究成果时积极提供相关信息①。科技、财政与税务部门要紧密联系当地实情，共同制定研发费用加计扣除政策的配套施行细则，并使其得以真正贯彻。

4. 全方位宣传研发费用加计扣除政策

企业充分享有研发费用加计扣除政策的前提是企业对该政策有足够的了解，但是如果仅仅由主管税务机关宣传该政策，则很难普及到所有企

① Stickney C P, McGee V E. Effective corporate tax rates the effect of size, capital intensity, leverage, and other factors [J]. Journal of Accounting and Public Policy, 1983, 1 (2): 125-152.

业。因此，政府部门或者税务机关应该积极呼吁会计师事务所、律师事务所等其他第三方机构协助推广相关税收优惠政策，或者借助网络科技的力量，在互联网上详细推广研发费用加计扣除税收政策，使公司会计人员适用相关政策时不再混淆，企业也能充分享有该政策。

参考文献

[1] 赵泽明. 研究开发费用加计扣除税收优惠政策解析：基于科技型中小企业 [J]. 工业经济论坛，2018 (2).

[2] 张静. 我国科技型中小企业税收优惠政策研究 [D]. 厦门：厦门大学，2007.

[3] 李悦. TS 公司研发费用会计问题研究 [D]. 天津：天津商业大学，2016.

[4] 华翔闽. 新收入准则对我国软件企业的影响 [J]. 国际商务财会，2018 (2).

[5] 吴慧芬. 研发费用加计扣除政策对企业所得税的影响分析 [J]. 现代商贸工业，2018 (3).

[6] STICKNEY C P, MCGEE V E. Effective corporate tax rates the effect of size, capital intensity, leverage, and other factors [J]. Journal of accounting and public policy, 1983, 1 (2): 125-152.

[7] 王健，李琨. 辽宁省企业研发费用加计扣除政策落实现状与对策建议 [J]. 安徽科技，2019 (3).